中国青年志愿服务丛书

博物馆志愿者教育学

马立伟　著

人民出版社

目 录 *Contents*

序　言

　　2015 年上半年，中国博物馆界的一件大事即为《博物馆条例》的颁布与施行。

　　改革开放，特别是进入新世纪以来，随着经济实力的增长和国家现代化进程的加快，我国的博物馆得以迅猛发展。据 2014 年底的统计，我国各类博物馆的总数已达 4510 家，比起上年的 4165 家，一年间增加了 345 家，相当于每不到两天就新建成一所博物馆。国家的重视、博物馆从业人员素质的提高，尤其是博物馆免费开放政策的推行，使得各类博物馆的活动特别是博物馆的教育活动开展得风生水起，吸引着越来越多的民众进入到博物馆来。中国的博物馆正呈现出前所未有的兴旺繁荣。当然，在蓬勃发展的同时，也不可避免地出现一些问题，如挂牌馆、速成馆、空壳馆的出现，对于中国博物馆的形象有所影响，也影响博物馆作为"为社会和社会发展服务"功能的发挥。此时，《博物馆条例》的颁布和实施，无疑会对我国当前的博物馆起到规范化、制度化的作用，使我国的博物馆发挥更大的社会作用。

　　在博物馆数量快速增长的同时，博物馆的功能在不断扩增，博物馆的现代化水平、质量不断提高，一些新生事物相继出现。其中，博物馆志愿者团体的专业化、规模化、有组织化就是重要标志之一。

世界上最早的博物馆志愿者出现在 1907 年的美国波士顿艺术馆。在我国，借助于当年部分学者较早接受西方的先进思想，早期的博物馆志愿者也曾零星显现，如 1913 年，当时的"保存古物促进会"制定章程，首次提出其成员要为此后成立的"古物陈列所"服务，"凡本会会员均为义务职，不支薪俸"，明确提出了博物馆志愿者的条款，该协会也成为名副其实的博物馆志愿者组织。1914 年，古物陈列所成立，1926 年，该所设立鉴定委员会，其成员皆"概不支薪"，并招募了几位志愿者，主要是鉴定藏品。他们中有罗振玉、容庚、马衡、王国维等，都是我国知名的大学者。成就了我国博物馆志愿者历史上的一段佳话。

但是，博物馆志愿者成为我国博物馆现代化的重要标志之一，并形成规模，还是在当代，主要是改革开放之后，尤其是新世纪到来之际。这与当前世界博物馆的发展趋势有关，与国人特别是博物馆人国际视界的扩展有关，最根本的还是与全民经济水平的提高有关。人们在解决温饱、物质生活丰富之后，迫切需要精神生活的充实和提升，而博物馆志愿者作为"实现自我价值"的最佳去处，就成了不少有识之士的选择。

博物馆志愿者，首先是志愿者，他秉承"捐赠自己的时间、学识，参与为所感兴趣的公益事业服务。"博物馆志愿者还有自己的个性，那就是喜欢博物馆，热爱博物馆，而且大都能在博物馆找到自己心仪也适合自己的工作岗位。因此，博物馆志愿者首先是博物馆经营的一支可靠又可观的人力资源，同时，又因他们来自社会，因此又是博物馆联系社会的桥梁和纽带。博物馆志愿者受到了博物馆的重视。但由于准备不足，我国的博物馆志愿者在大发展中仍然存在一些问题。主要有两个方面。一是概念不清。如把志愿者与博物馆之友混淆。志愿者与博物馆之友是既有共性也有区别。简单说志愿者是身体力行，而博物馆之友则主要从经济上支持博物馆。前几年有一次全国的博物馆志愿者之星的评比，有一位著名的慈善家，实际上是一位博物馆之友，居然位列其中，结果后几届评志愿者之星都有类似的提名；还有把志愿者中的"志工"和"义工"混淆。关于这个问题，有专家这么描述："志工"是志愿工作，是主观愿望所为，属于道德范围，没有强制约束力。"义工"是义务工作，是责任限定所为，是属于法律体系，纵使无奈也非做不可。这个问题比较普遍。例如好多博物馆把学生集体来博物馆参加劳动服务，或馆校共建活动，或积累学分的学生都计入志愿者，实际上这是对真正的博物馆志愿者——志工缺乏必要的了解和认知所致。这个问题至今还较普遍存在。提出区分志工和义工的台湾博物馆界（台湾更多囊括地称为文教机构），自 1986 年起就有博物馆志愿者，但也是直到 2001 年，在经过不断实践后，才颁布《志愿服务法》加以区分。为此，应该尽快让众多博物馆知道区分博物馆之友、志工和义工，以便分类指导和管理。二是博物馆志愿者的基本素养、服务意识及水平仍有欠缺。应该说，一些大馆志愿者的服务质量、水平堪称一流，但不少馆的志愿服务各方面水准还有待提高。笔者就曾在一家著名的科技类博物馆，遇到过一位热情的志愿者，但他给观众传授的一则人体生理常识却是几十年前就被否定了的。另外，在志愿者组织的管理上，还存在纪律松懈、相关管理制度未能跟上等等方面的问题。要知道，在观众面前，志愿者就代表博物馆，一个博物馆志愿者的形象就是该博物馆的形象。为此，博物馆志愿者的教育培训，必须尽早提上日程。志愿者的教育培训是博物馆的需要，也是志愿者应有的权利。这里指的博物馆志愿者主要是指志工。

博物馆的教育属于非正规教育，同样，博物馆志愿者的教育也属于非正规教育。按博物馆的特点，这个教育有三个"多样性"的特点：博物馆的多样性，博物馆志愿者的多样性，博物馆观众的多样性。由此博物馆志愿者的教育也呈现出多样性。当然，多样性中还是具备许多共性和普适性。因此，从某种意义上说，博物馆志愿者教育学比起一般教育学要复杂得多，能担当这一综合性的、边缘学科研究的编著者需具备众多理论修养和丰富的实践经验，而马立伟女士则能够担此重任，著述出版了《博物馆志愿者教育学》。

马立伟，北京师范大学教育学硕士，博物馆学副研究员，多年来一直从事博物馆一线工作和博物馆学研究，在本职之外，还担任故宫博物院的志愿者，主要从事故宫珍宝馆的志愿讲解及相关工作。2008 年奥运期间，又受委托在奥组委媒体运作部负责外语志愿者的培训，并于 2011 年出版《博物馆志愿行为的理论与实践研究》一书，较系统全面地总结和阐述了近年来国内外博物馆志愿活动的理论和实践。因此，无论从教育学理论的底蕴，长期博物馆工作的经历，以及亲历实践志愿者及志愿者的管理各方面、各种条件之全面，马立伟女士无疑都是最佳人选之一。

功夫不负有心人。经过近一年的时间，马立伟终于交出了满意的答卷：《博物馆志愿者教育学》。该书从宏观到微观，从理论研究到实际操作，从国际视野到国内实践，系统全面地介绍了博物馆志愿者的教育学。应该说，博物馆志愿者的教育培训在一些发达国家和地区已经运行多年，并取得了显著的成效。在国内，近年，博物馆学研究者、大专院校有关专业师生对此都有理论探讨，一些有心的博物馆工作者也有不少实践总结，文献材料可谓汗牛充栋。马立伟为此遍寻可能找到的各类参考资料，进行深入的梳理，博采众长，加上自己的研究分析，总合成为中国的博物馆志愿者教育学。该书有理论分析，有事实借鉴，也有案例介绍，资料充实，脉络清晰，在目前不失为一本关于博物馆志愿者教育的力作，填补了我国博物馆学的一项空白。以本人初步学习体会，该书除了可作为博物馆志愿者的培训教育之用，也是博物馆专职教育人员提高自身能力及修养的很好的案头必备；对博物馆志愿者来说，可以更加深入了解博物馆，还可以作为参与博物馆志愿者工作的推动力。对于博物馆学工作者、高等院校相关专业师生也有重要的参考价值。以此为蓝本，经过各方努力、实践、积累，相信我国博物馆志愿者的服务质量、能力将更加规范、专业，一定会达到一个新的高度，我国的博物馆文化也将得以丰富和完善。

2015 年 6 月 9 日初稿，6 月 29 日修改稿

楼锡祜（北京自然博物馆研究馆员）

自　序

　　2012 年 11 月 20 日至 21 日，以"百年传承与创新发展"为主题的北京地区博物馆第六次学术会议在北京召开，北京博物馆界的一位老前辈在大会上就博物馆志愿者工作发表了独到的见解。会后，我向这位前辈讨教了这方面的问题，并将拙作《博物馆志愿行为的理论与实践研究》敬呈给老先生。2013 年的初春，我意外地接到了这位前辈打来的电话，提及要与我面谈有关志愿者的话题，我喜出望外，便欣然应允了。见面后，老先生把拙作拿来，告诉我他已经逐字逐句地帮我修改，并把需要商榷的问题梳理出来递交给我。我当时的心情真是无法名状、难以言表！对老先生一丝不苟、精益求精的治学精神与严谨态度肃然起敬、由衷感佩！我从中看到了老一辈博物馆学家对年轻的后继者的关爱和期许，不禁心潮澎湃、备受鼓舞！于是在这样一股强大的精神正能量的感召下，便产生了要继续探讨和挖掘博物馆志愿者这一课题的念头。

　　今年是我在故宫从事志愿者工作的第九个年头，作为一名文博战线的基层工作者和博物馆志愿者的老兵，我深刻认识到对于博物馆志愿者而言，自我教育和终生学习是能够长期胜任这一工作的重要因素，而博物馆之于志愿者，除以其深厚凝重、鲜活隽永而又多姿多彩的文化底蕴吸引志愿者投入其中之外，还应担负起对志愿者进行科学规范和长期有效的教育培训的职责，因为这既是一项利国利民、互利互惠、共荣共生的双赢性的教育"工程"，也是保证博物馆志愿服务机制常态化和持续性发展的前提条件。基于这样的一种考虑，我选定了博物馆志愿者教育学作为本书的主题。

本书共分六个章节，第一章总述教育与博物馆教育的概括；第二章通过对志愿者教育学理论的文献回顾，以期构建该理论的系统框架；第三章总结了博物馆志愿者在教育实践方面的工作；第四章是从管理学的角度对志愿者的教育教学进行了探讨；第五章是运用教育学的理论研究了志愿者的教育内容和课程开发的问题；第六章是侧重对志愿者教育心理学方面的尝试性研究。

在研究理论上，本书涉及博物馆学、教育学、教育测量学、教育心理学、管理学、普通心理学、社会学、学习学和传播学等多学科的理论支撑；在研究方法上，本书采用了文献法、案例法、调查法、实证法、历史研究法、概念分析法和比较研究法等多种方法；在体例编排上，每章都安排了"引言"和"本章结语"，以达到对章节主题前后呼应的目的，既有定性描述，也有量化数据，既有图表示意，也有案例解析，力求能够"明乎体，辨乎类，审乎例，属乎辞"。但囿于这方面的可供参考的专业理论有限，还有许多不尽如人意之处，也诚望各位前辈与同仁们能够渥惠斧正！

无论是博物馆文化还是志愿文化，对于博物馆人和热爱公益事业的有识之士来说都是任重而道远，可谓"路漫漫其修远兮，吾将上下而求索"。国家亡了尚可复国，但文化亡了，就很难再光复了，因此，"千里之行始于足下"，我们当下的紧要任务即是让民众切实感受到人类精神文化高雅的品味与独特的魅力，多层面、多渠道地构筑全社会对博物馆的文化认同，惟其如此，才能充分发挥博物馆公众教育的职能，也惟其如此，才能推动社会文明和博物馆事业的进一步发展壮大。为了让我们中华民族和世界的优秀传统文化与文化遗产能够流芳百世，为了让我们的孩子们能够永远地"站在历史的枝头微笑"，也为了使吾辈不至留下"黄鹤一去不复返"、"白云千载空悠悠"的千古遗憾，我们需要将博物馆文化和志愿者精神薪火传承下去，正如我国著名的民族学家、人类学家费孝通先生所倡导的那样："各美其美，美人之美。美美与共，天下大同。"

第一章　教育与博物馆教育

引　言

　　教育既是一种社会历史现象，也是一种文化现象。而关于教育的起源中西方都有许多学说，如西方的生物起源说、心理模仿起源说、劳动起源说和我国的劳动起源深化说等等，莫衷一是。我们说，教育是人类特有的实践活动，而动物界的长幼相惜只能算作是一种适应自然界进行生存的与生俱来的本能而已，但人类社会的口耳相传、上行下效和痒序垂统等教育方式，却是伴随着人类社会的起步与发展而客观存在并不断延续至今的，是人类通过社会生产和生活经验的逐步积累，将知识、技能和社会伦理道德传续给后代的行为过程，旨在培养新生代，为其适应社会的发展而进行准备。在阶级社会里，教育反映了统治阶级利益和意愿，是社会上层建筑在意识形态领域中的具体体现。其类型主要可以划分为社会教育、学校教育和家庭教育，其方式是以社会为基点，依照不同的类型，对受教育者自身的发展施加影响，并强调教育的后效应性，最终的目的是要使受教育者的知识和技能转化为社会生产力，为社会的进步和发展服务。因此，教育自诞生之日起直至今日，在人类文明的萌芽与演变过程中占有重要的地位，对于人类社会和个体成员的发展都起到了不容忽视的推动作用。

博物馆是一部物化了的人类历史和百科全书，包罗万象、兼容并蓄，并以其厚重凝练的文化底蕴为博物馆教育提供了丰富的文献素材和实物基础。它面向的是全体社会成员，以展览、教育和其他辅助性的活动吸引观众的参观兴趣，对其进行直观性的教育活动，因此博物馆被誉为"没有围墙的社会大学"。博物馆的教育职能开始于18世纪法国卢浮宫公开向社会开放，使博物馆成为社会公共服务场所，此后，博物馆的教育职能也逐渐发展起来。到了20世纪以后，特别是两次世界大战之后，博物馆担当起普及科学文化知识，弘扬民族文化，宣传爱国主义和陶冶民众情操与审美的责任，并拓宽到教育领域，与社会教育和学校教育紧密联系，其教育职能不断扩大，除面向成人外，还成为学校校外教育的"第二课堂"。其表现形式是博物馆将自己的馆藏文物、展览和教育活动同学校的教育和教学内容有效地衔接起来，通过开展各种实践活动（如参观考察、短期培训、实地操作、动手实验、知识竞赛等）使学生能够学以致用，开阔视野，增长课外知识，进一步完善他们所学的知识体系。

由此看来，博物馆教育与教育的关系既有区别又有联系，简而言之，两者是宏观与微观、一般与个别的关系，它们是紧密相连、相辅相成、互为作用的。概况起来，两者的共性主要包括以下几点：第一，在阶级社会里，两者都受到国家上层建筑的制约，为统治阶级的利益服务，是以统治阶级的意志为转移的，同时亦反作用于上层建筑，推动或阻碍社会的发展；第二，两者都是社会意识形态领域中的重要元素，是社会文化的表现形式，反映了社会思想和文化的价值取向；第三，两者都同社会经济发展水平紧密相联，当社会经济水平低下时，两者的发展也要受到限制甚至出现停滞现象，反之，当社会经济水平较高时，两者的发展速度也会随之提升；第四，两者的目的都是为了传播知识、传承文明、为社会培养合格的人才，提高国民素质、推动社会个体的全面发展与整个社会的不断进步；第五，在特定条件下，两者的主体与客体即教育者与教育对象，以及教育内容和教育手段是重合一致的。

　　两者的区别在于：教育涵盖博物馆教育的一切特征，博物馆教育是宏观的"社会大教育系统"中的一个微观领域和子系统，它不可能脱离教育而独立存在，它是教育的一种具体的表现形式，同时它又具有自身的特征，即鲜明的行业特征，它既有别于学校教育，也不同于家庭教育，是社会教育的重要组成部分。它的教育者是博物馆的行政领导和全体工作人员以及相关领域的专家学者，教育对象是面向全社会的成员，其中也包括学校教育和家庭教育的对象，它以充实的教育内容、灵活多样和多姿多彩的教育形式以及高科技的现代化教育手段配合学校教育和家庭教育，使受教育者在轻松休闲和饶有趣味的文化环境下，通过参观博物馆的藏品展陈和参与相关的教育活动，学习科学文化知识、陶冶情操、培养道德、提高审美和欣赏等人文素养，从这个意义上说，博物馆教育填补了学校教育和家庭教育的不足，成为社会文化中不可或缺的教育形式。尽管博物馆教育属非正规或非程序性的教育，但无论是从其源头肇端还是从发展趋势来看，它却是广义的教育中独具特色的一种教育形态，更是博物馆得以存续的重要支撑和工作内容，它在为社会及其发展服务的过程中发挥着积极的推动作用。了解教育与博物馆教育的异同以及二者的发展沿革，会有助于我们进一步研究博物馆教育的相关理论，为加强博物馆教育实践和积累实践经验提供科学理性的参考依据。

第一节　教育的概述

一、教育的概念和本质

（一）教育的概念

有关教育的概念，古今中外众多教育家都对其进行过定义和解释。

在我国古代，最早言及"教育"二字的是春秋时的儒家学派思想家孟子，在《孟子·尽心篇》中，他提到"君子有三乐"，其中包括"得天下英才教育之，三乐也"，同时，他还在《孟子·梁惠王上》中有"谨庠序之教，申之以孝悌之义"之说。春秋时鲁国的司寇、先贤孔子（公元前 551—479 年）曾在《论语·卫灵公》中提出了"有教无类"的观点，指出教育不应由于贫富、贵贱、智愚和善恶等原因把一些人排除在教育对象之外，这就打破了教育中的等级制度，使更多的社会成员享有教育的权利；大约在公元前 403—221 年期间，世界上最早的专门论述教育问题的著作在我国诞生，这就是孔子所作的《礼记·学记》，短短千余字的篇幅，却精炼地概括出教育的哲学规律与妙趣所在。其中有如"教学相长""循序渐进"和"长善救失"等教育理论至今依然是我们学校基础教育中始终遵循的信条。另外，在《诗经》中也有"饮之食之，教之海之。"和"愿夫子辅吾志，明以教我"的诗句。战国时，荀子曾在《荀子·劝学》中如是说："蓬生麻中，不扶自直；白沙在涅，与之俱黑，教使之然也。"其含义皆指教育、教诲和教导。而东汉许慎在《说文解字》中则将"教"和"育"分而释之。"教"字指"上所施，下所效也"，"育"字则指"养子使作善也"；在东汉著名的古乐府叙事诗《孔雀东南飞》中有"十三教汝织"的诗句，此处的"教"有传授知识技能之意。盛唐时期王昌龄的《出塞》诗中有"但使龙城飞将在，不教胡马度阴山"，"教"有"使、让、叫"的意思。当然，"教"字还有宗教和政教之意，如从南北朝开始，儒家改称为"儒教"，与佛教和道教并称。"育"字也可指"生育"，如《易·渐》中的"妇孕不育"；"育"字还有"培植、抚养"之意，如《诗·小雅·蓼莪》中的"长我育我"，这里就有教育的含义。

西方教育家和思想家们对于"教育"的内涵虽然在阐释内容上与我国大相径庭，但究其本意而言则是殊途同归。诸如古希腊哲学家苏格拉底的"助产术"教育说，即教育就是传授知识；柏拉图的"教育训练说"，即"教育是为了以后的生活所进行的训练，它能使人变善，从而高尚的行动"；亚里士多德的"灵魂说"，即人具有植物性灵魂（滋长的灵魂）、非理性灵魂（感性的灵魂）和理性灵魂，并藉此把教育划分为三个组成部分：体育、德育、智育。其中体育是基础、智育是最终目的。他认为，要使人的灵魂得到健康的完善的发展，必须施于人不同阶段十分恰当的教育和训练；此外还有中世纪的捷克教育家夸美纽斯的"教育成人说"，即"把一切事物教给一切人类"、近代英国哲学家洛克的"绅士教育"，即"培养包括各种社会活动家和企业家身体健康、精神健全的绅士"以及康德的"教育觉醒论"，即"在人的意识已经觉醒的时代，人只有通过教育才能成为人"，等等。

现代的中外教育家们则大多将教育分为广义和狭义两种：广义上，"教育是指有目的的以影响人的身心发展为直接目标的社会活动。狭义的教育是专指学校教育，是由专职教育人员和专门教育机构承担的，有目的、有系统、有组织的、以影响学生身心发展为直接目标的社会活动。"① 在《辞海》中，教育被指为"随社会的产生而产生，是作为个体的人与社会发展必不可少的手段，为一切社会所必需，又随社会的进步而发展，受社会政治、经济、文化等方面的制约，也对社会整体机器诸多方面产生影响。教育还受制于个体的身心发展规律。原始社会的教育局限于年青一代，在生产和生活实践中进行。奴隶社会出现独立的教育机构——学校。在阶级社会里，一切统治阶级都利用教育来巩固其政权。社会主义社会的教育是建设社会主义和促进个人全面发展强有力的工具。现代社会经济和科学技术的高度发展，提出了教育终身化的要求，教育在社会发展中的作用日益重要。"② 总而言之，"教育"就是教化、启迪、引导、指导、点播等的同义语。在现代汉语中，"教育"一词与现代化教育密不可分，它超越了传统意义上的"教育"的内涵，

① 许高厚、张永祥、沈义良、时芳美主编：《普通教育学》，北京师范大学出版社1995年版，第1页。

② 辞海编辑委员会：《辞海》，上海世纪出版集团、上海辞书出版社1999年版普及本，第4176页。

将教育理念、教育管理、教育内容、教育方法和手段融入教学中，从而成为培养现代化和国际化高素质人才与社会劳动者的必要途径。

（二）教育的本质

教育就其本质而言，是一种培养人们掌握生存和生活的本领与技能，进而发展身心素质的活动。这种内在的而又稳定的规定性始终贯穿于教育实践活动中。孙喜亭先生在《教育原理》一书中，将教育之于人的发展的这种活动细化为三层含义，即它是"人的本质的'外化'、后天社会生活的'文化化'、社会本质的'内化'"。[①] 他同时还概括了教育活动的四个基本要素，即教育者、受教育者、教育内容和教育手段。

实际上，教育的本质是由人的因素和物的因素构成。人的因素包括教育者和受教育者，二者是教育活动的实施主体与客体，也是教育本质的核心；物的因素包括教育内容和教育手段。教育内容是社会的政治、经济、文化和意识形态在教育上的反映，所以积极正确的教育内容应当顺应人类社会与自然界的客观发展规律；教育手段是方法论层面上的一种介质载体，其运用的方式和实物教具直接影响教育效果。因此，整个教育实践活动即是教育者依照教育规律，根据教育内容，凭借一定的教育手段，对受教育者实施有目的、有计划的、影响其生理与心理发展的行为，这种行为具有明显的后效应的特点，并在潜移默化的过程中逐步实现。

二、教育的目的和教育的价值观

（一）教育的目的

关于教育的目的问题，我国和西方的教育家对此见仁见智。在我国

---

① 孙喜亭：《教育原理》，北京师范大学出版社 2003 年版，第 69 页。

古代，原始社会和氏族公社时期，梦寐状态的教育目的是为了人们能够在社会生产与生活中获取生存的技能与经验，使部落集团得以稳固。奴隶社会时期，夏商周时学校教育的出现使教育开始成为统治阶级的附庸，教育目的也体现出鲜明的阶级性。封建社会时期，儒家教育思想占据主导地位，在《大学》和《中庸》里，儒学阐明了其对教育目的的观点，即教育"在明明德，在亲民，在止于至善"和"格物、致知、诚意、正心、修身、齐家、治国、平天下"。孔子提出"学而优则仕"的论点，其教育目的是为统治阶级输送拥有治世之才的贤能，孟子也在《孟子·滕文公上》中指出"学则三代共之，皆所以明人伦也，人伦明于上，小民亲于下。"，即教育的目的是要让上层贵族子弟懂得人伦之道，只有这样下层百姓才能效仿。显而易见，儒家教育的目的是为封建统治者服务，到了晚清时期，受西方文明思潮、"西学东渐"和半殖民地半封建社会性质的制约与影响，清政府学部于1906年正式规定"忠君、尊孔、尚公、尚武、尚实"为教育宗旨。辛亥革命后，在著名教育家蔡元培的影响下，1912年临时政府教育部提出以"注重道德教育，以实利教育、军国民教育辅之，更以美感教育完成其道德"为国民的教育目的，这体现了我国近代资产阶级民主主义的教育思想。1929年，孙中山国民党政府则颁布了所谓"三民主义"的教育宗旨。在当代，我国在《宪法》中规定教育目的是"国家培养青年、少年、儿童在品德、智力、体质等方面全面发展，成为有社会主义觉悟的有文化的劳动者。"《教育法》中也规定，我国现阶段的教育目的是"培养学生的创新精神和实践能力，造就有理想，有道德，有文化，有纪律的德、智、体、美等方面全面发展的社会主义事业的建设者和接班人"。

西方早在17世纪就出现了源于古希腊的形式教育论，其主要代表人物——英国的洛克和瑞士的裴斯泰洛齐曾主张：教育的目的在于发展学生的各种官能或能力；同样是起源于古希腊和古罗马的实质教育论的代表人物赫尔巴特和斯宾塞则认为：教育的目的是向学生传授与生活相关的广泛知识内容；自然主义教育思想家拉特克、夸美纽斯、卢梭、裴斯泰洛齐等指出：教育的目的在于培养适应资本主义生产关系和社会关系需要的身心和谐发展的人，学校应使儿童愉快地生活和学习；根据儿童不同年龄阶段的身心特征进行教育；国家主义教育论是将培养合格的国民视为教育的最终目的。当然，也有些学者认为这是不应当存在的问题，他们所持的观点就是"教育无目的"论，并指陈一旦教育具有某种目的就会将教育引入功利性的轨道，从而偏离了教育的本质，这一观点的持有者就是 19 世纪末、20 世纪初资产阶级现代派教育的典型代表人物杜威，他曾经以实用主义哲学观为指导，全面阐释了教育的本质即为"教育即生长、即生活、即经验的继续不断的改造"，他的这一独到论点不仅对当时的美国乃至世界各国的教育理论和实践都产生了深远影响，甚至在今天也依然具有现实意义的参考和借鉴的价值。

19 世纪法国空想社会主义代表 C. H. 圣西门和 R. 欧文认为"人是环境和教育的产物，因而改变了的人是另一种环境和教育的产物。"这种理论的问题在于犯了历史唯心主义的错误，虽然也希望实现人的全面发展，但却将这一理想寄托在少数天才的身上，没有同相应的社会条件和实现社会变革结合起来。而马克思主义的教育观则是通过深刻揭露资本主义生产方式是对人全面发展的阻碍，指出在新的社会条件下，教育的目的是要通过教育和生产劳动的结合来实现人的全面发展，而个人的全面发展必须依靠学校教育打好基础。

由此可见，由于受社会文化背景、政治意识形态、经济发展水平和社会心理等方面的制约，不同社会历史形态与阶段的教育目的和教育思想也都各不相同。在 21 世纪的今天，我国正处于社会变革与历史转型期，在商品经济逐渐取代计划经济的现实条件下，随着我国综合国力的日益增强，人才竞争也相应地更加激烈，因此我们的教育目的不应当是以应试教育为目的，培养暂时满足学校等教育机构的升学率要求的学生，而应当遵循马克思主义哲学的思想观和教育观，使教育从根本上回归其理性价值，培养出符合我们当今社会与时代要求的、在身心和各方面素质都得到全面发展的合格人才。

（二）教育价值和教育价值观

要搞清楚教育价值观的问题，我们需要分层次地厘清几个概念，包括价值、价值观、教育价值和教育价值观。

1. 价值和价值观

哲学意义上的价值是指人们依据客观现实，对事物的判断和倾向性。价值观主要受到来自主观和客观两方面的因素影响。主观上的价值观是受到每一个个体的个性特征、心理特征的制约，客观上的价值观则是与成长环境、经济状况、社会需求和教育背景等诸多因素息息相关。

2. 教育价值和教育价值观

有学者认为，"教育价值是教育对人与社会的功效"[1]；有些研究者指出，理论形态的"教育价值"应当是教育的主体与客体依据社会的需求对教育的各个要素的评价。实际上，教育具有多重价值，包括社会价值、个体价值、专业价值、普适价值、人文价值和科学价值等。

教育的社会价值涉及教育与社会的关系。人类社会是孕育教育的土壤和基础，而教育也对社会的诸要素发生作用，对社会的存续和发展产生影响。因此社会与教育是"你中有我、我中有你"、互为作用、相辅相成的关系；教育的个体价值是指个体在接受教育的过程中，教育对其自身的生活、个性品质、智力和体力等诸多方面的发展所产生的价值；教育的专业价值是指教育可以在某一领域或专业方面对社会和个体施加影响，从而体现出专业性的价值；教育的普适价值是指教育可以以各种类型和形式满足众多层次的社会成员的需求，传授其知识和技能，体现其自身的价值；教育的人文价值是指教育在传播知识的过程中，使人们在精神上和心灵上得到陶冶和启迪，有助于人们塑造良好的道德品质和个人修养；教育的科学价值是指教育所传授的科学知识和技能，能够培育人们的科学思想和科学精神。

---

[1]　孙喜亭：《教育原理》，北京师范大学出版社 2003 年版，第 174 页。

教育价值观是价值主体在教育实践中所形成的关于教育价值的根本认识和价值取向，它受社会上层建筑、社会生产力水平和社会经济环境等因素的制约，因此直接影响到教育的方方面面，包括教育的方针政策、教育目的、教育内容、教育模式、教育手段、教育评价体制和教育的发展方向等。例如，在计划经济体制下，基础教育中分数至上的教育价值观同在市场经济体制下以知识创新和实践能力为依据的教育价值各不相同，进而在教育实践的过程中所制定的教育方针、所采取的各种教育手段和形成的教育模式也大相径庭，从而导致的教育和个体发展方向就会截然不同。从这个意义上讲，教育价值观在主观上制约着教育行为主体的实践活动，在整个教育体系中具有导向性的作用。

（三）教育的功能

"教育功能是指教育的作用和影响，是教育活动固有的、客观存在的一种属性，不以人的主观意志为转移。但人们对它的认识却是主观的。因为受客观条件的制约，认识主体的局限，价值观念、价值取向的差异和所从事活动的目的不同等因素的影响，人们对同一教育功能的认识千差万别，这种认识离客观真理的远近不一，对多元化的功能的利用也各有取舍。一句话，不同的教育主体对教育实践的认识是千差万别的。"[①] 由此可知，教育功能是教育之于教育对象的效用，这种效用可能是积极的，也可能是消极的，其衡量的标准就是教育实践的结果。因此，作为一种人为的事物，教育应当对社会和个体施加积极的影响，从而使之成为人类社会文明和进步的标杆。

1. 教育的社会功能

教育的社会功能是教育在使整个社会系统良性运转和社会个体逐步实现社会化的过程中所起到的作用，包括教育的政治功能、教育的经济

---

① 冯惠先："素质教育是一场深刻的教育变革"，《医教研究》2001 年 9 月第 19 卷，第 42—43 页。

功能、教育的文化功能，它对于社会的政治、经济和文化等方面的发展都具有十分重要的作用。

（1）教育的政治功能

教育在阶级社会里具有阶级性，是维护国家上层建筑领域利益的工具，其目的就是要使受教育者满足社会政治的发展和国家政权统治的需要，为统治阶级培养优秀的政治人才和管理人才，为社会培养合格的公民，同时以国家的方针政策来控制教育的方针政策的走向，从而使教育为维护社会稳定和巩固统治阶级的统治，传播主流的政治思想意识和政治价值观服务，因此，不同的社会政治形态就有不同性质的教育，这也是国家政治赋予教育的一项首要的社会使命和社会责任。

（2）教育的经济功能

教育的经济功能是指教育可以通过自身所具有的生产性对社会经济施加影响，它生产的"产品"正是社会经济所需要的人才、知识和技能，换言之，这一功能就是将潜在的劳动力转换为现实的劳动力，实现劳动力的再生产，从而推动社会经济的发展。同时，这种功能又是同社会发展趋势与人的各种需求紧密相连的。它是社会经济发展到一定阶段和程度下的产物，它既脱胎于社会生产力，同时也受制和作用于社会生产力，生产力的发展会推动教育的发展，教育能够提高劳动者的素质和技能、促进社会生产力的发展，提高经济发展的速度，当然，社会经济也同样地会推动或阻碍教育的发展。因此教育受制于社会生产力的发展水平，但同时又会反作用于社会生产力。在现代社会中，由于现代化生产而带来的丰厚的物质财富以及人们对物质利益的增长需求，教育的经济功能较其他方面的功能易于受到更多的关注，加之这一功能在社会经济生活中所占据的重要位置，使其作用更加凸显出来，而且在很大的程度上，教育甚至已经开始作为一个新的经济增长点。但同时也出现了教育产业化的现象，这种现象会将教育的工具价值扩大化，而相应地淡化其应有的理性价值，以至于相关的教育不公平和教育盈利的情况屡见不鲜，这已经上升为一个亟待解决的社会问题。

（3）教育的文化功能

教育是社会文化的重要组成部分，二者有着密不可分的联系。文化是教育实施的基础，没有文化就没有教育，教育之于文化具有继承功能、选择功能、传播功能和创新功能，人类社会的文化就是通过教育代代相传而延续至今的；同时教育可以对文化信息进行有效的处理和筛选，"去粗取精、去伪存真"，择取有利于社会和个体发展的知识与技能；教育还是文化传播的重要媒介和手段，以便使更广泛的社会群体汲取文化的养分；而教育对文化的继承并非是简单的重复，而是通过对文化的保存和利用加以发展和创新，从而影响社会政治和意识形态的发展以及社会思潮的形成，使文化走向更高的层次。

总之，教育的社会功能对于社会政治、经济和文化等方面的影响是十分深远的，它能够维护国家的统治秩序和社会稳定，改善社会环境和自然生态环境，提高公民的人文素养和道德培育；促进社会经济的不断发展，进一步加强教育的生产性；教育还能保存、传播和创造人类文化，所以，教育功能可以发挥其推动社会永续发展的重要作用。

2. 教育的个体化功能

教育的个体化功能是教育内在的、固有的功能，是指教育活动对个体发展所产生的各种影响和作用。由于教育是促使人全面发展的必要手段和基本途径，因此，教育的个体化功能实际上就是促进个体社会化和个性化的过程。在这个过程中，个体的生理和心理特征是教育功能实施的基础和依据，了解个体的阶段性特征将有助于教育正向功能的发挥。

（1）个体的特征

每个人在作为自然人的个体时，是以生命或血缘为其存在的特征的，具有区别于其他个体的固有的遗传特征以及生理与心理阶段性发展的特征，随着年龄的增长便形成了个体独有的个性，这种个性既反映了人性的共性，也反映了其差别性；既有与其他个体生理上的相似性，也有不同于他人的心理上的特殊性。而个性的这种共同性和差异性并存的现象，正是个体被社会化的过程，当然，在这个过程中，个体并非被动消极地接受自身的先天条件和客观环境的社会化，而是具有一定的主观能动性，在特定的条件下，个体是具备主动地认识世界和改造世界，并促进自身的不断发展的能力的。而这种能力的发挥程度，直接影响了个体的身心发展。在这一过程中，个体由"自然人"转化为"社会人"。我们在此将个体成长的顺序性周期划分为童年时期、青少年时期、成年时期和老年时期。

个体的童年期是指学龄前的阶段。这一时期人的身心发展的主要特征是在情感上对父母照顾的依赖，对安全感的需求和生活自主能力逐渐增强。在思维方式上，形象思维和感性认识较为发达，崇信教师的威仪；青少年时期是 6—25 岁之前的阶段，此时个体的生理发生了很大的变化，青春期与性成熟等特征开始显现，这使青少年在思维、情感和自我意识等方面出现快速而又不平衡的发展，心理状态不稳定，容易波动，但抽象思维和逻辑思维能力增强，在社会交往范围日益扩大的情况下，更加强调自我意识和独立意识，敢于对家长和教师的权威与地位提出质疑，讲求自主学习与合作伙伴关系，受家庭与学校影响而初步形成了人生观和世界观；成年时期是 25—60 岁，这一时期的个体在生理和心理上基本处于稳定状态，但后期会出现更年期，智力水平稳中有升，社会阅历和社会经验更加丰富，家庭与工作也进入正常有序的成熟阶段；老年时期是从 60 岁之后算起，个体的身体机能和精力逐渐趋于衰老，智力和思维水平有所下降，但人生阅历的积淀与知识积累的日益丰富使得老年人依然可以对社会发挥余热。

可以说，每一个生命个体同时也是教育的主体或实施对象，因此，在教育发挥其对个体的功能作用时，就需要针对不同年龄段个体的生理与心理特征，科学地制定阶段性的教育方针，采用适当的教育内容和教育手段等，从而达到为社会培养合格人才的教育目的。

（2）教育的个体化功能

如前所述，人类个体从幼年到老年的成长过程就是其逐步走向成熟的过程，在这一过程中，个体的年龄、社会阅历和身心发展不断丰富，而教育正是促使个体在这些方面不断社会化和自我完善、实现个体的自我价值与社会价值的重要因素。由于教育是一种有目的、有计划的培养人的活动，它对个体的发展具有导向性的作用。无论是正规的学校教育，还是非正规的家庭教育和社会教育，都会对个体的身心健康和发展产生深刻的影响。而其中尤以学校教育更为系统、全面。因此，从基础教育到高等教育再到社会教育的各种正规和非正规的教育实践活动，教育为个体提供了在社会生产和生活中应当具备的知识和技能，从而使之适应社会伦理、社会规范和社会文化等方面的需要，并享有和满足于已有的教育背景和资历，在行为习惯、思维模式、思想意识和知识技能等方面逐步实现社会化的目标。

1）教育对个体的社会化功能

个体的社会化是指人类个体在社会生活中，通过适应和吸收社会的行为规范与文化伦理，不断完善自我的个性品质，在社会作用于个体的过程中，个体渐渐获得适应社会与改造社会的能力，使社会成为促进个体生存和发展的动力，而个体也相应地以自身反作用于社会，推动社会的发展，并最终成为社会所需要的"社会人"。那么教育就是根据个体先天性的遗传因素和心理特征，通过家庭的言传身教和社会强制性的学习，向个体传授生活的基本技能和知识，灌输社会规范，培养行为习惯，使个体在身心发展方面通过后天培养的方式逐渐社会化，同时保持个体社会化的终身稳定性。

2）教育对个体的个性化功能

每个个体都具有其独特性，而教育则是在个体学习的过程中，教授给个体生存所必需的能力，促进个体的主体意识的形成，开发个体的潜力和创造性，同时，也尊重个体之间的差异性，使其充分彰显个体独有的人格魅力、个性特征和丰富的侧面，诸如兴趣、爱好、特长等，进而使个体明确生活目标，树立积极正确的人生观和价值观，同时也使个体享受到教育带给他们的成就感和满足感，加速个体自身价值实现的进程。当然，我们这里还不应忽视教育对个体产生的负面作用，例如应试教育使个体适应社会和实践的能力降低，成为高分低能的书呆子，造成教育投入的流产等，都是教育负面功能的结果。因此，我们在实施教育功能时，应尽量避免教育负面功能对个体个性发展的不利影响。

总体来说，教育功能对于社会发展和个体的身心发展的促进作用是不容忽视的，实际上，教育功能的发挥是教育根据社会的要求和人的心理与生理发展规律，以推动社会进步和培养个体的全面发展为宗旨，以传递社会文化为手段，对人的身心发展施加影响，使之有意识地适应社会的发展，并对社会客观环境、社会结构和社会秩序进行有效的改造和自我改造的过程，加强对教育功能的认识有助于我们更好地掌握教育的本质属性，使教育发挥其应有的功效。

（四）教育类型

"教育类型是根据教育的对象、任务、内容和形式的特征对教育实践所作的划分。"① 教育类型主要包括家庭教育、学校教育和社会教育三种。

1. 家庭教育

家庭作为社会最基本的单位是社会稳定的标尺，因此，家庭教育对于社会和个体而言都是尤为重要的。家庭教育是指父母或长辈对子女或晚辈在身心健康方面的教育活动。家庭教育是贯彻个体一生的一种重要的教育形式，也是对个体影响最为深远的一种教育形式，其教育活动包括家长平时对孩子进行言传身教，培养孩子良好的行为习惯、个性特征、品德修养、社会规范、兴趣爱好和社会责任感等方面的内容。

2. 学校教育

学校教育是指各级各类学校有组织、有计划、有目的地向青少年学生教授知识、技能、社会价值观念和社会行为规范，将他们培养成为社会所需要的合格的人才。学校教育具有正规性和系统性的特点，其主要

---

① 参照百度百科网站资料，网址：www. http://baike. baidu. com/view/1885096. htm。

内容包括德育、智育、体育、美育和劳育等几个方面，即将学生培养成为合乎统治阶级要求和一定社会需要的、拥有道德品质、智力能力、健康体魄、审美情趣和劳动能力的人才。学校教育与家庭教育同样重要，甚至在相当大的程度上能够取代家庭教育，以其丰富多彩的教育形式，引导学生顺利步入社会，并承担相应的社会责任、义务和使命。

3. 社会教育

马克思主义的教育观理论认为，"社会在教育过程中被赋予新的巨大作用。学校的内部集团关系的这种改变（从竞争转向合作和支持）意味着学校与社会之间的关系将变得更为开放，并以教与学的相互促进和积极配合的关系为前提。"① 社会教育相对于学校教育而言属于非正规教育，是指在家庭教育和学校教育以外的社会文化教育机构对社会成员实施的教育。它同时也包含了成人教育、终生教育、技术教育和特殊教育等细化的教育类型。社会教育的主要任务是通过辅助家庭与学校教育，进一步普及社会文化和科学知识，开展各种各样的文化教育活动，增加社会成员的知识储备，提高社会成员的综合素质，使社会成员更好地履行自己的社会职责、担当社会工作，其教育内容包括理想教育、道德教育、传统教育和知识技能教育等，其教育形式丰富多彩，包括读书看报、文娱活动、参观游览、举办讲座、实地考察、座谈会和交流会等多种形式，这种教育是学校教育与家庭教育的有序延伸，可以被视为是一种终生教育。

综上所述，教育是人类社会发展到一定阶段的必然产物，无论是教育目的、教育价值，还是教育功能和教育类型的划分都反映了教育与社会和人之间的密切关系，这三者之间是内在的、统一的、相辅相成、互为作用的关系，从这个意义上讲，教育是人类在社会化过程中不可或缺的内容和手段，也是促使人的全面发展的重要途径。

---

① "马克思主义教育观"，百度文库网站资料，网址：www. http://wenku. baidu. com/link? ur。

第二节　博物馆教育

从理论上讲，博物馆教育是一门实践性很强的学科，也是一门交叉性学科，涉及教育学、心理学、社会学、行为科学、传播学、学习学、公共关系学和管理学等相关领域的科学。我们在此对其理论框架进行梳理，以期能够在宏观上对志愿者教育学这一专题研究发挥导向性的作用。

一、博物馆教育的概念

我国有学者通过对劳动起源说、社会起源说、实物起源说、名词起源说和欧洲起源说等五个方面问题的分析与反思，将博物馆教育的源流分为原始社会的实物教育，即自然神化阶段的博物馆蒙昧时期、天人神化阶段的实物陈列向博物馆教育过渡时期、人权法化的近代博物馆教育时期，从哲学视角的社会发展、人类意识和文化观念等层面，探讨了博物馆教育的起源，并认为，"博物馆教育作为一种人类共存的文化现象，它的生产与发展同样经历了从野蛮到文明，从实物陈列到博物馆教育的历史演变过程。"[1] 总体说来，博物馆教育的发展是随着社会发展的需要和每一个不同历史时期对博物馆提出的要求而不断发展和变化的，这种变化也反映在博物馆教育的概念界定及其表现形式和发展趋势等方面。

（一）博物馆的概念

"博物馆"一词出现于 19 世纪后期，源于希腊语的 "Mouseion"，

---

[1] 刘晓晖："博物馆教育源流新探——兼谈东西方文化观念差异"，《北方文物》1990 年第 3 期，第 106 页。

英文为"Museum"，意为"缪斯（Muses）的所在地"，是为了纪念希腊的神祇宙斯和记忆女神的九个女儿，指代"丰富的知识"。在汉语中，"博物"一词出现于春秋时期的先秦经典著述《左传·昭公元年》，其中载有"晋侯子产之言，曰博物君子也"，指见识渊博的人。1867年，清末改良主义政论家王韬随英国人理雅格去英国译书，在他的《漫游随录》中记载了他所见的各种博物馆。在这本书中他使用了"博物院"一词，这是中国人首先用统一的名称概括各种各样博物馆。由于这部书出版较晚，"博物院"一词并未得到普及使用。在中国向西方学习的同时，中国的近邻日本也派遣使团出访西方，这些人回国后将其所见所闻发表出来，由日本近代思想家福泽谕吉整理成《西洋情况》一书于1866年出版，在这本书里开始使用"博物馆"一词，据说是被称为日本博物馆奠基人的田中芳男首先假借汉字，把"museum"译成"博物馆"的。1870年以后，博物馆逐渐成为"museum"的固定译语，中国可能受日本的影响也广泛使用"博物馆"一词。

世界上第一座博物馆是埃及马其顿王国时期的"亚历山大博物院"（Mouseion of Alexandria），其诞生更进一步深化了"博物馆"的概念，使其成为涵盖大学、图书馆、档案馆和收藏室等兼具学术研究和珍品收藏于一体的"文化复合体"。1682年，世界上出现了第一座近代意义的博物馆——牛津大学阿什米尔博物馆。此时的博物馆的概念属性已经随着近代社会文化和教育的发展而成为专指收藏、研究和展示自然科学和人文科学珍稀物品的文化教育场所。20世纪以来，人类社会经历了两次世界大战，在遭受了战争创伤后，人们对社会文化的重构非常重视，博物馆文化也成为人们关注的焦点，博物馆的社会地位较前有了很大的变化和提升，而博物馆学也成为专门的独立学科被剥离出来，博物馆的国际性和区域性交流对话频繁，社会职能更加宽泛，内涵和外延更加丰富。

1946年11月，国际博物馆协会成立，标志着世界第一个博物馆组织的诞生。随着社会的发展和文化的变迁，对博物馆的定义也进入一种常态化的模式，换言之，社会的客观环境和现实条件深刻影响了博物馆界对博物馆的界定，从而也使我们从中逐步加深了对博物馆概念的认知与理解。下面我们就分别列举和阐释国际博物馆协会对博物馆的定义。

1. 国际博物馆协会的历次博物馆定义：

（1）1946年定义："博物馆"这个词包括藏品对公众开放的所有艺术的、技术的、科学的、历史的或考古的机构，包括动物园和植物园，但是图书馆除外，仅包括保持永久展厅的图书馆。

（2）1951年定义：博物馆是运用各种方法保管和研究艺术、历史、科学和技术方面的藏品以及动物园、植物园、水族馆的具有文化价值的资料和标本，供观众欣赏、教育而公开开放为目的的，为公共利益而进行管理的一切常设机构。

（3）1956年定义："博物馆"这个词在此是特指任何永久性（固定性）机构，普遍意义地讲，以各种形式的保存、研究、提高为目的，特别是以接待和展示向公众展出具有文化价值的艺术的、历史的、科学和技术的藏品和标本的机构、植物园、动物园和水族馆。隶属公共图书馆和公共档案馆的常设性展馆可被认为是博物馆。

（4）1961年定义：博物馆包括公共图书馆和档案馆的常设性展出馆；正式向公众开放的历史古迹和部分历史古迹或它们的从属物，例如教堂珍宝、历史遗址、考古遗址、和自然遗址；植物园、动物园、水族馆和生态园和展出动物、植物活标本的其他机构；自然保护区。

（5）1962年定义：以研究、教育和欣赏为目的，收藏、保管具有文化或科学价值的藏品并进行展出的一切常设机构，均应视为博物馆。

（6）1974年定义：博物馆是一个以研究、教育、欣赏为目的而征集、保护、研究、传播和展出人及人的环境的物证的、为社会及其发展服务的、向大众开放的、非营利的永久性（固定性）机构。除被指定为"博物馆"外，国际博协承认下列符合博物馆定义的机构：

1）图书馆和档案中心的常设性保护研究机构和展出馆；

2）从事征集、保护和传播活动的，具有博物馆性质的自然、考古及人类学的历史古迹和遗址；

3）展出动物、植物活标本的机构，如植物园、动物园、水族馆和生态园等；

4）自然保护区；

5）科学中心及天文馆。

（7）1989年定义：博物馆是一个以研究、教育、欣赏为目的而征集、保护、研究、传播和展出人类及人类环境的物证的、为社会及其发展服务的、向大众开放的、非营利的永久性（固定性）机构。

1）博物馆上述定义不受任何政体性质、地域特征、职能机构或相关机构收藏藏品的定位等因素的限制而予以适用。

2）除被指定为"博物馆"的机构外，以下机构具有博物馆资格：

i 从事征集、保护和传播人类及人类环境物证的，具有博物馆性质的自然、考古及人类学的历史古迹和遗址；

ii 拥有并展出动物、植物活标本的机构，如植物园、动物园、水族馆和生态园；

iii 科学中心及天文馆；

iv 图书馆和档案中心的常设性保护研究机构和展出馆；

v 自然保护区；

vi 执行委员会经征求咨询委员会意见后认为其具有博物馆的部分或全部特征，支持博物馆及博物馆专业工作人员从事博物馆学研究、教育或培训的其他机构。

（8）1995年定义：博物馆是一个以研究、教育、欣赏为目的而征集、保护、研究、传播和展出人类及人类环境的物证的、为社会及其发展服务的、向大众开放的、非营利的永久性（固定性）机构。

1）博物馆上述定义不受任何政体性质、地域特征、职能机构或相关机构收藏藏品的定位等因素的限制而予以适用。

2）除被指定为"博物馆"的机构外，以下机构具有博物馆资格：

i 从事征集、保护和传播人类及人类环境物证的，具有博物馆性质的自然、考古及人类学的历史古迹和遗址；

ii　拥有并展出动物、植物活标本的机构，如植物园、动物园、水族馆和人工动植物生态园；

iii　科学中心及天文馆；

iv　图书馆和档案中心的常设性保护研究机构和展出馆；

v　自然保护区；

vi　符合前述定义的国际、国家、区域性或地方性博物馆组织、负责博物馆管理的政府部门或公共机构；

vii　从事与博物馆和博物馆学相关的研究、教育、培训、记录和其他事务的非赢利机构或组织；

viii　执行委员会经征求咨询委员会意见后认为其具有博物馆的部分或全部特征，支持博物馆及博物馆专业工作人员从事博物馆学研究、教育或培训的其他机构。

（9）2001 年定义：博物馆是一个以研究、教育、欣赏为目的而征集、保护、研究、传播和展出人类及人类环境的物证的、为社会及其发展服务的、向大众开放的、非营利的永久性（固定性）机构。

1）博物馆上述定义不受任何政体性质、地域特征、职能机构或相关机构收藏藏品的定位等因素的限制而予以适用。

2）除被指定为"博物馆"的机构外，以下机构具有博物馆资格：

i　从事征集、保护和传播人类及人类环境物证的，具有博物馆性质的自然、考古及人类学的历史古迹和遗址；

ii　拥有并展出动物、植物活标本的机构，如植物园、动物园、水族馆和人工生态园；

iii　科学中心和天文馆；

iv　非营利的艺术展出馆；

v　自然保护区；

vi　符合前述定义的国际、国家、区域或地方性博物馆组织、负责博物馆管理的政府部门或公共机构；

vii 从事与博物馆和博物馆学相关的文物保护、研究、教育、培训、记录和其他事务的非营利机构或组织；

viii 从事保护、传承和管理有形和无形遗产（活的遗产和数字创造性活动）的文化中心和其他实体；

ix 执行委员会经征求咨询委员会意见后认为其具有博物馆的部分或全部特征，支持博物馆及博物馆专业职员从事博物馆学研究、教育或培训的其他机构。

（10）2004 年定义：博物馆是为社会和社会发展服务的非营利的常设机构，对公众开放，为研究、教育和欣赏的目的，收藏、保护、研究、传播和陈列关于人类及人类环境的物质或非物质证据。

（11）2007 年定义：博物馆是一个为社会及其发展服务的、向公众开放的非营利性常设机构，为教育、研究、欣赏的目的征集、保护、研究、传播并展出人类及人类环境的物质及非物质遗产。[①]

2. 概念释义

王宏钧先生对上述博物馆定义的变化趋势进行了分析，他认为这种变化包括博物馆对"非营利机构"在认识上的变化、人与物关系处理的变化、博物馆社会化程度的变化，并指出，"现代意义的博物馆应当更加强调人的需要，重视物与人的互动关系，更加接近社会生活的各个领域，更加接近人类科学技术，环境的今天和未来。"[②] 笔者非常赞同这一观点，这种变化透视出来的正是社会及其文化发展的变迁对博物馆自内而外的影响：

1946 年的定义所反映的社会大环境是正值第二次世界大战刚刚结束，那时人们在精神上急需以文化的力量来填补心灵上的巨大痛苦和创伤，重建精神家园，博物馆在科技与文化方面的传播与凝聚作用也凸显出来，再加之受 19 世纪末到 20 世纪 20 年代的"博物馆现代化运动"

---

① 李喜娥："博物馆社会化进程中的博物馆定义与演变"，《牡丹江大学学报》2013 年第 22 卷第 11 期，第 135—137 页。

② 王宏钧主编：《中国博物馆学基础》，上海古籍出版社 2001 年版，第 41—42 页。

余韵的深远影响，博物馆需要重树公众形象，因此博物馆被定义为公共文化教育机构是大势所趋。

20世纪50年代至70年代，由于第三次科技革命的浪潮席卷西方资本主义国家，随着经济的飞速发展，一方面出现了文化多元化的现象，另一方面也使人类的生态环境受到一定影响，这就使博物馆成为永久性的常设机构渐成模式，博物馆的社会教育功能受到广泛重视，博物馆的基本工作即是"辅助教育的再创造、藏品的动态展示和对观众的亲和接待"①，同时生态博物馆也应运而生。1971年国际博协第九次大会在法国召开，会议以"服务于全人类今天和明天的博物馆"为主题，并将博物馆的主要功能定义为"首先而且必须体现为所有的人服务宗旨"，坚持不懈地"为变革的社会服务"。而法国人弗朗索瓦·于贝尔和乔治·亨利·里维埃则在会上提出了生态博物馆的概念，随后诞生了以法国克勒索蒙特索矿区生态博物馆为代表的第一批生态博物馆。因此这一阶段有关博物馆的定义中的"传播"一词的出现即体现出博物馆与社会发展之间的关系和对观众的重视已经与日俱增，并出现了"人类环境的见证物"这样的术语，而且还将"自然保护区"也纳入到与博物馆相关的机构范围内，这些都表明了国际博物馆界开始将博物馆与人类的生态环境紧密联系起来。

20世纪80年代，科技进步和生产力水平的逐步提高为世界经济的迅猛发展提供了前提条件，加之冷战之后，世界形势总体上趋向缓和与稳定，和平与发展成为时代的主题，也为经济的发展创造了有利的国际环境。安来顺先生在2008年第二个世界遗产日珠算博物馆举办的"纪念我国第二个文化遗产日暨'博物馆·共同的遗产'北京高层专家学术报告会"上，对这一时期博物馆的发展趋势做了概括，他认为这一时期的博物馆显露出七个方面的主要发展趋势，即"以物为中心向以

---

① 安来顺："博物馆专业化进程与当代博物馆新特征"，南通博物苑网站资料，2008年4月13日版。网址：http：//www.ntmuseum.com/shownews。

社会为中心的转移；博物馆物的概念的拓宽；原状联系性保护思想的发展；博物馆非集中化实践的推广；博物馆专业进一步理性化；博物馆经营管理的合理化；文化、商业机构的博物馆化"。随着世界范围内的博物馆事业的迅速发展，博物馆文化也相应地需要加大覆盖的力度，所以在1989年的定义中，将社会机构中支持博物馆事业的文化教育机构列入博物馆永久性机构的行列中。

20世纪90年代，由于信息技术在社会生产领域中的广泛应用，人类迎来了信息时代，而此时经济全球化的趋势，旅游业和文化多元化的渐强发展态势，对博物馆的发展也产生了深远的影响。博物馆文化的区域性的交往较前更加频繁，区域化与全球化的发展融为一体，因此在1995年的定义中，强调了"前述定义中的国际、国家、区域性或地方性博物馆组织、负责博物馆管理的政府部门或公共机构"。

进入21世纪后，人类进入了数字化、智能化和信息化的知识经济与互联网时代，博物馆事业也呈现出前所未有的繁荣景象。然而，随着经济的发展对于自然环境和人文环境破坏也日趋严重，文化遗产保护和利用的问题成为博物馆界愈发关注的焦点，这便在2004年的定义中提出了"人类环境的物质及非物质遗产"的问题。而在2007年的定义中，则一改以往定义中将"研究"置于首位的惯例，而是将"教育"放在"研究"的前面，这就体现出国际博物馆界对博物馆的社会教育的再认知程度不断加深。

我们说，现行的博物馆定义是在各国博物馆学家长期探索的努力中产生的，它在很大程度上代表了人们对博物馆性质和功能的一般看法，也反映了博物馆观念渐趋成熟的变化。熟悉博物馆历史的人都知道，这种现代博物馆的观念是公共博物馆诞生以来历经数世纪漫长岁月发展起来的，而现行的定义正是对这一观念的集中反映。它基本准确地揭示了现代博物馆的性质、功能和目的，以及博物馆在现代社会文化生活中的地位及其与社会的相互关系。

（二）博物馆教育的概念解析

在《中国大百科全书·文物博物馆卷》里，对博物馆教育的定义是"博物馆教育是以实物组成的陈列及其他辅助形式对观众进行的直观教育活动。"王宏均先生则指出，博物馆教育主要是"为广大观众提高思想品德和文化素养服务，为在校学生的校外教育服务，为成人终生教育服务，为科学研究服务和为旅游观光和文化休闲服务。"[①]而20世纪70年代生态博物馆的提出也使学界开始使用博物馆生态教育的概念，即"博物馆的性质和功能特点决定了它不仅能够成为生态环境教育的最佳承担者，而且在社会主义市场经济条件下，为博物馆增添了新的教育内容，适应了社会发展需要"[②]；随着知识经济和信息时代的到来，博物馆教育的概念被融入新的内涵，如严建强先生在"信息论与博物馆"一文中，则是从信息的输入、储存、输出、处理过程、接收和概率函数量化等角度来探讨博物馆教育[③]；还有学者以数字化和信息化的理论为博物馆教育拓展了新的外延，认为"数字博物馆是现代大教育观影响下的一个信息化产物。它指将博物馆信息数字化，以专题形式集成到网站中，主要是运用网站的形式保存、管理、修复、传播博物馆优秀的文化资源。它不仅包含了博物馆的普遍意义，而且可以让千千万万的人通过网络欣赏到高雅艺术的精美，饱览难以触及的历史文化古迹，体现了网上博物馆的教育价值"[④]；安来顺博士则在提出"博物馆教育，是根据博物馆的陈列展览和藏品以及相关的材料，运用多种形式和方法，向广大观众传播科学、历史、文化知识，进行理想、道德和审美教

---

① 王宏钧主编：《中国博物馆学基础》，上海古籍出版社2001年版，第335页。
② 王建平、王瑞芬："博物馆与生态环境教育"，《中国博物馆》1997年第4期，第40—43页。
③ 严建强："信息论与博物馆"，《中国博物馆》1986年第2期，第1—6页。
④ 张妮佳、张剑平："现代大教育观下的数字博物馆"，《中国博物馆》2006年第2期，第71页。

育"的同时，还提出了博物馆教育理论中的另外两种值得注意的教育概念，即应当在博物馆教育实践中尽力避免"博物馆非教育"和"博物馆误教育"。博物馆的非教育，是观众在博物馆体验中那些纯粹的、简单的、对他们在某一方面或某几方面的成长都不产生任何意义的过程。例如观众在博物馆所感受到的种种漫无目的的体验。博物馆对于他们来说，只是躲避酷暑严寒的场所，或根本没有提供他们所期待的信息、情感或经历等等。博物馆的误教育，是指妨碍或者伤害博物馆观众对博物馆所经历的种种事物进行更深入理解的体验，或是使公众在对博物馆陈列展览、藏品等事物的认识能力方面产生歧义或困难的体验。而博物馆教育则应建立在如下四种观念的基础上：第一，开发认识过程，是指博物馆教育工作强调教育内容和施教策略要有利于开发博物馆观众的认识过程；第二，学术理性，是指博物馆作为一个教育性机构，其基本职能是实现博物馆服务对象的知识增长，也就是说，观众要在博物馆学习到对他们有价值的东西；第三，关切个体即在博物馆教育中必须关心观众个体，并在实施教育的过程中实现对观众个体的关切；第四，适应社会，即博物馆教育要关注社会的利益和需要，并根据社会需要提供相应的博物馆教育活动。① 作者对于博物馆的误教育和非教育概念的提法相当新颖，是以对照的手法来印证博物馆教育的正确含义，并指出这一概念容易引起的歧义与谬论。而对于博物馆教育的四种观念也精炼地概括了博物馆教育应具备的人文性、学术性和社会性；此外，有些研究者以比较教育学理论的视角将博物馆教育与社会教育中其他层面的教育进行对比，如最常见的与学校教育、家庭教育以及具有普世意义的成人教育等，如邹慧玲在"论博物馆教育与学校教育的关系"一文中指陈，"博物馆作为一个社会教育机构，它的服务对象包括社会各个阶层，其中在校的学生占有很大的比例。因此，博物馆也是学校的第二课堂，起

---

① 安来顺："当代博物馆教育理念辨析"，北京博物馆学会编：《北京博物馆学会第四届学术会议论文集》，北京燕山出版社 2004 年版，第 32 页。

到弥补学校教育不足之作用。把博物馆教育与学校教育结合起来，不仅是博物馆事业发展的需要，也是学校教育发展的需要。"① 认为博物馆是学校教育的拓展与延伸，能够弥补学校教育在教育内容、课程资源和教学手段等方面的不足，与学校教育有机整合；或是认为博物馆教育一方面是要突出博物馆教育的独特性与学科性的特点，另一方面也是要强调博物馆教育同其他教育形态之间的内在联系，从而更加有利于加深人们对博物馆教育这一概念的认知程度；值得注意的是，在现代商品经济社会的客观环境下，博物馆教育的内涵也随着旅游经济的迅速发展而进一步丰富。如国外有些学者认为博物馆教育的公众性与实物性可以同旅游经济进行契合，博物馆教育是从博物馆教育本质出发而扩大了其外延，但也论及对旅游文化对博物馆文化的负面影响②；随着博物馆社会化趋势的渐强渐进，博物馆教育在地方社会即社区的发展层面也被赋予了新的含义，因此，有学者认为博物馆教育能够通过"制定和实施展览规划，为当地社区的利益而阐释和传播其他文化；以促进社会健康发展的方式帮助当地社区理解其他文化；阐释和传播当地的历史文化和现实文化，以帮助旅游者理解这些文化；作为教育中心，帮助当地社区理解、尊重所介绍的其他文化；在小型社区中，作为导游中心；发展成为地方手工技艺和其他技术的研究中心。"③ 在现代科学技术和社会经济突飞猛进的浪潮下，过度的开发和破坏使文化遗产的保护和利用越发成为人们日益关注的焦点，在这种形势下，一些研究者提出"新时代的博物馆教育方向可与延续无形文化遗产的理念相互结合。无形文化遗产因其不具客观形体，不同于建筑或艺术品等有形的文化遗产，故所谈的

---

① 邹慧玲："论博物馆教育与学校教育的关系"，《南昌高专学报》2001 年第 2 期，第 29 页。

② ［墨西哥］雅尼·赫瑞曼著，宋向光译："博物馆与旅游：文化和消费"，《中国博物馆》2001 年第 2 期，第 44—48 页。

③ ［墨西哥］雅尼·赫瑞曼著，宋向光译："博物馆与旅游：文化和消费"，《中国博物馆》2001 年第 2 期，第 45 页。

保护并非修复与重建，要对无形的文化遗产进行保护，最好的方法莫过于将其传承下来。而传承需要通过教育才能得以实现。因此，通过博物馆进行的教育工作，实际上是将无形的文化遗产继续传承下来的最佳手段之一。"①

有鉴于此，我们认为博物馆教育是指"博物馆通过展览陈列和相关教育活动的方式，采取相应的辅助手段，将展品和实物的历史、文化、考古、科学和美学等信息传递给观众，从而教育和提高观众科学文化水平与道德水准，推动社会与博物馆事业发展的实践活动。"

二、博物馆教育的特征

博物馆教育有其不同于其他教育形式的特征，具有教育形式的非正规性、教育时空的灵活性、教育内容的丰富性和实物性、教育手段的自主性和多样性、教育主体的专业性、教育客体的广泛性、复杂性与自主性和教育效果的长效性和后效应性等特点。

1. 教育形式的非正规性

博物馆教育与其他教育形式有着很大区别。学校教育是一种正规性的教育，是有组织、有目的、有计划的系统性的教育，而博物馆教育则并非是按部就班的正规性教育，它没有硬性的教学大纲、班级授课制和教育评估等方式。

2. 教育时空的灵活性

从宏观上讲，博物馆教育在时间和空间上具有不确定性和灵活性，博物馆可以随时随地对观众实施或结束教育内容，而无需拘泥于特定的时间和空间——既可以是巡展、专题展、常设展、临时展览，也可以是室内或户外的教育活动；既可以是有组织、有计划地专门安排的教育形

---

① 澳门艺术博物馆："全球化下的无形遗产保护与博物馆教育"，《国际博物馆协会亚太地区第七次大会中方主题发言及论文文集》，《中国博物馆》2002 年第 4 期，第 52 页。

式，也可以是随意的、无计划、无组织的教育形式。

3. 教育内容的丰富性和实物性

博物馆教育的内容主要包括文物藏品、自然界的标本和文化遗址遗存等，可谓包罗万象、异彩纷呈、兼容并蓄、丰富多彩，是人类社会发展的自然环境的见证物，既包括自然科学知识，也包括人文社会科学知识，可谓是一部活态的百科全书，因此，博物馆是通过这些真实具体的文物、标本和辅助展品使观众了解博物馆的科学文化的内容和知识体系，而这种实物性的教育则具有直观性的特点。因此，博物馆的教育内容不仅能够满足各种各样观众群的兴趣和要求，而且也为观众在直观上和感性上认知博物馆文化创造了条件，这种特殊的教育资源使博物馆教育具有先天的优势，只要方法得当，供需适宜，就会收到令人满意的效果。

4. 教育手段的自主性与多样性

博物馆在实施教育时，其采用的手段是自主性和多样性的。自主性是指博物馆可根据自身的馆藏特点与社会、观众的需要举办各种各样的教育活动，而观众亦根据自己的兴趣所在，有选择性地摄取博物馆文化知识，具有充分的自主性；其教育手段的多样性即是通过展陈、声光电、微博、微信、飞信、博客等新媒体、互联网、讲座、沙龙、游戏、实验、实地考察、参观、授课等多种形式开展活动，从而达到寓教于乐的目的。

5. 教育主体的专业性

教育主体是博物馆的从业人员以及相关领域的专家学者，他们具有丰富的博物馆行业经验、专业知识和教育能力，其中不乏高学历的研究型人才，完全能够胜任博物馆教育应具备的条件和工作需要，这种专业性也有利于推动博物馆教育功能的充分发挥。

6. 教育客体的广泛性、复杂性与自主性

博物馆教育的客体主要是指观众，这些观众具有地域范围的广泛性（即观众来自五湖四海、世界各地）、社会身份的复杂性（即观众的年龄、身份、职业、民族、宗教信仰、社会背景、家庭条件、受教育程度等各不相同）和教育行为的自主性（即观众基本上是通过博物馆的教育活动进行自我教育和自我学习）等特征。

7. 教育效果的长效性和后效应性

博物馆的教育效果具有长效性和后效应性。所谓长效性是指博物馆教育无论是从社会本位还是人本位的角度来谈，都是一项长期而复杂的工作，博物馆是"阳春白雪"、雅俗共赏的文化殿堂，媚俗的、功利性的、商品化的教育行为是应当坚决摒弃的，所以博物馆应将社会效益、观众利益置于首位，使教育形成长效性的机制；后效应性是指博物馆教育也如同普遍意义的教育，具有后效应性，在实施教育的当时虽然不会立见成效、"立竿见影"，但是却会在潜移默化中对观众起到一定的积极作用。例如有一位北大的学子在参观故宫武英殿书画展时，听了一位故宫志愿者的讲解后，在毕业后也成为故宫书画馆的一位光荣的志愿者，这堪称是博物馆教育后效应性的典型范例。

三、博物馆教育的目的

有些学者认为，"博物馆教育目的是社会性和自主性"[1]，从哲学角度讲，博物馆教育的目的实际上是社会上层建筑和社会意识形态对博物馆教育的要求使然。上层建筑是"由经济基础所产生和决定的社会意识形态以及与之相适应的社会制度组织和设施的总和……是由该社会的思想上层建筑和政治上层建筑两部分组成。思想上层建筑包括政治法律思想、道德、宗教、文学艺术、哲学等意识形态。政治上层建筑在阶级社会指政治法律制度和设施，主要包括军队、警察、法庭、监狱、政府机构和政党、社会集团等，其中国家政权是核心。思想上层建筑和政治上层建筑是相互联系、相互制约的。思想上层建筑为政治上层建筑提供

---

[1] 刘文求："博物馆教育目的之探讨"，《中国博物馆》1996 年第 1 期，第 46 页。

思想理论根据，政治上层建筑为思想上层建筑的传播和实施提供重要的保证。"① 社会意识形态 "又称意识形态、观念形态，指政治、法律、道德、艺术、宗教、哲学等社会意识形态的各种形式。"② 博物馆教育是教育的组成部分，属于社会意识形态范畴，故此它是意识形态的表现形式之一，也是上层建筑的反映，其目的就是要满足上层建筑和意识形态对博物馆教育的要求，即博物馆教育应为社会政治、经济、文化和教育发展的需求，获取社会效益和经济效益而实施相应的教育行为，即通过有计划、有目的、有组织的教育活动，向公众普及科学文化知识，弘扬民族文化，宣传爱国主义，陶冶人们的道德情操，提高审美观念。

从博物馆学科的角度讲，博物馆教育的目的是推动博物馆事业的发展，推进博物馆的理论与实践方面的业务工作，培养和加强博物馆的人才队伍的建设，满足社会公众对博物馆文化和精神文明建设等方面不断增长的需要，丰富人民群众的文化生活。

四、博物馆教育的功能

曾任美国博物馆协会主席的诺布尔把博物馆的功能归结为五个方面：收集、保管、研究、解释和展览。而荷兰的博物馆学家门施将则将其归纳为三点：收藏、研究和传播。从博物馆发展演变来看，博物馆的教育功能是从最初的收藏、保存和仅供少数人观赏，而发展为向公众开放，开展教育科研工作。随着社会的不断发展和文化的日渐繁荣，博物馆的教育功能也呈现出多样化的特点，概括起来可以分为博物馆的政治功能、文化功能、经济功能和社会功能几个方面。

（一）政治功能

博物馆教育是受到社会上层建筑的制约的，其政治功能表现在博物

---

① 余源培主编：《邓小平理论辞典》，上海辞书出版社 2004 年版，第 61—62 页。
② 彭克宏主编：《社会科学大词典》，中国国际广播出版社 1989 年版，第 62 页。

馆通过展陈、教育和科研等方式，反映国家政策方针、社会意识形态、爱国主义思想、民族精神和社会价值取向等，从而达到政治稳定与社会和谐的教育目的。

（二）文化功能

博物馆学学者罗兰德·阿宾曾说："没有哪一所博物馆是一座孤岛，博物馆是'文化系统'的组成部分。"文化具有传承性和交融性的特点，博物馆本身就是一个文化教育机构，因此其教育的文化功能是显而易见的，即是要让公众了解和认同博物馆文化，传播优秀的传统历史文化和先进的科学文化，创设优良的博物馆文化氛围，弘扬民族优秀文化，增强公众的民族自豪感和自信心，有效保护和利用文化遗产，为文化的传承与繁荣以及满足公众日益增长的精神文化的需求发挥应有的作用。

（三）经济功能

博物馆教育虽然不是以追求盈利为目的而是将获取社会效益置于首位，但是在市场经济环境下和知识经济时代的社会背景下，博物馆教育也可以冲破固有的羁绊，在举办教育活动时，注重与相关商业实体、旅游机构和企业等领域的合作，充分利用社会经济资源，善于发掘本馆的经济潜力，开发文化创意产品，开设相关的服务设施，充实与发展博物馆自身的经济，从而为推动博物馆事业的进一步发展和社会经济建设提供有效的经济保障。

（四）社会功能

博物馆教育的宗旨即是为社会及其发展服务，其社会功能则表现在以直观性、实物性和生动性的文物藏品以及遗址遗存等培养公众的思想品质、道德观念、审美情趣，陶冶情操，树立榜样的典范作用，唤醒社会公共意识，提倡和鼓励公众关注博物馆的成长和发展，积极参与到博物馆的建设事业和公益事业当中，从而实现以博物馆文化为纽带，加强社会成员之间的情感交流，树立良好的社会风尚，为社会稳定、有序、健康的发展提供必要的支持。

五、博物馆教育模式

模式是某种事物的标准样式。博物馆教育的模式是博物馆在教育实践过程中摸索和总结出来的适合社教工作的相对标准化的方法，主要包括举办展览陈列、启动教育项目、开办各种讲座、组织参观考察、开展实地操作、建立博物馆之友、志愿服务制度和会员制度。

（一）举办展览陈列

博物馆举办展览陈列是其最基本、最主要的教育手段，是博物馆依据博物馆教育学、审美学和观众心理学的理论与实践经验，通过专业技术人员的科学研究、精心设计和布置，利用各种展示技巧和方法，在特定空间内将馆藏文物和藏品等有序配置和组合，并作用于观众的感官及思维，为观众创设良好的教育与学习环境，从而达到寓教于乐的目的。展览陈列可以分为常设展览陈列、临时展览和巡回展览等几种。常设展览陈列是博物馆针对馆藏文物、藏品、标本、遗址、遗迹和遗存的展览陈列，具有展览主题基本不变或变换很小、周期长和固定性等特征。如国家博物馆的中国古代青铜器和古代中国常设展、山东博物馆的大型地方史陈列常设展《山东历史文化展》和上海博物馆的中国古代陶瓷展等；临时展览是对常设展览的补充与扩展，大多是博物馆根据社会焦点、热点和博物馆及其相关领域的新动态而设置的短期专题展览，这种展览一般具有选题新、周期短、时效性较强和题材丰富等特点。如故宫博物院 2004 年 4 月 21 日在午门展出的法国凡尔赛宫殿博物馆的 "'太阳王'路易十四———法国凡尔赛宫珍品特展"①。再如 2014 年 7 月 29

---

① 参照故宫博物院网站资料，网址：http：//www. dpm. org. cn/index1280800. html。

日到 2014 年 10 月 7 日，首都博物馆与山西博物院、山西省考古研究所联合主办的"呦呦鹿鸣——燕国公主眼里的霸国展"①；巡回展览是指将配有图文的便携式展板和实物，按照一定的展线，在空间维度上进行移动与变换所展出的展览。如浙江博物馆 2013 年 3 月在各校园、社区、部队推出了"流动博物馆"巡回展，分《意匠生辉》《非凡的心声》和《十里红妆》等三个专题展览开展教育活动②。2014 年 10 月 22 日，内蒙古博物院流动数字博物馆西部巡展团到包头，进行了为期三天的巡展、宣传活动③。这三种展览陈列形式相互补充、相互交替、相辅相成、取长补短、交相呼应，构成博物馆对观众实施社会教育的主要形式。

（二）启动教育项目

教育项目是博物馆在展览陈列的基础上，拓展延伸出来的各种各样的教育活动，这种项目可以分为长期项目和短期项目。长期项目一般是博物馆的品牌项目，因其社会效应和教育效果良好而成为博物馆的主打项目，从而长期保留下来，例如北京市大葆台西汉墓博物馆的"模拟考古"项目常年受到广大学校观众的欢迎与好评，已经历时十几年，是该馆的长期教育项目；短期项目是指博物馆根据社会需要或热点与焦点问题而举办的短时间的应时项目，如各个博物馆为了迎接"五·一八"国际博物馆日或"世界文化遗产日"等举办的项目都属于短期项目。

（三）开办各种讲座

开办讲座是博物馆根据与其馆藏文物、展览陈列、学术研究和教育项目，聘请相关领域的专家学者和专业人士，向观众介绍有关研究成果

---

① 参照首都博物馆网站资料，网址：http：//www. capitalmuseum. org. cn/。
② 参照浙江省博物馆网站资料，网址：http：//www. zhejiangmuseum. com/index. do。
③ 参照内蒙古博物院网站资料，网址：http：//www. nmgbwy. com/。

和科学文化知识，从而使观众增长知识和技能。讲座的主题涉及广泛，涵盖了各个领域的前沿信息。例如国家博物馆于 2008 年 5 月 14 日举办的题为"艺术设计的审美体验"的讲座，内容涉及博物馆建筑设计误区、博物馆陈列设计误区、艺术设计审美要素、人文设计理念和 21 世纪是设计的世纪、审美的世纪等①。再如 2011 年 6 月 25 日上海博物馆举办的"传统被激活之后"，聘请知名艺术家为观众讲座，倡导观众"以自己的声音回应伟大的传统，召唤远方的追随者"②。这些颇富创意的教育活动不仅为观众带来了耳目一新的视听盛宴，而且也有利于博物馆文化深入人心，收到良好的社会效益。

（四）组织参观考察

参观考察通常是博物馆为特定观众群提供的一种教育手段，主要是针对会员和志愿者开展的活动，一般是为了回报这些会员与志愿者为博物馆各项工作做出的贡献。如国家博物馆、故宫博物院、恭王府组织志愿者到外省市博物馆实地参观考察，到北京自然博物馆和重庆三峡博物馆组织参观考察。博物馆通过参观考察其他博物馆，一方面可以开阔其视野，另一方面也可以鼓励其支持博物馆工作，建立长期合作的关系。

（五）开展实地操作

实地操作是博物馆为了提高观众的技能和动手操作能力而设置的教育项目，其优势是观众能够亲自参与，达成博物馆文化与观众之间真正意义上的互动，因此能够给观众留下非常深刻的印象，收到预期的教育效果。如上海科技馆在展示面为 2200 平方米的地壳探秘展区内，向观众介绍了"磁悬浮地球厅""地壳探秘之旅"和"上海自然地理"等内容，通过模拟场景、互动展项、展品、标本、影视片和多媒体等综合

---

① 参照国家博物馆网站资料，网址：http：//www. chnmuseum. cn/default. aspx。
② 参照上海博物馆网站资料，网址：http：//www. shanghaimuseum. net/cn/index. jsp。

手段，为观众展示了地球的动态构造及其演变发展规律，使观众在活动中深入了解了地球在宇宙中的位置和运动状态、地球的物质组成、地球的构造形式、地球的表面形态特征以及上海自然地理。① 这种实地操作的教育方式，是博物馆教育实践性的具体体现，它能够极大地促进博物馆教育理论的提升。

（六）建立博物馆之友、志愿者制度和会员制度

博物馆之友是由博物馆事业爱好者所组成的民间团体，它既可以是学术性的，也可以是非学术性的。世界上最早的博物馆之友诞生于 19 世纪的欧洲博物馆。1972 年，世界博物馆之友第一次代表大会在西班牙的巴塞罗那召开，国际性的博物馆之友从此成立。我国的博物馆之友是在新中国成立之后发展起来的，当时的中国历史博物馆（今国家博物馆）和上海博物馆等都先后组织了博物馆之友。有的博物馆还成立了"文物通讯员""文物保护员"等博物馆之友的组织。1988 年 5 月，南京太平天国历史博物馆建立起第一家博物馆之友协会；博物馆的志愿者制度源于 1905 年美国波士顿艺术博物馆的义务讲师（DOCENT）制度。我国博物馆的志愿者和会员制度肇始于 20 世纪初。1913 年北洋政府内务部成立的保存古物协进会是我国第一个拟设的博物馆志愿者组织，其颁布的《保存古物协进会章程》也是具有同样性质的志愿者组织章程。而 1926 年成立的古物陈列所鉴定委员会则是我国博物馆真正意义上的首个博物馆志愿者组织；1924 年的中华博物院创设会员制②，并制定了《中华博物院组织章程》，对会员资格和会员待遇都做出了相应的管理规定。新中国成立后至今，我国博物馆界已从最初的零星启动博物馆之友、志愿者制度和会员制度，发展为越来越多的博物馆都先后

---

① 参照上海科技馆网站资料，网址：http：//www. sstm. org. cn/kjg_ Web/html/de-faultsite/portal/index/index. htm。

② 陈为："20 世纪初期中国博物馆志愿者及会员制度初探"，《中国博物馆》2012 年第 3 期，第 28—32 页。

开展这方面的工作。例如宁波博物馆的志愿服务工作就开展得颇具人性化的特色。该馆要求志愿者接受该馆的业务培训、考核并完成规定的服务时限和任务，并向志愿者提供工作条件与优惠：包括可以使用宁波博物馆提供的业务书籍及学习资料；免费参观该馆的陈列和展览；受邀请参加该馆举办的讲座及其他活动；打折购买该馆商店的商品及本馆的出版物；在校学生每次服务享有工作餐补贴和交通费补贴；优秀者在年终予以表彰，并记入《宁波博物馆志愿者服务手册》；工作满五年的志愿者，根据本人意愿可发展为"宁波博物馆之友会"会员。再如北京观复博物馆则专门为志愿者特制了《观复博物馆会员服务手册》，以便为所有会员提供最优质的服务。其会员每年在缴纳人民币 1,000 元的条件下，可以专享会员待遇，包括可全年免费参观该馆，每次可另携两人，次数不限，如人员在三人以上超出人员门票按 8 折收取（已享受半价优惠的人员除外，购票参观门票 50 元/人）；会员可享受该馆出版的馆藏精品图册：《观复·春》、《观复·秋》各一本（注：该馆出品《观复精品图册》每年两册，售价 150 元/册）；会员藏品鉴定并出具鉴定证书可享受 9 折优惠，由馆长马未都先生亲自鉴定。只鉴定不出证书不享受打折优惠（注：鉴定费 300 元/件，鉴定证书 800 元/件）；该馆每年向会员提供 1—2 次专业讲座，主讲人为马未都先生或其他专家；此外该馆还设有会员专区，会员来馆参观期间，可以进入会员区休息、饮茶，可以由该馆提供茶水服务，如需要其他服务，另外收费；会员在馆内工作人员陪同下可以进入馆内的会员区参观；会员使用博物馆场地举办活动享受 8.5 折优惠。① 迄今为止，上述这几种形式已经成为博物馆利用社会力量共同推进博物馆各项业务工作、建立博物馆与公众之间互利互惠、共荣共生、长期合作关系的重要举措，这些志愿者与会员通过在物质、财力、智力、体力等方面的奉献与合作，为博物馆做出应有的贡献。

---

① 参照观复博物馆网站资料，网址：http://www.guanfumuseum.org.cn/。

六、博物馆教育的基本规律

所谓规律是指事物发展过程中所表现出来的客观的、内在的、本质的、必然的联系，它决定了事物发展的方向，且不以人的意志为转移，既无法抗拒、也无法消灭，但人在规律面前并非束手无策，而是可以充分发挥人的主观能动性，通过实践来认识规律。同样地，博物馆教育规律是博物馆教育工作过程中，各种相关因素之间构成的内在的、稳定的结构性联系，它引导着博物馆教育朝向有利于其存在、发展和延续的方向运行，因此，我们在工作中应当依据马克思主义哲学原理中的按规律办事的原则，在社教工作中有意识地发现和认识教育规律，尊重规律、积极思考、解放思想、实事求是，只有这样，我们才能把握博物馆教育的发展趋势，科学有效地完成任务。

在博物馆教育过程中，与之密切相关的主要因素包括博物馆的教育资源、社会和观众，如何科学配置博物馆的教育资源，使之适应并推动社会的发展，成为观众所需要的精神食粮和文化心理是博物馆面临的课题，而要完成好这一课题的重要途径即是要认识并处理好这几种因素之间的关系，最大限度地发挥博物馆社教工作人员的主观能动性，循序渐进、积极主动地认识其规律，这样才有利于博物馆教育工作的顺利开展。

（一）博物馆教育与社会的关系

社会是一个集体名词，是生活于其中的社会成员出于共同利益的原因而结成的各种各样社会关系，主要包括各种社会组织、社团、机构、家庭、社会文化圈和传统习俗等关系。因此社会是博物馆教育赖以生存的客观环境和生长的"土壤"，社会政治、经济和文化与之构成了千丝万缕的联系，

1. 博物馆教育与政治的关系

一个国家的政治制度对其博物馆教育具有制约作用，它决定了博物

馆教育的目的、宗旨、性质、内容、形式和结构，使博物馆教育成为宣传国家政治思想、方针政策，传播社会政治的意识形态，弘扬爱国主义精神、增强民族意识的途径，从而为统治阶级的利益服务，维护社会政治和秩序的稳定。

2. 博物馆教育与经济的关系

一个国家的博物馆教育水平是与其经济发展水平相关的，经济发达的社会，其博物馆教育的经营理念、教育水平也会相应提高，促进博物馆教育内容、教学方法和教学组织形式的发展和改革；反之亦然。而博物馆教育是通过增加社会公众的科学文化知识和技能，来提供公众自身的素质和修养，在潜移默化中培养公众的能力，并将这种能力转化为现实或未来的劳动力，为社会培养人才和所需的劳动力，使其在社会经济建设中发挥其应有的作用，间接地促进社会生产力的发展。

3. 博物馆教育与文化的关系

博物馆教育是一种微观层面的文化，是宏观社会文化的重要组成部分，社会文化的传统因袭、主流意识和价值取向制约并影响博物馆教育的发展方向、教育内容、教育水平、教育环境和教育模式；而博物馆教育作为一种文化形态和文化选择也丰富了社会文化的内涵与外延，促进社会文化与博物馆文化的发展。

4. 博物馆教育与意识形态的关系

"意识形态又称'社会意识形态'、'观念形态'。对社会和自然的各种印象、理解、感情、愿望加以系统化的完整的观念形态。表现为一定体系的社会观、思想学说和政治理论。"[1] 博物馆教育是社会意识形态的表现形式之一，博物馆教育工作者和研究者在长期的教育工作实践中，通过对博物馆教育的认知、理解和深入研究，总结和积累的博物馆教育思想、体系与理论，它代表了博物馆学科的教育观念形态。博物馆教育也在教育工作的过程中宣传、推广、传播和提倡社会意识形态的观

---

[1]　刘建明主编：《宣传舆论学大辞典》，经济日报出版社 1993 年版，第 43 页。

念、观点、概念、思想、价值观等，而不同的社会意识形态对博物馆教育的要求和标准也不同，因而影响博物馆教育的价值取向和教育思想。

（二）博物馆教育与观众之间的关系

观众是博物馆教育的客体和对象，也是博物馆教育存续发展的源头活水，因此我们要深入进行对观众的调查研究，处理好博物馆教育与观众之间的关系。总体说来，博物馆教育在依据观众的生理和心理特征的基础上，促进其身心的健康发展，使观众在博物馆教育中能够增长科学文化知识和技能，陶冶道德与审美情操，增强公民意识，培养爱国主义精神，并为博物馆教育的广泛宣传和大力推广发挥其应有的重要作用。

1. 博物馆教育要适应观众的身心发展规律

博物馆在实施教育时，要研究观众的生理特征和心理特征，将观众进行分类，以便有层次地进行因人施教。观众的类型按照年龄来划分可以分为未成年观众和成年观众两类，而这两种类型的观众都具有各自不同的特点。

未成年观众的特征：未成年观众处于人生的生长期，身体各个器官的发育迅速，大脑的发育促使神经系统、语言功能、动手能力、想象力、记忆力、观察力、注意力以及性等方面逐渐趋于成熟，使其在思维方式方面具有形象性和批判性的特点，对世界和事物的认知倾向于感性认识，在心理上具有自我独立性愿望强烈、社会经验阅历短缺、情绪不稳定、容易冲动并受外界环境的影响、对新生事物十分感兴趣、动手实践的要求强烈等特征，因此，博物馆需要根据其身心特征，通过各种各样的方式、途径使青少年了解并融入博物馆教育当中，为其创造形象化、动态化的教育模式，不断以博物馆科学文化充实其书本上的知识内容，为他们提供更多的社会实践机会使其参与到社会生产和生活中，培养其良好的社会道德、思想观念和公民意识，树立高品质的审美情趣，陶冶美好的情操，促进其身心积极健康地发展。

成年观众在生理方面已经成熟，情绪较为稳定，个性心理结构也基本定型，社会阅历和生活经验不断增长，智力水平也在发展，思维模式、记忆能力、创造能力和学习能力与未成年观众都存在明显的区别。如成年观众的机械记忆能力减弱，但理解记忆能力增强，在运用学习能力的过程中，善于调整学习策略，注重自我教育，理性分析事物，以既得的经验妥善处理实际问题。有研究者指出："一个人学习能力的大小既取决于先天遗传的生理因素和心理因素，也取决于年龄、健康状态、性格、动机、态度情绪以及社会文化环境等非智力因素。尽管相对年轻群体，成人学习者的某些心理特征存在衰减，但就学习心理整体进行分析，没有证据可以让我们质疑成人的学习能力，事实上构成学习障碍的大多和社会环境（尤其是成人办学机构自身）等客观因素有关。从成人丰富的生活经验和阅历出发，将学习紧密联系社会、联系成人实践经验，促使成人不断反思和批判，这既是成人教育的目标，也是基于成人学习心理特征的需要。"①

2. 博物馆教育要促进观众的成长和发展

博物馆教育要在了解观众身心发展的基本特征，即其身心发展的协调性和统一性、顺序性和阶段性、稳定性和可变性、差异性和互补性等的基础上，对其参观博物馆的内动力（即其主观能动性和社会实践活动）和外铄力进行深入探讨，使博物馆教育适应观众身心发展的规律。

（1）协调性和统一性。这是指博物馆要根据观众的行为与心理统一性发展的规律，通过观察和了解观众的参观行为，尽可能地准确把握观众的参观心理，发现观众的兴趣点与不满意之处，调整教育内容和教育手段，形成博物馆教育的协调性和系统性。

（2）顺序性和阶段性。由于观众的身心发展具有顺序性和阶段性的特点，所以博物馆要根据观众的年龄特征和心理特征，对未成年观众和成年观众分层次、循序渐进地开展教育工作。

---

① 纪河、麦秀纹："成人学习者的学习心理及基本特性"，《学术论坛》2006 年 1 月版，第 21 页。

（3）稳定性和可变性。这是指观众在身心发展的过程中，在变化顺序、速度与运动方式上会呈现出有规律的稳定性、相似性、顺序性，而每一阶段的生理和心理变化过程及速度又是可变的，因此博物馆要充分利用其稳定性，针对同一年龄层的观众如青少年观众，采用相同手段的教育措施，同时，还要重视其发展的可变性，及时调整教育方向和方法。

（4）差异性和不均衡性。这是指观众身心发展在内涵与程度上的差异性和互补性，由于各个年龄层和每位观众的身心发展都具有差异性，呈现出异彩纷呈的个体差异性规律，而观众对于事物的认知、理解和兴趣倾向又存在着不均衡性，这就要求博物馆的教育者必须认真调研观众的不同需求，了解其身心方面不同的兴趣、爱好、特长、能力倾向，进行因人施教、因人施讲，有的放矢地开展教育工作①。

3. 博物馆要为观众提供良好的教育环境

博物馆教育环境是指博物馆在特定的空间区域内，为观众提供的教育活动所必需的客观条件，主要包括博物馆的外界环境和观众自身的心理环境。由于博物馆的类型不同，各馆应根据本馆的馆藏资源和教育项目，为观众营造良好的参观环境、活动环境和人文环境，从而对观众的心理环境构成积极的、正向的影响。例如当前许多博物馆所采用的声光电技术，以动态、逼真的方式向观众展现藏品的价值，复原历史场景，为观众提供优良的教育环境，寓教于乐，让观众在轻松愉悦的氛围中体验博物馆文化的神韵与魅力。

4. 观众在博物馆教育中的作用

根据马克思主义哲学原理，主观能动性亦称"自觉能动性"，指人的主观意识和实践活动对于客观世界的反作用或能动作用。主要包括两方面的含义：一是人们能动地认识客观世界；二是在认识的指导下能动地改造客观世界。博物馆观众既是博物馆教育的客体和受众，又是博物

---

① 项贤明："教育与人的发展新论"，《教育研究》2005年第5期，第9—14页。

馆教育赖以生存的社会基础和重要因素。对于观众的研究也要从观众的参观行为、认知心理、受教育心理和社会心理等社会学、心理学、教育学和人类学等方面加以探讨，以期能够有利于博物馆教育在更深入的理论和实践层面得以发挥。我们说，在博物馆实施教育的过程中，观众并非是消极被动地接受教育，而是会充分发挥其主观能动性，积极主动地参与到博物馆教育活动中，转而激发起他们热爱博物馆文化的情感，使之自觉自愿地为博物馆的教育活动进行宣传，建言献策，甚至义务为博物馆服务和工作，成为博物馆建设事业的一支生力军。我们的博物馆志愿者与会员就是这样的社会群体。他们是博物馆的特殊观众，也是经常观众，他们是推动博物馆走向更加光明的未来的主要力量和原动力。①

综上所述，我们发现，随着社会的进步和博物馆的不断发展，当代博物馆教育越发呈现出其独有的魅力和特色，概括起来大致包括民主性、专业性、交叉性和时代性等内容。

- 民主性。伴随着博物馆社会教育功能的不断强化，博物馆与政府、其他社会机构和团体以及公众之间的关系更加凸显民主性。博物馆教育的民主化进程体现了博物馆的经营理念与经营智慧。博物馆与社会其他机构在合作的过程中互利互惠、共荣共生；而博物馆的观众不论其社会地位、受教育程度、经济状况、家庭背景如何，但在博物馆里都是观众身份，都是平等的。博物馆在实施教育活动、向公众传递博物馆文化信息的过程中，完全与公众融合在一起，平等对话和交流，彼此产生共鸣和理解，这不仅拉近了博物馆与公众之间的感情，而且也有利于博物馆教育功能的发挥。

- 专业性

由于博物馆学的专业化进程的日益成熟，博物馆学意义上的教育工作无论是从教育者的专业化程度，还是教育内容、知识体系、教育方式

---

① 刘卫清："博物馆观众定位与陈列设计研究"，《科技致富向导》2011年第5期，第154—159页。

和教育手段等方面也更加呈现出专业化特点，这也在实践层面上有力地推动了博物馆学理论的发展。

- 交叉性

当代博物馆教育在科学技术日新月异的飞速发展洪流中也不断地同其他领域冲突与融合，在这一过程中，博物馆学的线性思维方式逐渐被一种关联性的思维方式所替代。在方法论层面，博物馆教育同学校教育、科技、商业、旅游、文化等领域的资源相互结合和补充，越发显现出交叉性的特点。

- 时代性

当今的博物馆教育是充满时代气息和科技含量的。智能化、数字化、声光电等多媒体教育展示方式令观众耳目一新、身临其境。如上海科技馆的 4D 电影院让观众亲临大自然的感受，而汉阳陵博物馆采用的光影技术再现长信宫的场面则使观众有如穿越了时光隧道一般，如梦如幻；周口店遗址博物馆则是用复制场景模型的方式，为观众展现了北京原始居民的社会生产和生活的情景。

博物馆在适应社会发展的漫长历程中，其自身收藏范围不断扩大，其功能也不断拓展，愈加丰富，从最初的单一收藏和私自把玩发展为以收藏和保存人类文明成果与文化遗存为宗旨并兼具教育科研甚至经济功能的文化复合体，为公共教育、科学研究和审美欣赏等服务，并逐渐形成社会生活和社会文化等社会意识形态领域中不可或缺的重要组成部分，扮演着引领人类朝向更高的文明阶段循序渐进地完善自我的角色。

本章结语

有学者对全球化下博物馆教育的新增角色做了如下的概括："新时代的博物馆仍将继续扮演着一个传统文化的贮藏库的角色，但这除了要继续保存文化遗物之外，还需致力于保存过去的文化传统与价值观。博物馆作为一个文化教育机构，是负载、接收和传送文化讯息的媒体，其基本功能可概括为收藏、研究和教育。收藏包括了对文化遗物进行搜集、保存记录和修复，收藏品作为一个关于过去的明证，是经营博物馆的基础；研究是确立藏品的文化价值及意义的重要工作，主导展示的诠释方向；教育可再细分为展示、宣传和教育推广活动等方面，将研究成果转变为深入浅出的知识，透过系统的展示和教育推广让观众认识藏品价值，而这一整套博物馆工作的具体运作，假如能配合清晰的发展方向、策略和优质管理，实际上可以说是一个将（有形的）文化物品转化为（无形的）传统文化知识的场域。"[1] 当我们在研究教育与博物馆教育时不难发现，广义上的教育是博物馆教育的理论与实践基础，它为博物馆教育的发展提供了前提条件。随着社会文化的变迁、社会经济的发展和时代的进步，博物馆从最初的文物收藏功能演变为集收藏、科研和教育于一体的多样化的文化形态，在这一过程中，博物馆教育从功能属性、教育目的、教育理念、教育内容、教育方法和手段等诸多方面越发成熟和科学化，其战略地位也越发重要。时至今日，博物馆教育已经成为博物馆各项业务工作的根本和博物馆赖以生存和发展延续的重要功能。

西方国家曾经提出了一个新的理念，即享受博物馆。当前，摆在我们博物馆面前的重要任务就是如何能够吸引更多的观众到博物馆参观和活动，让他们在博物馆度过最愉快、最美好和最有意义的时光。因此，我们应当抓住契机，转变观念，不断丰富博物馆的教育实践内容，进一步加强博物馆教育的理论建设和研究工作，让更多的人认知和感受博物馆文化的魅力，使博物馆成为更多人的文化选择。博物馆教育是博物馆社会职能的体现，也是博物馆得以存续和发展的重要手段，它伴随着社

---

[1]　澳门艺术博物馆："全球化下的无形遗产保护与博物馆教育"，《国际博物馆协会亚太地区第七次大会中方主题发言及论文文集》，《中国博物馆》2002 年第 4 期，第54—55 页。

会的不断发展调整和变换着自身的角色，并以其独特的风采为人类社会的文明进步勾勒出浓墨重彩的一笔，因此博物馆教育的魅力将是永恒不灭的，迄今仍然具有非常重要的社会价值和深远的现实意义。

第二章　博物馆志愿者教育学理论综述与构建

引　言

　　纵观博物馆的发展历史可以得知，博物馆是人类社会发展到一定阶段的必然产物，是社会文明程度的风向标，也是社会成员在物质利益基本得到满足的基础上，对博物馆文化不断增长的精神需求的结果，因此，博物馆赖以生存的社会是其发展的客观条件和现实环境，而社会公众则是推动其发展的重要源泉和动力，其中就包括一个特殊的社会群体，他们不仅是博物馆文化的直接受益者，而且也是促进博物馆茁壮成长的强大的生力军，这就是博物馆的志愿者。在科学技术日新月异的知识经济时代，文化教育越来越凸显出其在社会生产和生活中的重要性，对各种类型的人才的培养既关乎一个国家和民族的前途命运，也关乎个体综合全面的发展。博物馆的志愿者属于文化志愿者，他们同样是博物馆事业建设过程中不容忽视的一支人才队伍，对他们的培养也同样关乎博物馆事业的发展。尽管越来越多的博物馆较以往更加重视对志愿者的教育培训与考评，但是这方面的理论研究还比较薄弱，所以，我们有必要构建起博物馆志愿者教育学的理论，不断地在实践中进行检验、分析和总结，然后运用相对科学和完善的理论指导实践，使志愿者能够在更高的层面上充分发挥自己的才华和智慧，为博物馆事业的发展添砖加瓦、贡献力量。

第一节　博物馆志愿者教育的理论沿革

国内外有关博物馆志愿者教育的理论研究取得了较大的成就，特别是近年来对该领域的研究，更是犹如雨后春笋般地硕果频出。由于国外博物馆的志愿服务已经走过近百年的历程，也很重视对志愿者的教育和培训，所以其教育理论相对比较成熟。而我国在这方面起步较晚，理论也比较薄弱，对于这样一个年轻的课题进行专门和深入的研究还较为欠缺。因此，系统性地厘清国内外相关理论的发展脉络，对于我们进一步科学地构建具有时代性特点的、符合志愿者教育规律的理论将是大有裨益的，也同样能够更好地加强对志愿者教育与培训的实践活动。我们在此研究的理论包括有关志愿者教育培训的文献期刊、相关论文和论著等。

一、国外博物馆志愿者教育理论的回顾

马克思主义哲学认为，理论来源于实践，科学的理论对实践具有指导意义。博物馆志愿者教育理论来源于博物馆教育和志愿者的实践，而博物馆教育的发展又是伴随着社会发展和博物馆功能的演变而不断发展变化的。虽然博物馆志愿者教育理论产生于近代，但也是从古代具有博物馆形态的教育活动发展而来的，即博物馆作为一种客观存在从古物收藏发展成为完全意义上的博物馆，基于此，我们将志愿者教育理论的发展融入到宏观的博物馆教育的发展历史中，会有助于准确把握博物馆志愿者教育学理论的内涵和脉络。确切地讲，志愿者教育理论是在博物馆

教育理论和实践发展的基础上发展而来，其学术成果也得益于博物馆教育理论的日渐成熟，因此，我们可以将志愿者教育理论分为近代博物馆志愿者教育理论的形成时期、现代博物馆志愿者教育理论的发轫时期和当代博物馆志愿者教育理论的蓬勃发展时期三个阶段，在这个过程中，博物馆的教育思想、教育目的、教育内容和教育手段逐渐趋于开放和成熟，其功能作用的发挥空间不断扩大，博物馆教育的受众范围也更加广泛，发展至今呈现出多姿多彩、富有活力的繁荣景象，这就为志愿者教育理论提供了宝贵的经验和重要的依据。

（一）近代博物馆志愿者教育的形成时期

1. 古代"博物馆教育"的萌芽

博物馆现象是西方世界的舶来品，"博物馆"一词就是由希腊文的"缪斯"演变而来的。由于私有制引发了人们对收藏的热衷，最初意义上的博物馆便应运而生。公元前 5 世纪，古希腊的特尔费·奥林帕斯神殿成为收藏了各种雕塑和战利品的宝库，出现了博物馆的雏形。公元前 4 世纪，马其顿王国的君主亚历山大大帝把搜集和掠夺来的珍贵的艺术品和稀有古物交给他的教师亚里士多德整理研究，亚里士多德曾利用这些文化遗产进行教学、传播知识。亚历山大去世后，其部下托勒密·索托于公元前 290 年左右在埃及的亚历山大里亚博学园建立了缪斯神庙，建立了世界上最早的博物馆，专门用于收藏在征战中掠夺来的奇珍异宝、大量标本、仪器和圣贤塑像，园内还建有图书馆，被视为世界上原始形态的博物馆，此后，西方最早的人物纪念馆即古罗马万神庙、古希腊专门用于保存版画、珠宝、王室的旗帜和权杖以及其他珍贵饰物的收藏机构、世界上最早的城市西亚的乌尔古城的塔庙和神庙、美索不达米亚的拉尔撒古城、梵蒂冈的宗教储物所等都属于博物馆现象，这一时期似可被称为前博物馆时期。此时虽然还谈不上博物馆的教育，但是公元前 4 世纪亚里士多德在雅典针对收藏品所展开的讲学、公元前 387 年柏拉图创建学园用以培养"哲学王"的训练活动、罗马城中公共设施所陈列的大量艺术品、中世纪教会中教徒以圣物和景观为实物向教民所做的教义宣讲等都可以被视为博物馆教育活动的萌芽状态。可以说，在相当长的一段历史时期内，博物馆仅被作为供皇室或少数富人观赏奇珍异宝的收藏室。

中世纪（约公元 476 年—公元 1453 年）时，人们对于古物珍品已经不仅仅限于收藏，而是开始重视对藏品的研究和教育，特别是一些宗教场所尤为如此。如始建于公元 9 世纪的意大利威尼斯的圣·马可教堂，就是为纪念耶稣十二圣徒和收藏战利品而建，在位于教堂右侧的珍宝馆里，收藏和陈列有 1204 年十字军东征时从君士坦丁堡带回来的战利品，这里成为教徒们宣扬教义和纪念历史的博物馆，并显现出博物馆的教化功能。

14 到 18 世纪，"文艺复兴"运动催生了王室贵族和民间私人收藏范围的扩大，这样就使得文物藏品逐渐增多，如被誉为"文艺复兴教父"的意大利佛罗伦萨的著名的梅蒂奇家族，就非常重视对文化遗产的保护与传承，他们修建教堂和公共设施，网罗并资助艺术家，搜集和收藏了大量的图书、手稿和艺术品，其藏品涉及诗歌、绘画、雕刻、建筑、音乐、历史、哲学、政治理论等各个领域，并把藏品置于柏拉图学园，面向公众开放。1581 年，梅蒂奇家族在佛罗伦萨市创建了乌菲齐博物馆，这是世界上最早的美术馆，也是欧洲第一家具有现代艺术风格展览的博物馆，成为文艺复兴时期最丰富的艺术宝库。此后，随着藏品数量的日益增加，博物馆不断扩建。1737 年，梅迪奇家族将博物馆捐赠给了佛罗伦萨市政府。因此，在很大程度上，私人收藏的热潮掀起了人们的文化复古情绪。而 15 至 17 世纪的地理大发现，又加速了东西方文化和经济贸易的频繁交往，大量的艺术品和文物也随之而来，这样，就为后世欧洲博物馆提供了丰富的藏品基础。

2. 近代博物馆志愿者教育理论的形成

19 世纪末、20 世纪初是真正意义上的博物馆教育的肇端。随着博物馆的开放性和公众性的进一步强化，博物馆的社会文化认同与参与程

度也逐步加深，博物馆教育形态渐渐显现出来，近代博物馆志愿者教育
便应运而生。从 1907 年美国波士顿艺术馆开启志愿者机制到 20 世纪第
一次世界大战之前的阶段。近代意义上的博物馆出现于 17 世纪之后。
随着 18 世纪工业革命的爆发，人类从工场手工业时代跨入机器大工业
时代，科学技术的革命给欧洲大陆带来了翻天覆地的变化，社会经济的
迅速发展也推动了社会文化和思想意识的变革，博物馆不再是一种朦胧
的文化现象，而是一个实质性和功能性的文化实体。17 世纪以后，现
代意义的博物馆在英国出现。1682 年英国阿什莫林艺术与考古博物馆
成为世界上第一座近代意义的公共博物馆，藏品主要是英国贵族阿什莫
林捐赠的货币、徽章、古物、宝石、矿物、武器、生活用具、服饰、艺
术品和动植物标本等。在资本主义世界资本原始积累不断扩大和社会变
革的深刻影响下，私人捐赠机制也越来越发达，英国的内科医生汉斯·
斯隆将近八万件的藏品捐献给英国王室，以使其收藏品能够永远“维
持其整体性、不可分散”，于是，英国王室于 1753 年建成大英博物馆并
在六年后对外开放，成为世界上第一个对公众开放的大型博物馆。1789
年，法国大革命摧毁了君主制度，“天赋人权”的民主思想取代了“天
赋神权”的专制观念。1793 年 7 月 27 日，法国政府决定：巴黎卢浮宫
改为共和国艺术博物馆，并提出“完善的博物馆是必要的教育手段”，
而“欧洲博物馆讲解开始于 1789 年的卢浮宫”①。因此，卢浮宫成为推
动各国博物馆向社会化和公众化方向发展的具有划时代意义的博物馆。
在这股强劲的潮流推动下，博物馆事业开始蓬勃发展起来。当时亚洲和
美洲的博物馆事业也都开始兴起。由此可见，18 世纪的博物馆已经不
再是单纯的古物堆放处和收藏室，而是具有一定的普世性和社会性，博
物馆与公众之间的距离拉近了，博物馆作为一种文化形态已经为人们所
接受。

　　19 世纪末、20 世纪初是博物馆教育的肇端。1870 年开始的第二次

---

① 　王学敏：《博物馆实用讲解艺术》，河南大学出版社 2009 年版，第 10 页。

工业革命，使新技术和新发明层出不穷，为科技博物馆的发展与博物馆的科学研究提供了良好的"土壤"。1836 年，丹麦的《汤姆逊分类法》一书面世，这是哥本哈根博物馆的汤姆逊按照石器时代、青铜器时代、铁器时代三个历史时期将藏品进行科学划分的一种方法，其生态复原陈列法也使陈列变得具有有序性，此后，不少国家纷纷效仿。1909 年的伦敦科学博物馆是西欧规模最大、世界最早建立的大型科技博物馆，其前身为 1857 年建立的南肯辛顿博物馆，在 3 万平方米的展区内，共有 70 个展室，陈列着英国工业革命时代的科学技术成就，故有"工业革命博物馆"之称。该馆曾于 1876 年举办了"特殊借展的科学仪器展览"，1883 年还成立了图书馆，专供博物馆工作人员、大学生和普通民众开放服务。[①] 在亚洲，1877 年 1 月，日本成立了国立科学博物馆，该馆的独立行政法人国立科学博物馆法中的第三条明确提出，博物馆的目的就是要"通过关于自然史的科学及其他自然科学及其有关应用的调查、研究及有关这方面资料的收集、保管（包括育成）以及公众的公开阅览"等活动，以达到普及自然科学及社会教育之目的。[②] 随着博物馆的开放性和公共性的强化，人们对于博物馆的认同与参与程度也逐步加深，博物馆的教育功能也随之得到进一步提升。1851 年，英国皇家于伦敦"水晶宫"成功举办了世界上第一届万国工业博览会，展示了来自世界各地的 14，000 多件工艺制成品，吸引了约 630 万名参观者并且获得了可观的收益，在万国工业博览会结束后，维多利亚女王的丈夫阿尔伯特王子用博览会的盈余筹办了维多利亚与阿尔伯特博物馆，用于存放博览会的展品，以使市民永久受益，具有明显的教化目的和实物教育价值。而工艺品博物馆（Museum of Manufactures）就是由伦敦的一座设计学院的教学收藏品改造而成的，其首任馆长正是博览会的组织者之一的亨利·科尔，这是教育机构被博物馆化的一个典型例证。1853 年，

---

① 兰维："工业革命的见证者——伦敦科学博物馆"，《百科知识》2012 年 4 月第 7 期，第 57 页。

② 维基百科，网址：www. http://zh. wikipedia. org/wiki。

德国纽伦堡日耳曼民族博物馆将原来的库房与陈列室分开，并按照历史时期将藏品进行划分，即史前时代、罗马时代和德国时代三个分期，还设置了六个陈列室向公众开放，进行展陈的背景与内容介绍。1873年英国皇家学会提出，使所有的公共博物馆具有教育科学功能，1880年，美国建成最大的博物馆——纽约大都会博物馆，该馆是由美国的普通公民发起和建立的，这些公民包括商人、理财家、艺术家与思想家。因此，从创建博物馆的初衷就反映了强烈的民主性和社会性，即"期望博物馆能够给予美国公民有关艺术与艺术教育的熏陶。"① 1880年英国博物馆学者鲁金斯在《博物馆之功能》中强调博物馆应成为一般人的教育场所的观点。1884年，英国利物浦博物馆与学校教育结合，向学校出借自然标本，并与多达100余所学校建立了长期的藏品借用关系。② 1889年，英国博物馆协会成立，这是世界上最早的博物馆专业组织。1901年，该组织又出版了世界上第一个国家级的博物馆专刊《博物馆杂志》（MUSEUM JOURNAL）。1903年，欧洲各国在德国的满海姆召开第一次博物馆会议。1906年，美国博物馆协会诞生，该协会认为：博物馆是收集、保存最能有效地说明自然现象及人类生活的资料，并使之用于增进人们的知识和启蒙教育的机关。我们说，国外对博物馆志愿者的教育理论研究是伴随着志愿者的出现而起步的。1907年，美国波士顿艺术馆首开世界博物馆志愿者机制的先河，当时的志愿者被称作是"DOCENT"，意为"义务讲师"。此后，欧洲等西方国家，如英国、德国、法国、俄罗斯和亚洲的日本、韩国、新加坡等国家的博物馆也先后启动志愿者机制。可以说，自志愿者机制诞生之日起，就有了志愿者的教育培训，只是这时的志愿者教育尚处于初始阶段，还远远没有达到体系化和制度化的程度。伴随着教育实践的逐步发展，教育理论也相继产生。从理论上讲，志愿者教育学的主体和客体分别是博物馆专业人员

---

① 纽约大都会艺术博物馆网站，网址：http://www. metmuseum. org/。
② 北京博物馆学会编写：《博物馆的社会教育》，北京燕山出版社2006年版，第3页。

（包括外聘的相关专业的专家学者）和志愿者，主体在对客体实施教育的同时，也需要加强自身的教育培训，因此，有关志愿者教育学的理论文献综述似应既包括博物馆内部在编的工作人员的行业教育培训的内容，也包括博物馆对志愿者进行的教育培训的内容，当然，要以后者的内容为主。美国博物馆，对于博物馆工作人员和志愿者教育培训理论的研究也走在前列。1907年，美国博物馆协会创办了期刊《美国博物馆协会资料汇编》（《Proceedings of the American Association of Museums》），成为美国博物馆行业学术交流和信息沟通的理论前沿阵地。1908年，美国宾夕法尼亚博物馆开办了第一个博物馆专业培训课程。同年，美国在阿瓦依大学开设了博物馆陈列学的课程，用以培养专门的博物馆学人才，其后，许多高校纷纷增设该学科。1916年，国际上出现了最早的观众行为调查研究，1928年—1936年，博物馆把观众调查与心理学相结合，成果显著。① 这是博物馆教育理论与实践相结合的表现。

（二）现代博物馆志愿者教育理论的发轫时期

现代博物馆志愿者教育理论的发轫阶段是从两次世界大战到20世纪90年代的时期。两次世界大战期间和战后重建阶段，博物馆的教育思想深受民族主义与爱国主义的影响，从战争时主要面向基础教育机构的青少年观众开展上层建筑和意识形态领域的教育，发展到战后面向全社会的公民开展教育活动，弘扬民族精神、抚慰人们心灵创伤、激励公民爱好和平、重建家园。在这期间，1926年，国际联盟在巴黎成立了国际博物馆事务局，该组织创办了国际博物馆界的期刊《MOUSEION》，即目前在国际博物馆界颇具权威性的杂志《MUSEUM》（《博物馆》），成为推介博物馆教育和相关研究的前沿学术期刊。1946年，国际博物馆协会成立，总部设在法国巴黎联合国教科文组织内，该组织对于推动国际博物馆界的教育和文化发展起到了积极的作用。1946年11月，国

---

① 安来顺：“二十世纪博物馆的回顾与展望”，《中国博物馆》2001年第1期，第6页。

际博物馆协会成立时的章程中提出：博物馆是指为公众开放的美术、工艺、科学、历史以及考古学藏品的机构，也包括动物园和植物园。这说明博物馆已经步入了正规化和组织化的轨道，所以就更加有利于博物馆教育的常态化与民间化。

20 世纪 50 年代到 60 年代，博物馆的教育逐步走向专业化的进程。1950 年 7 月，博物馆学技术国际委员会的第二次代表大会在伦敦召开，会议的议题之一即是博物馆专业人员的培训问题；① 1953 年，米兰大会上提出了博物馆对专门教育人才的需求，还成立了博物馆教育国际委员会，以督促博物馆教育事业的发展。西方发达国家在此时更是受到民权运动的影响，博物馆越发关注普通民众和社区。在这一时期的社会主义阵营里，前苏联的博物馆建设取得了很大成就。列宁领导的苏维埃政权建立后，改造旧博物馆，建立许多新博物馆，使博物馆成为"国家教育机关"。斯大林时期又建立了大量地志博物馆。在克利哈娃所作的苏联博物馆群众工作的报告后，建立了讲解制度，组织"博物馆之友"，大大提高了讲解水平和技术。②

20 世纪 70 年代，在以原子能、电子计算机和空间技术的广泛应用为主要标志的第三次科技革命的推动下，人类社会的经济、政治、文化、生活方式和思维模式都发生了深刻的变革。资本主义国家普遍实行国家资本垄断的政策，科学技术进一步发展，经济增长迅猛，科学中心也相继成立，于是在欧洲和美国纷纷兴起探索宫和发现宫，中国也出现了科技馆。1971 年，在国际博协第九次大会上提出了"服务于全人类今天和明天的博物馆"的主题，并强化了博物馆教育的作用和功能。而法国人弗朗索瓦·于贝尔和乔治·亨利·里维埃在大会上还提出了生态博物馆的概念，强调为了保护文化遗产博物馆的真实性、完整性和原生性，博物馆可以以村寨社区为单位，成为没有围墙的"活体博物

---

① 老夭："博物馆人才培养的历史回顾"，《中国博物馆》1989 年第 3 期，第 14 页。
② 中国文物信息网："新中国初期对苏联博物馆经验的学习和借鉴"，2013 年 1 月 7 日。

馆"。这使博物馆教育在地域、外延和资源整合等方面得到了极大的丰富和发展空间。1974年，国际博物馆协会对博物馆进行了明确的定义，指出"博物馆是一个不追求营利的、为社会和社会发展服务的、向公众开放的永久性机构，为研究、教育和欣赏的目的，对人类和人类环境的见证物进行搜集、保存、研究、传播和展览。"而公益性则是它的首要职责，这实际上说明国际博物馆界对于教育的定位是非盈利性和非功利性，应着眼于公众对博物馆教育不断增长的需求方面。从1977年开始，国际博物馆协会把每年的5月18日确定为"国际博物馆日"，并且每年都会确定一个主题。另外，在"20世纪70年代和80年代早期的英国教育心理学被运用到展览设计，相似的方法在早些年代的美国也有所发现。"① 这标志着博物馆的教育已经朝着更加科学化的方向发展了。

这一时期，一些欧洲的博物馆纷纷建立起志愿者组织，如1973年英国博物馆创建的"英国博物馆之友协会"，其会员甚至包括博物馆专业人员和政府官员，协会创办了高质量、高水平的专业杂志，自1987年开始，该协会便创办了刊物，一年中于春季、夏季和秋季共出版三次，信息丰富，包括许多会员们感兴趣的内容。此外协会还向会员发放会员手册、《志愿者经营管理手册》，其会员于每年八月份会收到一份会员指南的复印本。② 一年刊出三次，分为春季、夏季和秋季三季度出版，主要关注博物馆之友与志愿者的发展与热点话题，最近该协会还出版了《英国博物馆之友协会经营和管理手册》和《博物馆之友经营管理手册》，这是一本精装书，并配有CD光盘，是博物馆管理者必读的书目。③ 其中不乏专门论述有关博物馆行业培训和志愿者教育培训的章

---

① ［英］罗杰·迈尔斯、劳拉·扎瓦拉：《面向未来的博物馆——欧洲的新视野》，北京燕山出版社2007年版，第153—154页。

② 参照英国博物馆之友协会BAFM网站资料，网址：http://www.bafm.org.uk。

③ 选自"英国博物馆之友协会网站"，网址：http://www.bafm.org.uk/，2012年8月1日。

节。在博物馆文化概念渐入人心的同时，博物馆的公益性与志愿精神也更加彰显出来。

20世纪80年代，世界政治两极化格局解体后，经济全球化带动了政治多极化，文化之间的冲突与共融现象不断加剧，西方发达国家出现了经济萧条的状况，政府对博物馆的财政投入缩减，私人捐赠也相应地有所减少，这就使得博物馆的经营理念被引入行业内，许多博物馆纷纷自筹经费盘活博物馆的运行，与此同时，博物馆的民间性凸显出来，社区和邻里博物馆开始出现，社区居民成为博物馆的工作人员，藏品也是与社区地方史沿革相关的文物和标本等，博物馆变为民众自娱自教的最佳场所。随着商品经济和科学技术飞速发展，文化的市场化与产业化等特征日益凸显，博物馆开始作为文化创意产业在文化市场占据一定位置，而博物馆经济建设也成为许多博物馆的共识与发展战略。由于志愿者在博物馆经济发展过程中的特殊作用，许多博物馆纷纷开启或加强本馆的志愿者建设机制，较前更加重视对志愿者的岗前和在岗教育与培训，这方面的理论建设也更加丰富。1983年，国际博物馆协会第十三届代表大会的专业委员会，专门就博物馆专业人才的培训展开讨论和活动。① 1989年《中国博物馆》第2期，由澳大利亚的W. D. L 莱德所著、苑克俪所译文章"澳大利亚的博物馆人员培训"，文中论述了澳大利亚的博物馆对专业和非专业人员的培训，并强调了对志愿者培训的重要性和意义以及这方面存在的问题。②

20世纪90年代，信息技术和知识经济的发展对社会生产方式、生活方式和人们的思维方式等各个领域的影响都十分深远。世界范围内的博物馆建设也是突飞猛进，无论是博物馆的类型还是数量都有了大幅度的增加，博物馆的经营理念发生了很大的变化，博物馆教育从内容到手段上都呈现出信息化、数字化的态势，网上博物馆开始兴起，藏品、展

① 老朵："博物馆人才培养的历史回顾"，《中国博物馆》1989年第3期，第14页。
② ［澳］W. D. L. 莱德著，苑克俪译："澳大利亚的博物馆人员培训"，《中国博物馆》1989年第2期，第27—29页。

陈和教育活动的推介等使公众在短时间内更全面地了解博物馆，博物馆的信息传播模式、传播途径和教育方式出现了实质性的变革，可以说信息技术在深度和广度上为博物馆教育提供了更加广阔的宣传和拓展空间，博物馆的社会化进程被大大地推进了一步，博物馆也因此而受到更加广泛的公众与社会关注。1990 年《博物馆研究》第 4 期，刊载了日本仓田公裕所著的"博物馆教育的方法"，该文通过对美国美术馆志愿者的培训课程和讲解服务的考察，建议日本博物馆要借鉴美国博物馆的先进思想，像日本的北九州市立美术馆和北海道近代美术馆那样，更多地引进志愿服务行为，任用志愿者辅助博物馆的工作，加强对志愿者的疏导和培训。1995 年，美国博物馆协会在费城召开年会，在会上，博物馆的教育者要求创建交流信息的网络平台，2003 年《博物馆教育》在这一呼声下诞生，其中，有一系列专门论述志愿者培训的内容，包括对志愿者自我考量评价表、志愿者岗位描述和协议、观众对志愿者的评价和观察表等等，内容详实丰富，对于我们构建志愿者教育评价机制具有良好的借鉴作用。1995 年，英国人埃尼兹·沃伦斯所著"导览教师——博物馆的志愿者"[①]，对美国宾夕法尼亚高等艺术学院对博物馆志愿者即导览教师的培训和导览艺术进行了论述。1996 年，国际博协在美国德克萨斯召开年会，在年会上，纽柏林·克里斯做了题为"关于博物馆人员培训"的报告，主要诠释了博物馆志愿者培训的含义和培训内容，值得注意的是作者将志愿者纳入博物馆正式人员的范畴。[②]

（三）当代博物馆志愿者教育理论的蓬勃发展时期

当代博物馆志愿者教育理论的蓬勃发展时期是指新世纪之初至今的阶段。21 世纪对于人类来说具有划时代的意义，知识经济、信息化和全球化等概念深入人心，世界博物馆也迎来了前所未有的发展机遇。许

---

① ［英］埃尼兹·沃伦斯："导览教师——博物馆的志愿者"，《博物馆研究》1995 年第 4 期，第 27—29 页。

② 参照国际博物馆协会网站资料，网址：http：//icom. museum/。

多欧洲国家，如英、法、美等国的博物馆在不同的历史文化背景、经济发展水平、政治制度和文化发展的条件下，分别形成了直接管理、间接管理、民间自治的发展模式，"博物馆由直接管理到间接管理再到民间自治的发展趋势，代表着未来世界博物馆公共文化服务发展的潮流。"①反映新世纪博物馆志愿者培训的文章也是硕果频出。

2006 年 2 月 8 日，《英国博物馆联盟期刊》上登载了伦敦博物馆的志愿者劳拉·考斯的文章"志愿者的培训与岗位之间的错位"，文中提出了志愿者培训中出现的问题，通过列举几个不同年龄和背景的博物馆志愿者的经历，说明他们虽然都是经过培训的合格的志愿者，但是博物馆并没有为他们提供应有的展示才华和能力的岗位，以至于他们无法持久地在博物馆做志愿者，这里值得我们注意的是志愿者的培训与上岗出现了脱节的情况②；2007 年《中国文物报》刊载了李宏坤编译的"培训——英国博物馆管理不变的主题"一文，文章介绍了英国大学生志愿者和博物馆的在职人员在博物馆培训的必要性和现实意义，其中伯明翰博物馆的馆长助理瑞塔·麦克林提出，"各种各样培训的成功之处就在于，它关系到了每个受训者的发展，并为他们提供了广泛的职业体验，"③ 志愿者的岗位包括讲解、观众调查、教育活动策划、标本制作、信息开放、行政助理等，由英国培训部的历史文化培训处所进行的培训，成为大学生和在职人员进入博物馆工作的重要途径；2010 年《湖南省博物馆馆刊》上，由帕特里克·博伊兰著，侯雁翻译的文章"博物馆职业培训现状：从博物馆策展到博物馆管理"④，介绍了欧美和亚洲的一些国家的博物馆依托高校资源对包括志愿者在内的工作人员进行

① 张国超："法英美三国博物馆发展模式考察"，《信阳师范学院学报（哲学社会科学版）》2010 年第 2 期，第 86—90、96 页。

② 选自英国博物馆联盟网站，网址：http://www.museumsassociation.org/。

③ 李宏坤编译："培训——英国博物馆管理不变的主题"，《中国文物报》2007 年 6 月 22 日。

④ 帕特里克·博伊兰著，侯雁译："博物馆职业培训现状：从博物馆策展到博物馆管理"，《湖南省博物馆馆刊》2010 年第七辑，第 696—703 页。

专业教育和培训的情况；2010年的文章"为缺乏背景的人群培训的机会"一文中，介绍了博物馆联盟2007年为无力支付培训费用的社会底层人群或志愿者提供培训的计划，使他们能够接受专业的培训，包括5个月的博物馆硕士研究生的进修培训，12个月的博物馆工作培训，挖掘其潜力，为英国博物馆机构工作，不过需要候选人具备诸如社交和计算机操作等方面的能力。过去，该联盟曾为黑人和少数民族以及残障人士提供过培训，包括5个月的博物馆硕士研究生的进修培训，受训者需要支付2000英镑的课时费，联盟为受训者每月资助1000英镑的税费，此外还有12个月的博物馆工作培训，联盟为其提供每月1000英镑的税费。联盟为这两种模式的培训提供免费受训场地、免费举办学术会议和发展咨询等服务。旨在挖掘其潜力，为英国博物馆机构工作，不过需要候选人具备诸如学历证书、申请财政资助的书面理由、一定的社交和计算机操作等方面的能力。过去，该联盟曾为黑人和少数民族以及残障人士提供过培训。通过这一计划我们可以看出，博物馆的这一培训计划具有慈善性和公益性并举的作用，有利于志愿者教育培训的系统化与规范化。① 美国博物馆志愿者协会最近由艾伦·赫兹所写的专著《改变博物馆的志愿活动——21世纪志愿者实用指南》，该书还设有专门的章节研究"志愿者培训"和"效率评估"等问题。②

　　国外博物馆志愿者教育理论的发展是在社会经济发展的基础上发展起来的。研究视域较为广阔而独特，理论体系较为成熟，理论根基也较为雄厚。同时，受西方民主思潮和公益思想的影响，将教育和培育志愿者与"为观众服务"紧密联系起来，体现了西方人本主义思想的教育理念，学术氛围十分开明和宽松，其理论成果除介绍博物馆志愿者培训的基本情况之外，也针对志愿者教育培训中所运用的模式、管理方法和考量等方面的问题进行了探讨，为我们了解国外在该领域的理论建树与

---

① 参考英国博物馆联盟网站，网址：http：//www. museumsassociation. org/。
② 参照国际博物馆之友联盟WFFM网站资料，网址：http：//www. museumsfriends. com/。

观点、比照我国博物馆志愿者教育理论框架的构建和进一步完善提供了值得借鉴的素材。

二、我国博物馆志愿者教育理论的沿革

我国博物馆志愿者教育理论兴起于 20 世纪初的南通博物苑的建立，根据其发展特点和理论成果，我们可以将其划分为近代博物馆志愿者教育理论的形成时期、现代博物馆志愿者教育理论的初步发展时期和当代的博物馆志愿者教育理论的现代化发展时期等几个阶段。作为最初的博物馆形态，古代庙堂讲学阶段是我国博物馆教育和志愿者教育理论发展的基础阶段。

（一）近代博物馆志愿者教育理论的形成时期

1. 古代庙堂的讲学时期

在我国古籍里，"博物"一词最早出现在《山海经》里，意为"能辨识多种事物"；在儒家典籍《尚书》中则有"博物君子"之说，即指博识多闻之人；《汉书·楚元王传赞》中则称"自孔子殁，缀文之士众矣。唯孟轲……博物洽闻，通达古今，其言有补于世。"我国最早的博物馆形态出现于公元前 5 世纪于山东曲阜阙里所建的孔子故居的孔子庙堂，在那里展示了孔子生前使用的"衣冠琴车书"，后人可以通过这些遗物领略先圣的学识与风采，这应被视为我国最早的纪念类博物馆。我国博物馆原始雏形最早的物证是 20 世纪 30 年代在河南安阳发现的殷墟府库，其出土的"册六"铭文的兽骨刻辞被殷人有意识地按序陈列于几案之上，被认为是我国博物馆的原始状态，而《春秋》中也记载了太庙中存放了当时的战利品与珍品。①

---

① 南京博物院研究所："中国博物馆及其展览发展历程回顾"，参照百度文库网站资料。网址：http://wenku.baidu.com/link? url。

同西方国家的博物馆演变进程一样，我国最初的博物馆现象也是源于文物和器物的收藏功能。古代收藏分为官藏和私藏。早在西周时期，由于受宗法制度中"以父系血缘关系为准绳的遗产（包括统治权力、财富、封地）继承法"的思想影响，收藏成为贵族和特权阶层的专属。后世的收藏之风渐渐兴盛，汉代对字画和器物的私藏、梁元帝萧绎收藏40万卷书籍、唐太宗李世民收藏王羲之的《兰亭序》、宋徽宗赵佶收藏奇石、乾隆收藏三希帖等，都是对文物、器物和历史遗留物的收藏。而收藏这些珍馐瑰宝和藏书字画的场所可以被视为博物馆的雏形。据《周礼》记载：西周时就专门设置了天府以"掌祖庙之守藏"、"凡国之玉镇大宝藏焉"；还设置"玉府掌王之金玉玩好、兵器，凡良货贿之藏"。在"天府"和"玉府"中，有专职官员藏室史负责管理历史遗留藏品，并将所有藏品登记在"簿录"上；老子曾任周朝"守藏室之史"。而有研究者还提出"中国博物馆讲解开始于周代春官"[1]。即在宗庙这样的礼器陈列处为百官讲解祭祀事宜和礼器的用途；汉代的收藏之风更加兴盛，班固曾在《西都赋》中有"天禄、石渠，典籍之府"之说，就是记载了我国最早的档案库，即位于西汉长安城未央宫北的天禄阁和石渠阁，这两处是皇家存放图书和典籍之处。此外，当时的民间私人收藏也很发达，东汉许慎在《说文解字·记》中说："郡国亦往往于山川得鼎彝，其铭即前代之古文，皆自相似。"这说明当时的有识之士和古物爱好者对前代的古器物已经开始收藏和研究。北魏时期的梁元帝萧绎是著名的文学家和书画家，他曾"聚古画、法书、典籍二十四万卷"，可谓收藏大家。到了唐朝时期，社会经济的发展、政治的昌明和文化的繁荣更是激发了人们收藏的兴趣。唐太宗李世民就从王羲之的七世孙辩才和尚那里取得了王羲之的《兰亭序》并加以珍藏。宋代收藏又进入了顶峰时期，从官方到民间都十分重视复古和收藏。宋徽宗赵佶就曾命人编纂《宣和博古图》，记录了宋代皇室在宣和殿收藏的自商

---

① 王学敏：《博物馆实用讲解艺术》，河南大学出版社2009年版，第10页。

代至唐代的 839 件青铜器。明承宋代遗韵，嘉靖末年曾建天一阁，收藏了明代科举录的情况。基于前代丰厚的藏品基础和皇家嗜好，加之 1840 年鸦片战争后西方列强的入侵中国、中国近代工业和文化教育事业的兴起，到了清代时，我国出现了近代意义上的第一个博物馆。

2. 近代中国博物馆志愿者教育理论的兴起

把"博物"一词视为一门学科滥觞于 19 世纪的后半叶，1848 年，晚清名臣和学者徐继畬在他所著的《瀛环志略》中介绍了西方国家的军事博物馆和历史文物馆。黄遵宪、陈兰彬等也在《日本杂事诗》、《使美纪略》中记述了美国华盛顿市西的华盛顿纪念馆。1866 年，清政府派斌椿等馆员第一次出访欧洲，斌椿在游记中记述了西方的"万种园"和"禽古馆"等。第一次使用"博物馆"三个字的是近代著名思想家王韬在《漫游随录》中提及的。① 其后，康有为和梁启超都先后发表建立博物馆的观点，以开启民智、富强中国，得到了光绪帝的赞同与支持。而西方人也开始在中国建立博物馆，如上海徐家汇博物馆、震旦博物馆、济南广智院等。1876 年京师同文馆首先设博物馆。1877 年后，上海格致书院建"铁嵌玻璃房"博物馆，陈列有英国科学博物馆及比利时等国捐赠的各种科学仪器、工业机械、生物标本、绘图照相、水陆交通、天文地理、枪炮弹药、服饰等样品或模型，以供学生观摩，并对外开放。②

1905 年是我国博物馆历史的肇端，实业家和教育家张謇建立起我国第一座公共博物馆——南通博物苑，包括博物馆、植物园、动物园，藏品达 2900 多号、计 20000 余件。自然标本的搜罗遍及五大洲许多国家，如日本的三叶虫。张謇提出了博物馆属于社会教育机构和学术机构，认为利用实物进行普及教育是博物馆工作的核心内容之一，为了方便观众参观，博物馆应当将收藏与陈列分开。可以说，南通博物苑的建

---

① 王韬：《漫游随录》，社会科学文献出版社 2007 年版，卷二（二十三）。

② 中国国学网，2007 年 5 月 17 日，网址：http://www.confucianism.com.cn/Show.asp? id = 24691。

立极大地促进了中国博物馆事业的发展，也开启了博物馆教育的先河，业已开始了针对博物馆的工作人员进行的培训。梁吉生先生所撰的"旧中国博物馆历史述略"，详细介绍了20世纪我国博物馆的发展历程，其中也谈及了这一时期有关博物馆的教育职能的发挥和人员教育培训的问题。例如作者列举了当时博物馆社会教育的情况："1905年，清学部侍郎严修在家乡天津的城隍庙开办教育陈列室，1906年，泰安创设教育博物馆……1912年，南京临时政府成立后，教育部明确规定社会教育司具体负责博物馆业务。"①

1912年，在蔡元培的主持下，中华民国的第一个国立博物馆，即国立历史博物馆在北京国子监旧址成立，基本陈列品是百余件太学礼器，1917年迁往故宫午门。1915年新文化运动的兴起，进一步促进了博物馆教育事业的发展。教育、科学博物馆的数量显著增多。继交通大学成立北京铁道管理学院博物馆（1913年）之后，北京卫生陈列所（1915年）、农商部地质调查所地质陈列馆（1916年）、保定教育博物院（1916年）、江西省立教育博物馆、天津博物院筹备处（1918年）、山西教育图书博物馆（1919年）、教育部教育博物馆（1920年）、岭南大学博物馆（1923年）、江西省立科学博物馆、京兆通俗教育馆（1925年）、湖南地质矿产陈列馆、两广地质调查所地质矿产陈列馆（1927年）等相继成立或筹备。②

1925年10月10日，故宫博物院成立，设有秘书处、总务处、古物馆、图书馆。主要负责"掌理故宫及所属各处之建筑物、古物、图书、档案之保管、开放及传播事宜"。昔日的紫禁城首次向普通百姓开放，使世人得以领略到故宫的珍奇异宝的魅力。这在我国博物馆教育史上可谓是一件天翻地覆的壮举。1933年4月，中央博物院筹备处在南京成立，筹备处主任为傅斯年，后由李济接任。其宗旨为"汇集数千

---

① 梁吉生："旧中国博物馆历史述略"，《中国博物馆》1986年第7期，第77页。
② 中国国学网，2007年5月17日，网址：http://www.confucianism.com.cn/Show.asp? id=24691。

年先民遗留之文物及灌输现代科学知识之资料，为系统之陈列，永久之保存，借以为提倡科学研究，辅助民众教育"。1935 年 4 月，中国博物馆协会在北京成立，马衡任会长。协会主要负责博物馆界的学术活动和学术论文的审核，编辑丛书并发行双月刊《中国博物馆会会报》。在中央苏维埃时期，我党在苏区和解放区都兴办了博物馆，如中央苏区历史博物馆，博物馆教育的主要内容是通过举办各种类型的展览会宣传党的政策，鼓舞民众的斗志，开展社会教育，这一形式在解放战争时期的各解放区也被广泛采用。1936 年 7 月，博物馆学会在青岛召开年会，会议就"设立博物馆人员训练所"和"教育部制定国立大学若干所添设博物馆学系，造就专门人才"等问题提出议案。①

总体来说，这一时期的博物馆教育处于形成阶段，教育理念、教育内容和教育手段等都具有鲜明的时代性和进步性，19 世纪末 20 世纪初、中期，博物馆陈列注重教育性，以讲故事的形式搞展览，注重效果、展品组合及趣味性。此时的博物馆陈列仍然以博物馆为中心，试图通过陈列传播知识，已经开始出现博物馆人员培训的意识，这就为后来的博物馆教育和志愿者教育理论提供了思想条件、奠定了理论基础。

（二）现代博物馆志愿者教育理论的初步发展时期

这一时期的博物馆志愿者教育是从新中国成立初期至改革开放的教育阶段。新中国成立以后，政府对旧有的博物馆进行了整顿、改造和接管工作，从办馆理念、体系、制度和立场等方面，基本摒弃了旧中国博物馆的糟粕，坚持历史唯物主义的办馆思想，初步奠定了社会主义博物馆事业的基础。办馆模式基本取法苏联的博物馆模式，如学习了加里宁的《论前线鼓动员的语言》、叶菲莫夫的《列宁斯大林论宣传员的语言》，在意识形态领域借鉴苏联的办馆思想，而米哈依洛夫斯卡娅的"博物馆陈列的组织与技术"、"博物馆陈列计划与陈列图式的编制"等

---

① 梁吉生："旧中国博物馆历史述略"，《中国博物馆》1986 年第 7 期，第 80 页。

资料也被介绍到中国，在陈列展览的设计和展陈方式等方面进行了梳理。1956 年 4 月 21 日，全国博物馆工作会议在京召开，会议提出博物馆的基本性质是科学研究机构、文化教育机构、物质文化和精神文化遗存以及自然标本的收藏所；博物馆的基本任务是为科学研究服务，为广大人民群众服务，即"三性两务"，在组织结构上仿效苏联实行"三部一室"制，即保管部、陈列部、群众工作部和办公室，并进一步推广建设地志性博物馆。一些博物馆举办流动展览，在群众中普及博物馆知识，并开展了"博物馆之友"的活动。"有组织的博物馆专业队伍也自 50 年代初开始，1950 年由北京大学开办的博物馆专业培训"①，但此时的志愿者教育培训尚未形成理论，处于起步阶段。

"文革"期间，博物馆的业务工作受到严重影响，教育工作也处于停顿状态，志愿者理论研究出现空白期。1978 年，党的十一届三中全会进行了拨乱反正的工作，博物馆的各项业务工作渐渐恢复。1979 年 5 月，博物馆工作座谈会在合肥召开，会议着重讨论了社会主义现代化时期博物馆工作的特点和任务，其中也强调了要加强博物馆的群众教育的工作，并颁发了《省、市、自治区博物馆工作条例》，对博物馆的方针、任务以及藏品、陈列、科学研究、群众教育等方面的工作加以规定，社会公众对于博物馆文化建设较前更为关注。

改革开放以来，在国家政策的大力扶持下，博物馆的事业逐渐步入正轨，博物馆在理论和实践方面取得了很大的成就。20 世纪 80 年代到 90 年代期间，博物馆的行业学会和学术团体纷纷成立，这就大大推动了博物馆社会教育理论的发展。1982 年 3 月，中国博物馆学会成立，这是中国博物馆界群众性的学术团体。学会的主要任务是组织博物馆学的研究和学术活动，提高博物馆的业务和学术水平，开展国际间博物馆学术交流活动，增进同国外博物馆工作者的联系。1985 年，《博物馆学

---

① 沈庆林："博物馆专业队伍培训的几点思考"，《中国博物馆》1989 年第 3 期，第 9 页。

概论》的出版，在理论上丰富了博物馆教育的内容。博物馆的数量和类型得到了发展和壮大。1987 年全国博物馆已有近千所（其中文化系统博物馆 827 所，地质性质博物馆 70 余所）。在博物馆类型上，除社会历史类博物馆仍占主导外，民俗、民族、科技、自然历史、园囿、遗址及露天性博物馆都有所发展，私人博物馆的出现和具有地方特色以及民族风格的博物馆得到进一步发展。据统计，1979 年至 1986 年仅文化系统博物馆就举办各种陈列和展览 19038 个，观众 4.1 亿多人次，在宣传爱国主义、辩证唯物主义与历史唯物主义，进行革命传统教育，以及普及科学知识、配合学校教学等方面起了很大作用。① 1987 年 7 月 10 日，北京博物馆学会社会教育与服务专业委员会成立，有利于北京地区的博物馆开展志愿者教育的理论建设工作。

随着博物馆学会这样专门的学术团体的创立和发展，博物馆工作人员和志愿者的教育培训力度加大，相关理论也逐步开展起来。1987 年，郑志海发表了"论北京博物馆的社会教育工作"，论述了北京地区博物馆社会教育的基本情况，作者还统计了当时在 30 座博物馆、所中，从事博物馆社会教育工作的人员共有 382 人（男 65 人，女 317 人），文化知识结构：初中 37 人、高中 133 人，大专以上水平的 83 人，高级职称的 2 人，懂外语的 20 人。从事社会教育 20 年以上的 10 人，10 年以上的 29 人，大部分是从事博物馆群众工作的，中青年居多；② 1989 年，沈庆林在"博物馆专业队伍培训的几点思考"一文中，专门阐述了博物馆专业队伍的培训状况和培训方法，提供了一些量化数据，如据1988 年 7 月的统计，"博物馆人才队伍已经达到 15488 人"③，同时文章

---

① 中国国学网，2007 年 5 月 17 日，网址：http://www.confucianism.com.cn/Show.asp? id=24691。

② 郑志海："论北京博物馆的社会教育工作"，《北京博物馆学会首届学术讨论会文集》1987 年版，第 35 页。

③ 沈庆林："博物馆专业队伍培训的几点思考"，《中国博物馆》1989 年第 3 期，第9 页。

还着重强调了博物馆职业道德的培训以及培训中各个要素之间的关系处理等问题，透彻地分析了博物馆性质所决定的相关学科和博物馆业务知识之间的关系、博物馆学理论与实践之间的关系以及博物馆各项业务工作之间的关系，对于我们深入研究包括志愿者在内的博物馆工作人员的培训理论与实践是很有帮助的①。老夭在"博物馆人才培养的历史回顾"文中，回顾了西方和亚洲国家以及我国博物馆人才培养的理论和实践的历史②，还介绍了国外和我国自近代第一座博物馆南通博物苑对博物馆人才的培养到 20 世纪 80 年代的人才状况，为我们提供了非常宝贵的历史资料。

（三）当代博物馆志愿者教育理论的现代化发展时期

这一时期是从 20 世纪 90 年代至今的博物馆教育发展阶段。20 世纪 90 年代，是我国博物馆的黄金期，博物馆迎来了现代化发展的新契机，博物馆的建设进入了大发展时期，许多现代化新馆应运而生。如建于 1991 年的总投资达 1.44 亿元的河南省博物院就是我国第一座拥有现代化设施的大型历史博物馆。1996 年 10 月，党的十四届六中全会上将博物馆定位为公益性事业单位。随着改革开放的深入进行和市场经济在社会生产力中取代了旧有的计划经济，博物馆的营销概念也被引入到博物馆的教育中。1992 年 3 月，梁吉生先生在《中国博物馆》上发表"90 年代博物馆发展刍议"，文中对博物馆队伍的建设提出了中肯的意见和建议，强调要在政治上、管理上和业务能力等方面加强博物馆人员，特别是年轻人才的培养的力度，建立定期和不定期的评估考核制度，以保证博物馆科研与服务的质量和水平③；1995 年，宋向光先生翻

---

① 沈庆林："博物馆专业队伍培训的几点思考"，《中国博物馆》1989 年第 3 期，第 9 页。
② 老夭："博物馆人才培养的历史回顾"，《中国博物馆》1989 年第 3 期，第 14—20 页。
③ 梁吉生："90 年代博物馆发展刍议"，《中国博物馆》1992 年第 3 期，第 2—6 页。

译的美国人所写的"博物馆的促进学习的新责任"一文,① 介绍了美国芝加哥菲尔德自然博物馆如何开办吸引义工的课程,加强志愿者教育培训的内容。安廷山撰文"全国文博人才培养情况调查报告",对全国28个省和126个文博单位的人才培养情况进行了详尽的调查,依照量化统计数据提出了当时博物馆人才建设中出现的问题,并指出要解决这些问题需要通过加强思想教育、开展多种形式的培养方式和博物馆人才自学等方式提高人才素质;② 孙霄的"从文博人才调查报告所引发的几点思考"一文,针对当时文博行业的人员干部比重过大、专业不对口和文化水平偏低等问题,提出了相应的解决方案,包括对员工的培训和法律法规的健全等措施。③

进入新世纪以后,全球化的志愿服务事业出现了前所未有的大发展,以现代化和高科技手段实施管理成为知识经济时代的一大亮点。在这样的形势下,博物馆的志愿教育培训不仅成为重要的人力资源管理所必备的条件,而且对于博物馆提高社会教育水平和教育质量也是大有裨益的,基于此,这方面的理论研究无论是从立意还是从高度来讲,都是有所提高。2006年9月的《中国文物报》上,刊登了张巍的"博物馆志愿者与未成年人教育",文章归纳了未成年人和博物馆志愿者的特点,阐述了博物馆未成年人志愿者的工作内容及其对未成年人的教育意义;④ 2007年11月,《新世纪博物馆的实践与思考——北京博物馆学会第五届学术会议论文集》上,发表了姜凌"博物馆志愿者工作的开展与创新——抗战馆志愿者工作经验介绍",作者指出抗战馆的志愿者工作中存在的问题以及应对措施,包括根据观众流量分层次地对志愿者进

---

① 宋向光译:"博物馆的促进学习的新责任",《博物馆研究》1996年第4期,第24页。

② 安廷山:"全国文博人才培养情况调查报告",《中国博物馆》1997年第4期,第31—39页。

③ 孙霄:"从文博人才调查报告所引发的几点思考",《中国博物馆》1999年第2期,第89—92页。

④ 张巍:"博物馆志愿者与未成年人教育",《中国文物报》2006年9月20日第3版。

行培训，加强对志愿者培训的行政管理，并通过开拓志愿者的岗位，如电子屏软件的使用、咨询台的服务和电子版的观众留言录入与整理等方面，形成培训、监督与服务的良性循环，这一点是值得许多馆学习和借鉴的;① 而同年凌林发表的"博物馆人员的专业教育与终身学习"则指出新世纪博物馆人员进行专业教育与终身学习的必要性和实施途径;② 林冠男的"研究观众·吸引观众·接纳观众——有感于港澳博物馆"介绍了香港澳门博物馆社会教育的工作现状，其中对这两个地区博物馆的预约导赏讲解制度和义工培训制度予以充分肯定;2009 年，陈惠珍发表"论博物馆志愿者培训在博物馆志愿者队伍建设中的地位与作用"，文章从国内外的志愿者队伍建设谈起指出了志愿者招募和培训（包括岗前培训、岗位培训和专业培训等几个方面）是志愿者队伍建设的前提和关键所在;③ 2010 年 1 月 13 日的《中国文物报》刊登楼锡祜先生的"博物馆志愿者中的义工和志工"，文章对志愿者与义工的区别进行了界定，对于研究者准确把握相关概念起到了一定的指导作用;④ 复旦大学文物与博物馆学系则在《博物馆高级管理人员培训探索》中介绍了高校利用其坚实的学术资源对博物馆高级管理人员的培训特色，即精心、用心、热心、贴心和信心，值得注意的是这里的培训已经被纳入了课程化的正规轨道;⑤ 2011 年，吴镝在《中国校外教育》上发文"浅谈我国博物馆小志愿者"，谈到小学生志愿者的培训问题，包括培训时间短、内容单一、形式主要以讲授为主，不够多样化等，并就此提

---

① 姜凌："博物馆志愿者工作的开展与创新——抗战馆志愿者工作经验介绍"，《新世纪博物馆的实践与思考——北京博物馆学会第五届学术会议论文集》，2007 年 11 月 29 日版。

② 凌林："博物馆人员的专业教育与终身学习"，《新世纪博物馆的实践与思考——北京博物馆学会第五届学术会议论文集》，2007 年 11 月版，第 352—357 页。

③ 陈惠珍："论博物馆志愿者培训在博物馆志愿者队伍建设中的地位与作用"，《福建文博》2009 年第 3 期，第 89、93—97 页。

④ 楼锡祜："博物馆志愿者中的义工和志工"，《中国文物报》2010 年 1 月 13 日第 6 版。

⑤ 复旦大学文物与博物馆学系：《博物馆高级管理人员培训探索》，《中国文物报》2010 年 10 月 29 日第 3 版。

出对策，即"提供各类培训，抓好日常管理"；① 同年，孙璐的"浅谈博物馆志愿者学习的几种方法"一文，介绍了几种志愿者的学习方法，包括分批次多层次的定期馆内学习、志愿者之间的相互学习交流、志愿者"走出去"的学习方法和志愿者的网络学习，其中网络学习是其较为突出的特点，博物馆将志愿者的知识学习分为讲解知识、经验教训和交流平台几个模块制成软件后输入电脑供志愿者学习；② 王欣撰写论文"论博物馆志愿者队伍建设的改革与创新"，该文主要强调了对志愿者队伍进行制度建设和改革创新的做法，在培训方面提出要对志愿者开展系统培训，包括讲解技巧、展览内容、接待技巧、秩序和应急培训等；③ 王光宇在"试谈博物馆志愿者网络学习平台的构建"中，具体阐述了以信息化技术武装志愿者队伍的建设，介绍了温州博物馆建立网络平台供志愿者交流学习的情况，是以现代化的灵活便捷的教育手段远程在线培养志愿者的一个先进的教学方法，颇为值得推广；④ 张姝的硕士论文"我国志愿者培训体系研究"从六个方面细致阐释了志愿者的培训体系的构建，包括以志愿精神为核心的培训体系、志愿服务法律政策体系、建立合理有序的培训流程系统、建设高素质的师资培训制度和完善的培训课程与方法体系等，⑤ 其广义上的志愿者培训理念和方法也同样适用于博物馆行业志愿者教育培训；王丽娟在"浅析博物馆志愿者服务管理"中，主要阐述了目前志愿者管理方面的几个问题及其对策，

---

① 吴镝："浅谈我国博物馆小志愿者"，《中国校外教育》2011 年第 6 期，第 43—44 页。
② 孙璐："浅谈博物馆志愿者学习的几种方法"，《科技致富向导》2011 年第 20 期，第 420 页。
③ 王欣："论博物馆志愿者队伍建设的改革与创新"，《科学大众（科学教育）》2012 年第 7 期，第 168 页。
④ 王光宇："试谈博物馆志愿者网络学习平台的构建"，《中国文物科学研究》2011 年 9 月版，第 1—5 页。
⑤ 张姝："我国志愿者培训体系研究"，《中国优秀硕士学位论文全文数据库》2011 年 12 月版。

其中，对于志愿者的培训实施，作者除列举了几个通用的方法以外，还提出了差异化培训的方法，即要针对不同年龄段的志愿者进行分层培训；① 张鹏撰写了"把握组织使命和责任推动博物馆志愿服务工作发展"，作者是首都博物馆和国家博物馆从事志愿讲解工作 10 年的优秀志愿者代表，该文是其在北京市志愿者专业委员会的表彰大会上的报告，其中将博物馆对志愿者的培训提升到博物馆社会使命的高度；② 2012 年，卢永琇在《中国文化报》上发表"博物馆志愿者的岗位设置与培训（上篇）"，介绍了大英博物馆、冬宫和纽约大都会博物馆的志愿者岗位内容与培训的情况；③ 同年，《中国博物馆》第 3 期刊登了姜惠梅的"浅谈博物馆志愿者培训体系建设"，论文从当前志愿者培训的问题入手，分析了志愿者培训与博物馆宏观战略和各项业务工作的关系，设计了志愿者培训的机制和模式，图文并茂，思路清晰，具有很好的参考价值；④ 李敏行和齐维京也在"台湾地区博物馆志愿者培训制度探析"中，以台中自然博物馆和世界宗教博物馆为例，介绍了台湾地区博物馆志愿者的职前培训、在职培训、自我培训和见习培训等制度，令人耳目一新，对于大陆的博物馆有借鉴作用；⑤ 王建华在《博物馆研究》上发文"中国博物馆志愿者培训和激励机制的探索"，针对目前志愿者培训方面存在的问题提出了一系列合理化的建议，如借鉴国外先进的志愿者管理理念和方法，从招募培训志愿者到实施激励机制等方面提出所应采取的对策。其中，有关招募志愿者时作者谈到可以利用趋势分

---

① 王丽娟："浅析博物馆志愿者服务管理"，《职业时空》2011 年第 6 期，第 18—19 页。

② 张鹏："把握组织使命和责任推动博物馆志愿服务工作发展"，《北京青年工作研究》2011 年第 7 期，第 41—42 页。

③ 卢永琇："博物馆志愿者的岗位设置与培训（上篇）"，《中国文化报》2012 年 7 月 26 日第 7 版。

④ 姜惠梅："浅谈博物馆志愿者培训体系建设"，《中国博物馆》2012 年第 3 期，第 23—25 页。

⑤ 李敏行、齐维京："台湾地区博物馆志愿者培训制度探析"，《中国博物馆》2012 年第 3 期，第 41—45 页。

析法和比率法预测对志愿者的需求以及引进国外的博物馆界专家为志愿者培训是两大亮点；① 卢永琇在《中国文化报》上发表了"天津博物馆志愿者的管理培训实践与思考"一文，是前文的下篇，该文介绍了天津博物馆的志愿者管理培训工作的具体做法，其中对志愿者实行晋级分类的方法颇具特色，在培训方面，作者指出要根据志愿者服务的时间、地点和对象实施按照志愿者年龄段分层次的、有针对性的系统培训，包括一般性的培训和专业性的培训。在改进志愿者工作的建议中，作者提出要保护志愿者的权利，而不应只单纯强调义务；② 王裕昌发表"西部地区博物馆志愿者工作的发展方向及相关问题探讨——以甘肃省博物馆志愿者实践活动为例"，介绍了甘肃省博物馆志愿者工作的招募起步、组织管理、实践服务和交流的基本情况，突出了西部地区博物馆的特色，如招募少数民族志愿者，为加强民族团结和社会稳定所发挥的作用，并提出相关的建议，其中包括跨越地区和馆际的界限，扩大志愿服务的范围和影响；③ 2012 年《中国博物馆》第 3 期登载了陈曾路的"博物馆里的'微革命'——博物馆志愿者的现状和未来"一文，这是一篇非常具有思辨性和颠覆性的佳文，文中对目前博物馆志愿者的现状进行了入木三分的剖析，作者指出博物馆在运作模式上存在将志愿者进行"职工化和垂直化的管理"的问题、展览水平与讲解需求之间的内在关系不对等的问题，并站在逻辑学和伦理学的理论高度深刻分析了博物馆对志愿者权利和义务保障机制方面的问题，对于未来博物馆在这方面的工作，作者认为在当今公民社会环境下，博物馆开展志愿服务工作应当具备的"逻辑起点"也就是工作定位的问题是至关重要的，甚至

---

① 王建华："中国博物馆志愿者培训和激励机制的探索"，《博物馆研究》2012 年第 1 期（总第 117 期），第 27—31 页。

② 卢永琇："天津博物馆志愿者的管理培训实践与思考"，《中国文化报》2012 年 8 月 2 日第 8 版。

③ 王裕昌："西部地区博物馆志愿者工作的发展方向及相关问题探讨——以甘肃省博物馆志愿者实践活动为例"，《中国博物馆》2012 年第 3 期，第 103—104、106 页。

主张博物馆的志愿服务工作应当"去博物馆化",这些标新立异的观点和一针见血的指陈颇为值得我们深思;① 蒋菡在"构建博物馆志愿者管理的长效机制——以苏州博物馆为例"中,以量化的方式介绍了苏州博物馆志愿者管理与培训的现状,其中作者指出"合理制定考勤要求"与"年检考核制度"对于切实提高志愿服务的质量起到了至关重要的作用;② 2013 年,隋永琦所撰"博物馆志愿者管理的实践与思考——以青岛博物馆为例",通过阐述青岛博物馆颇具特色的"四个三"志愿服务体系,即建立三支队伍、打造三大讲堂、夯实三项制度、提供三种服务,并将对志愿者的培训分为基础培训和专业培训两部分内容;③ 李楚芬在"浅谈博物馆的志愿者服务——以可园博物馆为例"中阐述了志愿服务的意义、存在的问题和相关建议,有关志愿者培训方面,作者提出了要建立和加强培训交流的机制,并培养学习型的志愿者;④ 此外,楼航燕撰写"博物馆志愿者队伍建设的探索与实践——以中国丝绸博物馆为例",笔者认为该文中介绍的丝绸博物馆的志愿服务工作非常值得推广,该馆的工作可谓周到细致,人性化管理色彩浓厚,博物馆为志愿者制作服装,以区别于观众,更好地为观众服务,另外,还为没有经济来源的大学生志愿者提供工作中发生的费用补贴等。同时,作者还提出了志愿者国际化和绩效评估等方面存在的问题;⑤ 而李曼的文章"博物馆志愿者注册机制初探——以良渚博物院志愿者服务社为例",则专门对志愿者的注册制度进行了分析,以良渚博物院的志愿者注册机

① 陈曾路:"博物馆里的'微革命'——博物馆志愿者的现状和未来",《中国博物馆》 2012 年第 3 期,第 14—21 页。
② 蒋菡:"构建博物馆志愿者管理的长效机制——以苏州博物馆为例",《南方文物》 2012 年第 1 期,第 180—189 页。
③ 隋永琦:"博物馆志愿者管理的实践与思考——以青岛博物馆为例",《中国文物报》 2013 年 1 月 9 日,第 1—3 页。
④ 李楚芬:"浅谈博物馆的志愿者服务——以可园博物馆为例",《东方企业文化》 2013 年 7 月 23 日,第 220—221 页。
⑤ 楼航燕:"博物馆志愿者队伍建设的探索与实践——以中国丝绸博物馆为例",《青年与社会》 2013 年第 1 期,第 203—205 页。

制为例，指出通过这一机制可以对志愿者的服务情况进行量化和细化的工作，有利于对志愿者分类管理，提高志愿服务的质量；① 陈春梅在"活跃在美国博物馆的志愿者"中介绍了美国博物馆志愿者的来源和服务情况，其中谈到某些志愿者为了能够顺利上岗，甚至还接受博物馆和高校的培训，攻读相关专业的学位，这种现象在我国几乎很少见到；② 2013 年第 5 期的《管理学家》上发表了李曼和刘洋的"浅谈如何构建自主管理模式下的博物馆志愿者团队——以良渚博物院志愿者服务社为例"，文章谈到 2012 年良渚博物院启动志愿者服务社的"志愿者培育计划"，该计划是以新老志愿者对接和传帮带的方式开展培训新志愿者的工作，并通过比赛讲解稿撰写、展厅模拟讲解、情景模拟等环节，检验培训的效果，提高服务质量，最终打造了一支专业型、高水平的志愿服务队伍；③ 陆建松教授还著有"论新时期博物馆专业人才培养及其学科建设"一文，分析了当前博物馆人才培养过程中的短板和问题所在，包括博物馆人才总量不足、知识结构和专业结构不合理、人才队伍结构错位、高层次和创意型人才短缺等问题。④

　　这一时期，一些博物馆还出版了志愿者教育培训方面的专著，如 2006 年 7 月北京博物馆学会编写的《博物馆社会教育》中专辟了有关"博物馆志愿者和博物馆之友"的章节，针对志愿者的教育培训问题，该书认为博物馆对志愿者的培训不仅应当有计划性，而且培训内容除包括相关业务知识外，还应培训礼仪、规章、制度，不仅要有岗前培训，还要依照具体项目进行多次培训。⑤ 2006 年 9 月吉林大学博物馆出版的

① 李曼："博物馆志愿者注册机制初探——以良渚博物院志愿者服务社为例"，《重庆与世界（学术版）》2013 年 5 月版，第 107—109、114 页。

② 陈春梅："活跃在美国博物馆的志愿者"，《北京日报》2007 年 7 月 17 日。

③ 李曼、刘洋："浅谈如何构建自主管理模式下的博物馆志愿者团队——以良渚博物院志愿者服务社为例"，《管理学家》2013 年第 5 期，第 13—17 页。

④ 陆建松："论新时期博物馆专业人才培养及其学科建设"，《东南文化》2013 年第 5 期，第 104—109 页。

⑤ 北京博物馆学会编写：《博物馆社会教育》，北京燕山出版社 2006 年版，第 146 页。

《科普志愿者队伍现状及对策研究》一书中，对于包括博物馆志愿者在内的科普志愿者的培训工作进行了调研，介绍了科普志愿者的培训工作内容，主要包括理论辅导即《科普法》的理论学习和业务指导，培训形式有专题讲座、科普培训及技能培训等，培训项目有《科普法》、演讲技巧、礼仪、专业知识、技术操作等。①

2007年5月，国家博物馆社会宣传部出版了《关于历史时空的解码与代言——中国国家博物馆职员讲解工作五周年纪念文集》②，这是一部从理论到实践专门论述国家博物馆志愿行为的书籍，在理论方面，该书就博物馆志愿讲解的理论、招募、培训志愿者的心理学理论和博物馆志愿者的科学化管理等方面进行了探讨，并以国家博物馆志愿讲解员的亲身经历与工作成效等实践成果，表明博物馆志愿行为的巨大发展潜力和愿景。2010年12月，该馆又出版了《博物馆宣教服务岗位从业人员培训教程》，该教程分为三编十三个章节，共计50余万字。书中提出了"博物馆宣教服务工作"是把"教育"公众变为"服务"公众的概念，并将博物馆的服务分为两类：一是包括讲解和博物馆教育功能在内的知识类服务，；二是包括所有博物馆一线服务岗位工作，如展厅安保、会服、餐饮服务在内的物理服务。书中对讲解工作进行了详细介绍，系统梳理并归纳了近五十年来讲解工作的技巧、基本技能和要求，对宣教服务岗位从业人员的职业道德、礼仪规范、心理素质和美学素质等方面也提出了具体要求和标准，对实际培训中切实提高从业人员素质有很强的操作性，此外，该书还论述了博物馆新型宣教服务体系的架构设置、运转方式和保障机制等问题。③ 2012年，国家博物馆为纪念其志

① 续颜、杨利军、刘亚东、韩兆宽著：《科普志愿者队伍现状及对策研究》，吉林科技出版社2006年版，第25页。
② 周志强主编：《关于历史时空的解码与代言——中国国家博物馆职员讲解工作五周年纪念文集》，知识出版社2007年版。
③ 国家博物馆宣教部编：《博物馆宣教服务岗位从业人员培训教程》，中国劳动社会保障出版社2010年版。

愿服务工作十周年，再度出版《中国国家博物馆志愿服务工作十周年纪念文集》，该书分为"学习篇"、"分享篇"和"奉献篇"三个部分，理论与实践并举，内容详实，既有"国博"工作人员的点滴体会和学术成果，也有志愿者的实际体验和心得感悟。其中赵华路撰写的"首批小志愿者选拔培训工作的思考"一文中，对"国博"招募的小学生志愿者的培训组织计划和培训内容进行了详尽的介绍；此外，在附录中，国博还刊载了其"中国国家博物馆志愿讲解工作培训考核细则"，具体阐述了"国博"对志愿者的教育培训的规章制度和管理守则；[①] 2012 年底，北京市文物局出版了一套丛书——《当代博物馆学前沿译丛》，《博物馆品牌形象的塑造》是其中的一本，该书中的"志愿者：你呈现在公众面前的形象"一文中，对志愿者的培训方案和培训形式进行了阐述，作者指出"志愿者的培训方案是强化博物馆形象的另一种途径……跟随培训应当是所有培训方案的组成部分"，所谓"跟随培训"即是"分派一名新成员专门各随模仿经验丰富的老员工"。并认为这种方式是"一种强大的品牌塑造工具，一种最有效的反复灌输机构文化的方式。"[②] 体现了志愿者培训之于博物馆形象的重要性。

我国大陆地区的博物馆志愿者教育理论从最初的研究视角单一的状态逐步转变为多元视域的交叉性研究，即从开始的仅仅对志愿者教育方式和培训结果的研究发展为对志愿者教育目的、教育观念、教育教学过程、教育内容、教育模式、教育手段和教育评价等全方位的研究，不仅有博物馆行业的切入，而且也融入了其他领域如教育、旅游、经济和上层建筑的理论观点，这是随着社会发展对于博物馆事业发展需求层面的提高和对志愿者的社会地位不断提升的必然趋势，其理论也必将在更加宽松民主的理论氛围下日臻完善。

---

① 中国国家博物馆志愿者协会编写：《中国国家博物馆志愿服务工作十周年纪念文集》，安徽人民出版社 2012 年版，第 109—111、183—184 页。

② ［美］玛格特·A. 华莱士著，于君、王晓蕊译：《博物馆品牌形象的塑造——如何创立并保持形象、忠诚度和支持》，北京燕山出版社 2012 年版，第 30—31 页。

（四）香港、澳门和台湾地区博物馆志愿者教育学的理论状况

1. 香港地区博物馆的志愿者教育学理论

香港在历史上为英属殖民地，有学者将香港博物馆的发展历史划分为草创期（1869 年—1933 年）、恢复期（1933 年—1962 年）、发展期（1962 年—20 世纪 80 年代）和蓬勃期（20 世纪 90 年代—现在）四个阶段。香港地区较早的博物馆是 1867 年之前由西方人创办的香港博物院，内中有藏书、鸟兽花卉、金石物产和草木虫鱼等藏品。① 1869 年，由英商集资创建的香港第一座公共博物馆于第一间大会堂落成，但其后大会堂被拆除，香港博物馆事业走入低谷，于 1933 年至 1962 年之间出现了空白期；② 1962 年，香港美术馆的建成打破了香港博物馆的沉寂，使博物馆进入新的阶段，因其藏品、科研和教育展览的功能基本齐备，而被认为是香港第一座真正意义上的博物馆；在历经第二次世界大战、日治时期与和平时期之后，20 世纪 80 年代的香港社会经济逐渐复苏，出现了兴建博物馆的热潮，香港太空馆、香港艺术馆和香港科学馆应运而生；90 年代，香港经济呈现繁荣景象，香港历史博物馆、香港文化博物馆和香港海防博物馆等新馆的建成将香港博物馆事业推向高峰；步入新世纪后，博物馆从数量到质量方面都有所提升，对博物馆教育更加重视，展览的形式丰富多彩，如现代化的展陈手段的运用、举办专题展览、讲座、学术会议等，甚至对学校教师进行专门培训，以达到对青少年教育的最佳预期效果。③

香港地区博物馆的义工培训制度兴于 1998 年的香港历史博物馆，④

---

① 程军："1842—1900 年间中国博物馆发展状况"，《博物馆研究》2007 年第一期总第 97 期，第 3 页。

② 丁新豹："格物致知：香港公共博物馆的百年发展"，《中国文化遗产》2005 年第 4 期，第 62—66 页。

③ 丁新豹："格物致知：香港公共博物馆的百年发展"，《中国文化遗产》2005 年第 4 期，第 62—66 页。

④ 叶俊之："香港地区博物馆的运作"，《东南文化》2004 年第 5 期，第 79—81 页。

各个博物馆实行讲解预约制度，义工承担起"讲解接待、教育推广和义工培训"等工作，博物馆在教学中采用"格物教学法"，即实物教学法，且以观众问卷的形式监督和考评义工的服务水平和工作质量。① 香港历史博物馆办有季刊《香港历史博物馆通讯》，一些文章中有论述关于香港地区博物馆义工培训的内容，如叶俊之的"香港地区博物馆的运作"一文中将当代香港博物馆事业归纳为几个特征，即"组织架构的一元化，陈列展览的现代化，藏品来源的社会化，推广活动的网络化，服务设施的人性化，资源利用的公共化，导览服务的业余化，教育形式的多样化，运行经费的一体化"。其中，导览服务的业余化指出香港地区的导览服务全部实行义工形式，博物馆通过向社会招募义工的方式，安排面试合格者进行培训，考核通过者方可上岗。截止到 2004 年，该馆已有 110 名义务导赏员。② 再如香港科学馆 2011 年推出的义工培训的计划，其中规定了培训周期、时间、地点，培训内容主要包括"导赏员的工作范围和职责、科学馆的历史架构及推广活动、科学馆的设施、展品及操作方法、导览技巧、如何为观众服务和实习"等；③ 2011 年，叶黎在"香港地区公共博物馆导赏服务工作体系探析"中，用专门篇幅论述了义工培训的问题，并以香港历史博物馆为例，介绍了其培训课程的十个主题，包括"测验、研讨、实习、博物馆简介、导赏员角色简介、展览的设计概念及制作特色简介等内容，培训师资配备的是大学教授和农场代表等，甚至还专门从大陆聘请专家学者为负责专题展览服务的导赏员培训。培训课程结束后，博物馆要对导赏员进行测试，合格者可以委任为正式的导赏员，以确保培训的质量。④ 有些博物

---

① 林冠男："研究观众·吸引观众·接纳观众——有感于港澳博物馆"，《中国博物馆》
　　2007 年第 2 期，第 69 页。

② 叶俊之："香港地区博物馆的运作"，《东南文化》2004 年第 5 期，第 79—81 页。

③ 参照香港科学馆网站资料，网址：http：//www. lcsd. gov. hk/CE/Museum/Science。

④ 叶黎："香港地区公共博物馆导赏服务工作体系探析"，《武汉文博》2011 年第 3 期，
　　第 52—56 页。

馆义务导赏员多达 100 多人，他们经过专门培训，服务全是免费的，超过 3 小时以上，博物馆则会补助少额"卒马费"。

2. 澳门地区博物馆志愿者教育学理论

澳门地区是一个东西方文化杂糅的交融所在，自 16 世纪受葡萄牙的殖民影响，历经 400 年而成为富含历史文化底蕴的多元文化地区，现有 22 座博物馆，第一座博物馆是 1569 年由天主教澳门教区的首任主教贾耐劳创立的澳门仁慈堂，负责慈善救济的工作。博物馆志愿者机制比较完备，志愿者被称为"导赏员"或"志工"。最大的澳门博物馆于 1998 年对外开放，每周末安排导赏员服务。澳门博物馆创办了季刊《澳门博物馆通讯》，并配有电子版，整体制作精美，其内容图文并茂，趣味横生，可读性很强，是让观众在较短的时间里，准确了解博物馆展讯和活动信息的刊物，包括文物精品、展览快讯、非物质文化遗产专栏、出版资讯、社教网页等，用 FACEBOOK 等现代化通讯技术，以最快捷的方式推广博物馆的业务工作，培训导赏员的相关信息也公布在《澳门博物馆通讯》上。①

澳门艺术博物馆于 1999 年 3 月 19 日开馆，总面积 10192 平方米，是澳门唯一一所艺术博物馆，由澳门市政局管辖。馆内收藏中国书画、印章、西洋绘画、陶瓷、铜器等具收藏及研究价值之艺术品及文物，曾举行过多次艺术品展览。博物馆专门出版了《艺术博物馆之友通讯》，该通讯是一本雅俗共赏、内容丰富、妙趣横生的出版物，其中包含对艺术博物馆之友的教育培训等方面的内容。如在 2009 年秋季（10—12月）的艺术培训课程中，就针对该馆的常设展、特色珍品、近期展讯和公众活动、艺术博物馆之友活动等进行了详尽的介绍，使这些会员们能够全面快捷地了解博物馆的具体展陈、教育方式和活动内容。②

---

① 澳门博物馆："澳门的博物馆——传承历史　希翼未来"，《时代经贸》2010 年第 7 期，第 32—34 页。

② 参照澳门艺术博物馆网站资料，网址：http：//gb. mam. gov. mo/docs/MAM _ Amigos. pdf。

3. 台湾地区博物馆志愿者教育学理论

台湾的博物馆滥觞于日治时期（1895 年—1945 年），台湾总督府博物馆（即"国立台湾博物馆"的前身）是台湾的第一座博物馆，但就其性质而言是带有浓厚的殖民性质，藏品大多都是日本对殖民地各种物产和资源的掠夺。"二战"以后，国民政府接收了台湾，在此后的二十年中，"国立历史博物馆"、"国立艺术教育馆"、台北故宫博物院等先后成立。自 20 世纪 70 年代开始，随着台湾经济的复苏、"政府"的推动，台湾的博物馆事业与文化活动蓬勃兴起。开始时，各地频频投入巨资修建大型博物馆，营建各县市的文化中心，到后来意识到这类建设已经达到饱和，并且由于资金、人员、空间、文物等因素的限制，早前发起的兴建大型博物馆的计划基本搁置，转而开始强调地方文化与社区认同，由县、市、乡、镇主导设立的地方博物馆开始大幅增长。之前的文化中心也开始转型为各县市特色博物馆或地方产业博物馆，并逐渐成为博物馆界的主流。另外，私立博物馆在数量上也快速增长。20 世纪 90 年代初期，台湾开始利用地方博物馆营造社区意识。这一时期"文建会"推出"小区（社区）总体营造计划"，强调地方认同，推动地方创意产业。2000 年前后，文化部门开始推动"地方文化馆计划"，特别强调地方上的历史建筑与闲置空间再利用，结果诞生出三百余所地方文化馆、博物馆、表演厅。之后，"文建会"又推出了"盘石行动——打造生活文化圈计划（2008—2013 年间）"，此计划实乃人、文、地、景、产、物六大因素的积极整合，在良性互动中，营造出一个环境、人文、产业、景观俱佳的生活圈，深耕台湾文化。此时，台湾博物馆也出现了市场化现象，与大陆和西方的一些博物馆联袂举办特展，以吸引观众的参与。20 世纪 90 年代末期，由于博物馆财政投入的收缩和压力，台湾博物馆的经营管理机制开始转换，公办民营的浪潮席卷台湾公立博物馆界，实行业务委外的方式经营博物馆。进入新世纪后，台湾博物馆也引入了网络化、虚拟化和多媒体等多种形式的技术手段来辅助博物馆的教育活动和展览陈列。据不完全统计，截至 2007 年，台湾地区共有博物馆 582

家。种类包括艺术博物馆、历史博物馆、人类学博物馆、考古博物馆、自然史博物馆、科学博物馆、工艺博物馆、产业博物馆、学校（高校）博物馆、专题博物馆、人物纪念馆、宗教博物馆、影像博物馆等等。①

1957 年，台湾历史博物馆与台湾省立师范大学合作办学，设立博物馆学专业并培养相关的人才，博物馆学教育自此得以创立。1964 年 3 月，台湾博物馆学会成立。1964 年和 1965 年，包遵彭等先后撰写《博物馆概论》和《博物馆学》等著作，1970 年，陈纪滢著有《美国的博物馆与陈列馆》。其后又有《现代博物馆》和《历史博物馆教育功能之研究》等著作相继问世，为台湾博物馆的教育理论奠定了坚实的基础。

台湾博物馆界对志愿者机制的研究也十分重视，他们称志愿者为"志工"或"义工"。台湾自然科学博物馆 1986 年开始对外开放，并效仿国外博物馆启动义工制度，制定了《国立自然科学博物馆义工手册》，1987 年 4 月创立志愿者专刊《静电》，登载每个月的大事记以及学习交流和参观培训的近况与信息。② 刘德胜先生曾发表多篇文章论述博物馆的志工理论。如他在 1990 年发表的"国立自然科学博物馆的义工制度"，1992 年发表的"谈博物馆的义工训练"中，就专门谈到义工的培训问题。1989 年台北故宫也开启博物馆志愿者工作，③ 2001 年赵来春所写的"故宫博物院导览义工的特色与培训"④，文章以宋代文物展为例，介绍了台北故宫自 1989 年实行志愿者制度以来的志愿者工作情况；周慧玲在"文建会之文化义工政策与实施业务概况"⑤ 一文中，对包括

---

① 参照张誉腾："台湾的博物馆事业：历史回顾和现况观察"，《海峡两岸博物馆学人与全球化的对话论文集》，2003 年 6 月版，第 1—8 页。

② 参照台湾自然科学博物馆网站资料，网址：http://web2. nmns. edu. tw/PubLib/ep-aper-vol/2014/201412. htm。

③ 北京博物馆学会编写：《博物馆社会教育》，北京燕山出版社 2006 年版，第 143 页。

④ 赵来春："故宫博物院导览义工的特色与培训"，《博物馆学季刊》2001 年第 15 卷第 1 期，第 41—47 页。

⑤ 周慧玲："文建会之文化义工政策与实施业务概况"，《博物馆学季刊》2001 年第 15 卷第 1 期，第 5—13 页。

博物馆在内的文化志愿者的培训、奖励机制、学术活动、信息化管理和发展愿景进行了详细论述；林宜秋的"美术馆义工的角色与功能——以高雄市立美术馆为例"，从高雄市立美术馆的义工人力资源分配、管理层、管理效能和机制以及义工培训课程，到博物馆工作人员与义工关系的处理、博物馆的社会教育工作的开展和节约博物馆经费的作用等方面进行了清晰的阐述，并介绍了台北故宫自 1989 年实行志愿者制度以来的志愿者工作和培训等情况；① 2004 年，台湾历史博物馆编辑委员会等编写了"博物馆专业人员教育与人力资源管理学术研讨会论文集"②。

　　港澳台地区的博物馆志愿者教育学理论发展已经处于成熟阶段，具有体系化和专业化并举的特点，其理论内涵体现了以人为本的教育思想，涉及的视角较为广阔，呈现方式也比较多样化，既有立意较高的学术论文，也有生动活泼的教育读本，有利于博物馆志愿者教育工作的发展。

第二节　博物馆志愿者教育学的基础理论

　　在讨论博物馆志愿者教育学之前，我们应当首先对教育学与博物馆教育学的理论有一个大致的了解。从理论的角度讲，教育学与博物馆教育学同属学科理论，教育学的许多普适性的原理也同样适用于博物馆教育学，为其提供理论依据；而博物馆教育学是教育学的分支学科，它在遵循教育学的发展规律的基础上，又具有自身学科的特点，它在客观上不仅丰富了教育学的理论内涵，而且也进一步拓展了教育学的外延。迄

---

① 林宜秋："美术馆义工的角色与功能——以高雄市立美术馆为例"，《博物馆学季刊》第 15 卷第 1 期，第 33—40 页。
② 李明珠主编：《博物馆专业人员教育与人力资源管理学术研讨会论文集》，2004 年版。

今为止，关于博物馆志愿者教育学的理论研究还是一片空白，如何使这一理论从立意到内容构建充实起来，是我们应当亟待解决的问题。我们在此从博物馆志愿者教育学的概念、研究对象、内容和相关理论等几个方面进行阐释。

普通教育学的理论要素包括研究对象、研究内容、教育目的、教学任务、教学过程、教育对象、教师、课程、教学设计和教学评估等。博物馆志愿者的教育学理论在本质上，应当兼具行业背景的支撑和普通教育理论的依托。它涉及博物馆的社会教育学理论、教育管理学理论、成人教育学理论、教育心理学理论和教育测量学等诸多理论。迄今为止，这方面的理论研究可谓十分欠缺，鲜有问津。这除了与我们平时很少注意在实践过程中及时总结经验有关，还与我们以往对博物馆志愿者教育工作的重视程度不够有关。笔者在拙作《博物馆志愿行为的理论与实践研究》中，曾简要提出这一课题，现在在部分采用其中内容的基础上，又进一步深入研究，试图从博物馆志愿者教育学研究的对象、研究内容、研究方法、教育教学过程、志愿者学习的过程和教育评价等几个方面进行探讨，构建博物馆志愿者教育学的理论思想体系。

一、相关概念

（一）博物馆志愿者的概念

博物馆志愿者是指为博物馆的各项工作义务服务的、没有经济报偿的、自愿奉献个人的时间、精力、才智、物力和财力的个体和群体，包括不同年龄、不同身份和背景的社会各个阶层的人或组织，也包括没有经济来源的在校学生。关于志愿者身份属性的问题，有人认为志愿者是介于博物馆在职工作人员与观众之间的身份，有人则认为志愿者属于特殊观众群，他们既是博物馆的经常观众，也是现实观众。笔者比较同意后者的观点，博物馆的志愿者一旦被任用，就是经常参观的特殊观众，因为志愿行为是非职业性的，他们有别于具有职业性特点的博物馆工作人员，或可称为博物馆编外工作人员。

（二）博物馆志愿者教育的概念

博物馆志愿者教育是指博物馆依据其宏观发展和各项工作岗位的需要，通过组织专门的教育人员，对志愿者进行有组织、有计划、有目的的培训活动，以完成博物馆的教育培训任务，实现志愿者在智力和非智力因素等方面的个人价值与社会价值，从而使其更好地为公众服务，传播博物馆文化，使博物馆社会教育职能最大化，推动博物馆事业的发展。

二、博物馆志愿者教育学的研究对象、研究内容和研究方法

作为一门学科，我们首先要搞清楚它的研究对象、研究内容以及研究方法。以教育学的通论为依据，博物馆志愿者教育学的研究对象是研究博物馆志愿者教育实施行为中的最一般的问题。其研究内容包括博物馆志愿者教育教学过程、志愿者的学习过程和教育评价等内容。其研究方法有问卷法、调查法、观察法、比较法、案例分析法、文献法等。问卷法是操作简易和应用性较强的研究方法，一般涉及的研究对象较为广泛，主要是通过科学地设置问题，有针对性地就课题进行研究；调查法是经常采用的实地踏勘的方法，研究者可以根据课题的目标和要求，拟定调查方案和计划步骤，然后按照步骤地实施调查，收集调查对象的相关材料，汇总整理并分析资料，最后以调查报告的形式得出结论；观察法也是一种实践性较强的方法，是通过对观察对象即志愿者在自然或常规状态下的行为表象进行全面的追踪观察，即时记录观察对象的表现，对观察记录和相关数据进行分析论证，其优点在于真实性和客观性较强，有利于得出科学的经验；比较法是研究者运用逻辑思维方法，依据统一的价值标准，将同质或同类的客观事物进行横向比较，得出客观结

论的研究方法；案例分析法是选取较为典型性和代表性的个案进行提取、分析，以点带面，以个别说明总体，揭示事物的运行规律的方法；文献法是指纵向地收集、整理和占有与课题相关的文献资料，然后对所掌握的资料进行去粗取精、去伪存真的筛选，并采用定性和定量的方法加以分析、论证和阐释课题的方法。

三、博物馆志愿者教育的性质和特点

博物馆志愿者教育的性质属于非正规社会教育的范畴，这一性质的界定是相对于正规的学校教育而言的。其特点主要包括以下几方面：一是教育对象的广泛性，即包括各个年龄层的人员，既有来自各行各业有志于博物馆发展的成人，也有在校的大、中、小学生；二是教育内容的专业性，即博物馆给志愿者所传授的知识和技能具有浓厚的博物馆专业特色，而且知识结构复杂多样；三是教育方式的灵活性，即可以有网络虚拟式教育、课堂授课式教育、实地参观式教育和模拟演示式教育等，不受空间场地的限制；四是教育效果的时效性。由于博物馆的发展与社会和时代的发展紧密相联，博物馆的社会教育更要体现其社会性与时代性，对志愿者的教育和培训要常换常新，跟上时代的脚步，与时俱进，只有这样，才能满足社会对博物馆志愿服务的需求，也才能达到博物馆志愿者教育学的最终目的[①]。

四、博物馆志愿者的教育与教学

（一）基本概念

博物馆志愿者教育过程是指博物馆根据社会和博物馆的工作需要、

---

① 参照拙作《博物馆志愿行为的理论与实践研究》，星球出版社 2011 年版，第 241—242 页。

教育目的和志愿者身心发展的特点，借助博物馆的教育资源和其他相关的教学条件，通过教育主体即博物馆的管理人员、工作人员指导志愿者有目的、有计划地掌握系统的博物馆及其相关的理论知识、科学文化知识和基本技能，提高志愿者的文化素养和综合能力，促进志愿者的全面发展、实施教学任务的行为过程。这一过程包含两个步骤，即教学主体（博物馆教学人员和相关教育者）的教授和教学客体（志愿者）的学习过程，这两者是相辅相成、相互促进、你中有我、我中有你的关系，是同一矛盾的两个不同的方面。即主体在教授过程中能够认知客体对博物馆文化内涵和外延等教学内容，从而达到其教育目的；客体在学习过程中也不断得到自我完善和价值的自我实现与社会实现双赢的目的，同时也作用于主体的教学，使之不断提升教学水平。

（二）基本特征

从博物馆对志愿者开展教学活动的运行规律来讲，其教学过程具有程序性、结构性、多元性、复杂性、系统性和社会性等特点。

1. 程序性

程序性有两层含义，一是指教学活动的顺序性，二是指教学内容的程序性。博物馆对志愿者的教学活动是按照启动、发展和结束的顺序按部就班地开展的，因而具有程序性的特点；而其教学所涉及的内容包括一些诸如历史分期、考古术语和技术、科技专业词汇和规则的运用等程序化的知识。美国教育心理学家加涅的认知学习结果三分法，即认知学习结果包括言语信息、智慧技能和认知策略，将程序性知识分为用于对外办事的智慧技能和用于对内调控的认知策略。博物馆可以利用这一理论的成果，有效地开展教学活动。

2. 结构性

结构是事物各个组成部分之间的内在的、有序的联系性。这里的结构性是指教学过程的每一个步骤和因素之间的关联。如培训志愿者有关历史方面的知识，就会同文物展品中的历史信息和历史背景相联系。而一些自然科技类的知识则直接关系到展览和教育活动中的重要展品或实验的操作问题。

3. 多元性

多元性是指博物馆为志愿者提供的教育培训从内容到形式都要照顾到志愿者的生理和心理特征，表现出多样性、灵活性、民主性与包容性，而不是单一性和排他性。

4. 复杂性

复杂性是指这一过程是教学主体与客体实现教授与学习的心理过程、认识过程和社会化过程的行为和心理的整合过程，因而会显现出复杂性的特点。

5. 系统性

系统性是指这一过程在知识结构、教学规划、资源配置和教学方式等诸多方面具有体系性的特点。其知识结构既有书面性的理论知识，也有实地参观、考察和动手操作的技能性与实践性的知识；教学规划是指其教学周期和教学计划；资源配置是指课程资源和教学人员的配备；教学方式是指博物馆的教育者以博物馆的工作需要和社会需求、尊重志愿者个性化发展为前提条件，将直接经验与间接经验相结合，通过发挥其主导作用而调动志愿者的主观能动性，将传授知识与发展志愿者的智力水平、提高志愿者的认知能力和综合素质以及审美情趣和道德品质相统一，实现志愿者的思维再创造。

6. 社会性

社会性是指博物馆教育者将博物馆的文化成果进行有机转换，并传承给志愿者，再通过志愿者的思维和体力的再生产、再加工的过程，广泛传播博物馆的科学文化知识，为博物馆事业和观众服务，从而实现博物馆和志愿者的社会价值，因此，这一过程具有鲜明的社会性。

（三）基本要素

博物馆志愿者教育过程的基本要素包括教育主体、教育客体、教学目的、教学计划、教材编写、教学任务、教学原则、教学内容、教学组织形式、教学方法、教学手段和教学环境以及教学评价等几方面。

1. 教育主体

博物馆志愿者教育学的主体是指对志愿者实施教育培训活动的行为人，是履行教育教学职责的专业人员，包括博物馆的管理者和工作人员以及相关的专家学者。他们根据一定的教学目标，协调教学内容、教学设备和志愿者等主观和客观因素及其关系，通过向志愿者传授系统的科学文化知识，营造良好的教学氛围来引导他们主动地、有效地进行学习。

2. 教育客体

博物馆志愿者教育学的客体是指接受博物馆的招聘、教育培训与考核的受众，包括志愿者个体和群体。这些客体是由年龄、性别、民族、地域、宗教信仰、教育背景、工作经历、社会背景等方面各不相同的个人组成的，具有丰富性、异质性和多样性的特点。既是教学的对象又是教学的主体，他们凭借发挥自身主观能动性，将教育主体教授的知识结构转化并纳入到其认知结构中去，并在志愿服务工作中运用这些知识和技能为观众服务。

3. 教学目的

博物馆对志愿者进行教育的目的十分明确，就是实施岗前和岗位培训，以便志愿者能够具备和熟练掌握相关工作的知识、能力和技巧，从而承担起博物馆分配给他们的各项工作和任务，加强社会力量和社会支持，推动博物馆更快更好地向前发展。

4. 教学计划

教学计划是博物馆对志愿者进行教育的指导性和纲领性文件，包括教学目标、教学内容、课程设置、考核标准、授课人员聘用资格、评估手段、授课周期和授课场地等具体工作的进度安排和时间节点。它可以以年、月或季度为节点，设置和建立目标体系与阶段性成果汇报，从而使这方面的工作更加正规化和系统化，并有利于提高工作效率。

5. 教材编写

目前，博物馆对志愿者的培训教材各不相同，因为每个博物馆的馆藏和展陈不同，所以教材也不可能整齐划一，但是在编写教材时，我们也应当遵循教育规律，根据志愿者的生理特点、心理特征、文化水平和接受能力，编写出既突出层次性，又具有时效性的切实可行的教材或讲义，尽量做到图文并茂，生动形象，便于志愿者学习、记忆和理解。在实践中不断发现问题、总结经验，改进教材，最终形成适合志愿者教育和成长的可读性读本，另外再配合馆藏知识读物、行业文化书籍、外聘专家学者的讲义和参观考察、经验交流、讲座培训和学术论坛的论著成果为辅助教材，努力把志愿者培养成为既博又专的人才。

6. 教学任务

在普通教育学理论中，教师的教学任务即是教书育人。博物馆志愿者的教学任务则应包括以下三个方面：

（1）由博物馆的工作人员和文博考古界的专家学者向志愿者系统地传授文化科学知识和他们现实学习和工作所需要掌握的技能和技巧。

（2）向志愿者强化文物保护的法律法规、文化遗产保护的观念和公民意识，提高他们传承和保护我国与世界文化遗产的理念和素质，为传播人类优秀的历史文化、科学知识和文明成果奠定坚实的基础。

（3）培养和提高志愿者的智力水平，培养其个人修养、高尚的审美情趣、科学精神与创新思维能力，优化其思想品德和良好的个性心理品质。

7. 教学原则

教学原则是博物馆依据志愿者教育的目的制定的、能够反映其教育规律的教学要求，它贯穿于教育教学活动的全过程，是教学主体和客体应当遵循的行为准则和规范。正确运用教学原则对提高教学质量和效果具有重要的作用。博物馆对志愿者进行教育教学的原则即是博物馆及其教育者在对志愿者实施教学行为的过程中应当秉持的贯穿始终的立场。

8. 教学内容

博物馆对志愿者的教学内容是博物馆有选择性、有针对性地择取与教育教学相关的博物馆通用知识、专业知识和理论知识等进行整合后所呈现出来的知识体系与结构。主要包括自然科学、人文科学和社会科学等多重领域的内容，涉及范围也十分广泛。由于各馆的性质和类型不同，教学内容也各不相同。

9. 教学组织形式

博物馆对志愿者进行的教育教学不同于学校的正规教育，而是非正规的教育，因此其教学组织形式也具有其自身的特点。教学组织形式是博物馆教育者为了完成教学任务，在特定的时间和空间内将志愿者组织起来开展相关的教学活动的方法。博物馆一般会采用班级授课法、分组教学法、现场教学法和活动教学法等几种方法。班级授课法是博物馆按照其课程计划、课程周期和行业标准组织教学的方法，按照教育学理论，博物馆应根据不同年龄志愿者的生理和心理特征，分层授课，如针对学生志愿者的授课方法与成人志愿者的授课方法应当分别安排实施；分组教学法是指博物馆的教育者在进行专题的培训讲座的过程中，让志愿者集思广益，分组讨论相关问题或应对方案，最终由教育者总结归纳的方法，如科技馆的某些技能性的教学就可以采用这种形式；现场教学法是博物馆通常采用的方法，因当前博物馆志愿者岗位频率最高的就是讲解，而博物馆的教育者通过展陈现场的实物教学，针对馆藏文物、遗址和遗存等进行教学是最具直观性、最有效的教法；活动教学法是博物馆教育者根据馆内的教育项目和展陈内容等，为志愿者的学习创设一定的教学情景，让志愿者自己阅读和拓展文物藏品资料、动手操作和提出创意性的活动方案的教学法。

10. 教学方法

教学方法是方法论层面的要素，是由博物馆对志愿者进行教学的指导思想、总体方法、具体措施和教学方式四部分组成。它既包括教育者的教法，也包括志愿者的学法，是双边互动、对立统一的矛盾体，在教学过程中，教育者处于主导地位，因而要依据志愿者的学习方法采用相应的教学方法，否则便会因缺乏针对性和可行性而不能有效地达到预期的目的。

11. 教学手段

教学手段是教育者在教学过程中所使用的教学介质，如教材、教具、媒体、模型、设备和设施等。其中，教材是博物馆为志愿者提供的纸质版或电子版的学习资料、讲义、图录、参考书、网络资料等等。在科技和经济高速发展的现代化、信息化和智能化的知识经济时代，博物馆可采用的教学手段具有丰富的可选性和多样性，除了传统意义上的口头语言、文字和书籍、印刷教材外，还包括电子视听设备、器材和教材、多媒体网络技术、各种电化教育设备（如幻灯机、投影仪、录音机、录像机、电视机、电影机、VCD 机、DVD 机、计算机）、新媒体（如微信、微博、飞信、博客等）、声、光、电等现代化科学技术辅助教学。另外，还可以通过远程或函授等教学手段来完成教学任务，其优势就是不受时间和空间的约束，能够快捷地实现教学目标。这些教学手段，可以提高教学效率，加强感性认识，增强教学氛围，有利于志愿者在最短的时间内掌握知识。

12. 教学环境

有研究者认为："课堂教学的有效性依赖于一定的教学环境。主要包括教学物理环境、教学信息环境和教学心理环境。它们通过影响教师和学生的认知活动的广度、深度和对信息加工的水平以及情感体验的积极性，进而影响其教与学的效率。因此，创设有效教学的环境，必须以教学活动中师生认知和情感活动的需要为基点。不同的教学环境，师生心理活动的内容和活动方式不同，其所依赖的心理背景和空间也有差异……教学的物理环境是指教学赖以进行的一切物质条件所构成的整体，它是教学活动的物质基础。如校园校舍、教学设施、教学场所以及教室的色彩、光线、温度等均属教学的物理环境……教学信息有两方面的含义：其一是与教学目标相关的学科内容或学科知识体系；其二是反映学生学习过程和状况的教学活动信息。教学信息环境则是关于教学活动中知识信息、教学活动信息的来源、传递和加工状况与条件的总和。它是一种无形的、难以捉摸的环境，它以教学的物理环境为依托，有自身独特的结构和功能。教学信息环境既影响学生学习知识的深度和广度……良好的教学心理环境对教学活动有重要的影响。首先，它有利于沟通教学信息，促进教师与学生、学生与学生之间产生心理相容和情感交流；其次，它有利于克服和消除学生生理和心理疲劳，提高学习效率和教学效果；再次，它有助于维护正常的教学秩序，顺利完成教学任务。"[①] 如果博物馆能够借鉴一下这一理论，在教学过程中充分考虑到志愿者的学习心理和生理特征，通过设置直观形象的教学设施和设备，舒适的时间和空间环境、注重科学地为志愿者创设良好的教学环境，以丰富而生动的语言、现代化的教学手段为志愿者传递和输入优化信息，创设良好的、积极的教学情境、人际关系和人文氛围，激发和调动志愿者的学习兴趣与积极性，使之开拓思路，锐意进取，这样必将能收到良好的教学效果。

13. 教学评价

教学评价是博物馆依据教学目标对教育者和受教育者即志愿者的整个教学过程及教与学的效果进行价值判断的活动。教学评价一般包括对教学过程中教育者的工作情况（包括教学内容、手段、教学环境、教学管理诸因素）和志愿者的学习与工作效果的评价。

（四）基本结构

教学过程的基本结构包括教育者引发志愿者的学习动机、引导其获得和领会博物馆文化知识体系和知识结构、检验和巩固知识和组织志愿者运用知识等。

---

① 郭成："试论课堂教学环境及其设计的策略"，《西南师范大学学报（人文社会科学版）》2001年第2期，第75—80页。

1. 激发学习动机，导入教学

学习动机是推动志愿者进行学习活动的内驱力和心理动因，教育者要善于运用启发式教学法促进和激发志愿者的学习动机，诱发其求知欲，满足其学习需要，提升其学习兴趣，及时鼓励，奖惩分明，引起求知欲，作好学习的心理准备，维护好其动机。例如，在讲授一些晦涩难懂的考古专业术语时，可以通过最新的、与志愿者生活较为接近的考古动态引发其学习兴趣。如在普及考古知识中的墓志铭和异体字的知识时，可以给志愿者介绍2013年6月北京房山地区出土的刘济墓，这样可以凭借发生在志愿者身边的考古新动态激发其学习兴趣，导入相关教学知识。

2. 引导获取和领会知识

教育者要让志愿者通过持续性的学习、观察和实际操作等方法，有效获取感性知识并逐步上升为理性认识，再进一步消化，进行思维加工，领会和理解知识，从而发展其创造性思维和学习能力。如在为科技馆和自然馆的志愿者讲授有关自然科学方面的知识时，教育者就需要通过亲自动手、实地操作让志愿者掌握展品展项的基本原理、性能、操作流程和注意事项等，在获取感性知识的基础上更深层次地领会知识。

3. 检验和巩固知识

教育者应有计划、有目的地检查和巩固志愿者的已学知识，让志愿者"温故而知新"，从而印证知识或运用知识，形成各种基本技能和技巧，促进其全面发展。如在讲解博物馆的礼仪文化时，教育者可以为志愿者重复接待规则、注意事项并适时进行考核，检验教学效果，查找问题，纠正问题，优化教学质量，提高教学水平。

4. 组织运用知识

学以致用的原则是放之四海而皆准的，对于教育者而言，对志愿者的教育培训属于长期与短期培训相结合的方式，而实践是教育培训的最终目的。在教学实践的过程中，教育者会通过各种有效的途径让志愿者将学到的知识运用到博物馆社会教育的各个方面。如博物馆组织志愿者进行岗前现场观摩讲解和实地操作,以便为上岗服务提供实践的机会等。在这个环节里,教育者要引导志愿者具体情况具体分析,灵活运用知识,注意知识结构之间的内在联系。

上述教学过程的各阶段可以用流程图的形式表现(如图2-1所示),以有利于我们更加清晰地理解。

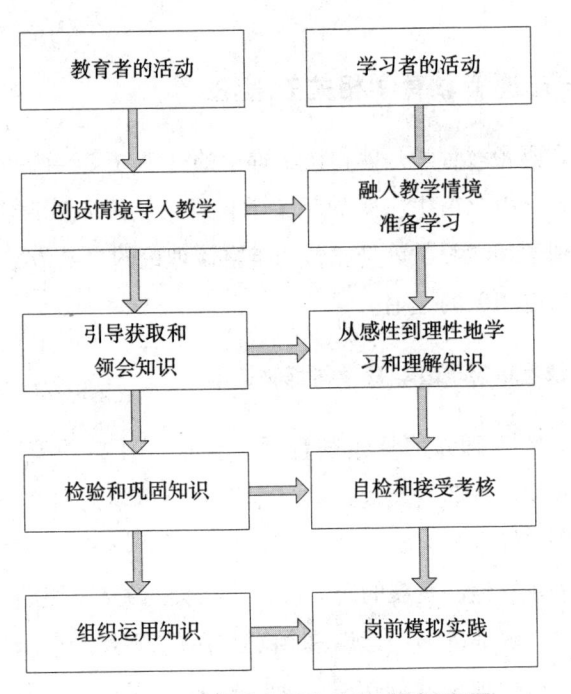

图2-1 博物馆志愿者教学过程流程图

综上所述,博物馆的志愿者教学过程的各个阶段是密切联系、相互渗透、相互促进的关系,而且各个阶段之间既不是孤立割裂,又具有相对的独立性。它既具有正规教育中教学过程的共性,又凸显出自身的个性。换言之,这一教学过程既是教育者和志愿者的双边性的认识过程,遵循的是感性认识和理性认识统一、认识和实践统一的规律,又具有博物馆行业和非正规教学的特色,即博物馆和教育者要考虑到不同年龄志愿者的生理特征和心理特征,尽可能促进他们生理和心理和谐的、充分的发展，在引导志愿者掌握知识的同时，还要为其提供各种可能的机会来促进其个性才能的一般发展和特殊发展，而志愿者在学习知识过程中，也要以自学为主，善于探究，勤于思考，虚心求教，积极参加各种有利于志愿服务工作的活动，在实际工作中参悟和领会所学知识，不断完善自我，实现社会价值和个人价值。

五、与志愿者教育学相关的理论

博物馆志愿者教育学是博物馆学理论的一个分支学科，博物馆学是其理论的基石，由此衍生出来的相关学科理论，诸如教育学、心理学、传播学、管理学和学习学等是完善和丰富该理论的主要依据。下面我们就分别阐释与之相关的理论。

（一）博物馆志愿者教育学与博物馆学

博物馆学是"研究博物馆的性质、特征、社会功能、实现方法、组织管理和博物馆事业发展规律的科学。博物馆学的研究对象是保存、研究和利用自然标本与人类文化遗存，以进行社会教育的理论和实践，包括博物馆事业发生、发展的历史及其与社会的关系，也包括博物馆社会功能的演进、内部机制的运营和相互作用的规律。"[1] 博物馆学有几个分支学科，包括理论博物馆学（即主要探讨博物馆的基本性质、社会功能和特点以及博物馆与社会发展及政治、经济和文化的关系的理论）、历史博物馆学（即探讨博物馆事业发展的过程及其规律以及博物馆在不同社会发展阶段的不同性质、作用和特点的理论）、博物馆方法学（即研究博物馆藏品的征集、鉴定、分类编目、保管、修复；陈列展览的设计、组织；对观众的服务、教育等工作原则和方法。它们分别发展为藏品管理学、陈列学、博物馆教育学）、博物馆管理学（即从宏

---

[1]　孟宪鹏主编：《现代学科大辞典》，海洋出版社 1990 年版，第 1019—1020 页。

观上研究博物馆事业的国家或地区的发展规划和管理制度，从微观上研究博物馆内部职能、机构组织、人员配备、管理制度和管理方法）、普通博物馆学（即综合上述各个分支学科进行研究阐述的学科）和专门博物馆学（即把一般博物馆学的理论与工作方法应用于某些专门博物馆领域的学科）。① 其中博物馆方法学中的博物馆教育学是志愿者教育学的核心理论，藏品管理学、陈列学和观众学是该理论的行业理论依据。

博物馆教育学是研究博物馆公众教育的属性特征、内在本质和客观规律及其与社会政治、经济、文化、教育和科技等诸多因素之间的关系的学科理论。它对博物馆志愿者教育学具有宏观的指导意义和作用。而志愿者教育学的研究也同样会在微观层面上，反映博物馆教育学的理论特征与相关内容，包括志愿者教育学与社会教育的关系、与展览陈列的关系以及同观众的关系等，这些都是志愿者教育学需要深入探讨的问题，二者是宏观与微观、一般与个别的关系。

（二）博物馆志愿者教育学与教育学

教育学是一门独立的学科，主要研究对象是"教育这一特殊的矛盾运动。换句话说，教育学是一门研究教育现象、揭示教育规律的科学。其任务就是在揭示教育规律的基础上，阐明教育工作的一般原理，进而确定教育工作的内容、方法、途径和组织形式等，以指导教育实践。"② 它是在人们对于教育具有一定的理性认识的基础上所形成的抽象概括教育现象及其发展规律的理论。在中外教育学的发展史中，许多思想理论完全可以作为志愿者教育学借鉴的对象。如我国古代春秋时期的教育家和思想家孔子（公元前551年—公元前479年）在《论语》中提及的"有教无类"、"因材施教"、"不愤不启，不悱不发"和"学而

---

① 王宏均：《中国博物馆学基础》，上海古籍出版社2001年版，第4—5页。
② 许高厚、张永祥、沈义良、时芳美主编：《普通教育学》，北京师范大学出版社2002年版，第4页。

优则仕"等教育主张；古希腊哲学家和思想家苏格拉底（公元前469年—公元前399年）提出的"产婆术"（又称"苏格拉底方法"），就指出教师应通过不断提出问题、讨论问题，启发并引导学生独立思考、归纳总结得出结论、归纳和定义（使学生逐步掌握明确的定义和概念）等步骤，即启发式教学法；另外一位哲学家柏拉图（公元前427—公元前347年）曾执教40年，他写的《理想国》论及了有关教育的艺术、影响和个人与国家的教育；哲学家和教育家亚里士多德（公元前384年—公元前322年）曾提出把教育划分为三个组成部分，即体育、德育、智育。其中体育是基础、智育是最终的目的，而在德育方面则应在人发展的不同阶段施予适当的教育和训练，使人的灵魂得到健康的、完善的发展。19世纪，被称为"现代教育学之父"和"科学教育学的奠基人"的德国哲学家和心理学家赫尔巴特（1776—1841年）于1806年出版《普通教育学》，这是规范教育学建立的肇端，他主张教师中心论，认为应把道德教育理论建立在伦理学的基础上，是将心理学引入教育学的第一人，奠定了科学教育学的基础。1939年，原苏联著名教育家凯洛夫（1893—1978年）主编的《教育学》被公认为世界上第一部马克思的教育学著作，该书阐述了马克思主义有关教育的本质、作用、共产主义教育目的和教育任务以及较为严密的教学理论等教育观。此外，教育管理学、教育测量学和教育技术学等理论都可以成为志愿者教育学的支撑理论，而马克思主义教育思想中也有关于人的全面发展的积极论点，这更是我们参照的哲学教育理论。由此可见，类似上述教育学的理论与博物馆志愿者教育学的理论是相契合的。

（三）博物馆志愿者教育学与心理学

心理学是19世纪初叶，由德国哲学家、教育学家赫尔巴特首次提出的，它是研究心理现象和行为的一门科学。从本质上说，心理学与教育学的研究对象都是人及其全面发展，而心理学中的许多理论也同样适用于志愿者教育学，例如心理学中的"破窗效应"、"霍桑效应"、"习得性无助实验"、"证人记忆"和"罗森塔尔效应"以及教育测量学等理论，对于我们研究志愿者教育学理论是非常有帮助的。比如作为志愿者教育主体的博物馆应了解志愿者的学习心理和工作心理，适当运用心理学的理论来指导主体施教，针对不同年龄和不同教育背景的志愿者"因材施教"和"分层施教"，对于提高教育教学质量具有重要的实践意义；另一方面，志愿者在学习的过程中，也需要掌握一定的心理学知识，通过仔细观察、认真领会和自我教育等方式，提高博物馆的教育质量和学习效率。

（四）博物馆志愿者教育学与传播学

传播学是 20 世纪 30 年代以来兴起的一门学科，是"指研究一切人类传播现象与活动及其规律的学科。传播学作为一门新兴学科，起源于美国。美国学者与专栏作家李普曼于本世纪 20 年代所撰写的《舆论学》一书被认为是传播学的奠基之作"[1]。传播学涉及的范围十分广泛，包括社会科学及自然科学等许多学科。随着电子技术和信息时代的到来，传播学也逐渐融入了现代化传播技术与途径的内容，以适应现代社会信息交流、传播方式和信息量的多样化、高速化与丰富性的需要。其理论内涵主要包括人际传播、组织传播、大众传播、跨文化传播理论以及控制论、信息论和系统论等。它以教育过程为研究对象，以传播学为理论支撑，采用传播学的视角和基本理论去研究教育过程，其研究范围包含对教育者、受教育者、教育信息、教育媒介、教育效果等因素的探讨。而 20 世纪 80 年代始于西方的教育传播学理论也与博物馆志愿者教育学有着不解之缘。据研究者指陈，教育传播是"一种以培养和训练人为目的而进行的信息传播活动。也就是说，是一种有目的、有意识地对人进行教育的传播活动"[2]。国际传播协会教学研究部则于 1986 年界

---

[1]　邱沛篁、吴信训、向纯武等主编：《新闻传播百科全书》，四川人民出版社 1998 年版，第 51—52 页。

[2]　黄鹂、吴廷俊："教育传播学新探"，《现代传播》2003 年第 1 期，第 47 页。

定教育传播学为"运用传播学观点、理论和方法系统地研究和探讨教育过程中的传播现象、规律的一门综合性科学"①。这些理论都可以为志愿者教育学在实践层面上的行为提供理论依据。我们说，博物馆志愿者教育学的最终目的是实现教育成果的转换与控制，也就是说博物馆要将对志愿者的教育成果转换为他们为观众服务的基本技能、知识结构和道德素质，在志愿者为观众服务的过程中，运用正确的传播学理论，为来自世界各地的、不同文化背景的观众服务。这样，一方面可以降低志愿者与观众之间的关系冲突或矛盾，另一方面，也能够提高博物馆社会教育的功能和社会公众形象。

（五）博物馆志愿者教育学与学习学

学习理论是指"人类怎样学习的理论，旨在阐明学习如何发生、有哪些规律、是什么样的过程、如何才能进行有效的学习，并揭示学习过程依据心理、生理机制和规律而形成的理论。"② 主要理论包括行为主义理论、认知主义理论、建构主义理论和人本主义理论。各派理论可以说各具特点，简而言之，行为主义理论强调学习是一种刺激——反应的过程；认知主义理论则打破了传统的学习模式，认为学习应该重视学习者自身的建构和知识的重组，强调学习的类型决定了知识建构模式的特点，主张加强学习者有意义的学习，运用同化与顺应的方法有效地促成学习者知识结构的建立；建构主义理论是信息时代的产物，强调学习者是以自己的经验为基础来建构现实，或者至少说是在解释现实。而教师的角色应该是学生建构知识的忠实支持者、学生学习的高级伙伴或合作者；人本主义理论实际上是"学生中心论"的理论，提倡学生自主学习和自我实现，这也是我国基础教育界大力倡导的理论模式。

博物馆志愿教育学所要求的学习学可以说是一种复合型的学习学，

① 黄鹂、吴廷俊："教育传播学新探"，《现代传播》2003 年第 1 期，第 49 页。
② 李军、于洁："关于应用写作课计算机辅助教学的几点思考"，《山东行政学院　山东省经济管理干部学院学报》2004 年第 3 期，第 109—110 页。

几乎涉及或交融了上述各种理论模式，因此，博物馆工作人员和志愿者都需要了解一点学习学的概念和理论，具体情况具体分析，因势利导。博物馆在实施志愿者培训计划时，要根据学习学的理论，工作人员对于不同岗位的志愿者采用不同的教学方法，而志愿者也要根据博物馆的工作要求、自身各方面的条件、特点、学习习惯等，采用切实有效的学习方法进行学习。对于志愿者来说，"学海无涯苦作舟"的哲学同样适用，做好文化志愿者需要学习的知识和技能很多，如何把握机遇，领悟理论，把工作看作是一种学习的过程是志愿者成长的关键。有关这一点我们在后面的章节会详细阐述，此不赘述。

本章结语

奥地利著名的物理学家和哲学家波尔茨曼曾经这样评述："理论是思考的根本，也就是说，是实践的精髓。"志愿者教育学的理论应当是博物馆对志愿者进行教育培训和志愿者学习的理论依据，我们通过对这方面理论文献进行梳理、归纳、总结、思考、分析和论证，并对其概念、特征、现象和教育事实等内容进行系统阐释，构建起其理论框架，旨在藉此抽绎出其内在的、本质的规律性的特征、导向性的内涵与外延，从而使这一对立统一的矛盾的两个方面能够相互促进、协调发展、紧密衔接，以期对今后志愿者教育培训的实践活动起到正确的指导作用。

第三章　博物馆志愿者教育
实践的发展状况

引　言

世界博物馆经历了从最初的私人收藏到社会共享，从摩玩遣兴的古物堆放所到面向公众开放的公共博物馆，从怀旧情结的自我欣赏到敞开胸怀的教育科学，从"象牙宝塔"走向寻常人家，可以说博物馆的这种裂变是在社会政治、文化和经济的变革过程中，不断反思传统的文化理念，逐渐摆脱狭隘的自我意识而发展为大众的精神文化的结果。就博物馆自身的功能性质而言，这个漫长的变革过程实际上也可以被视为从"利己"到"利他"，从个体到群体，从单数到复数的过程。博物馆最终将其社会功能定位在公益性和开放性，而志愿服务恰恰满足了社会发展带给博物馆的这一身份属性的需求。纵观古今中外的博物馆发展历史，从古代公元前4世纪的亚里士多德在最早的博物馆"亚历山大博学园"内的讲学、我国周代春官在宗庙里讲解祭祀的礼仪，到近代的"文艺复兴"时期意大利的梅蒂奇家族将全部收藏无私捐赠给国家从而建成博物馆即今天的乌菲齐博物馆，再到现代的生态博物馆、邻里博物馆和社区自治博物馆的出现，无不透射出博物馆的公益思想与人文精神。在当下全球化和信息化的社会条件下，科学技术的日新月异在为人们的社会物质生活创造了前所未有的成果的同时，也使人们的精神生活和社会价值取向出现了"物化"的趋势，人们的思想、情感、操守和道义等方面的社会意识被一定程度地颠覆。在这样的社会环境下，博物馆所要肩负的社会责任和历史使命就显得尤为重要，志愿精神的弘扬与志愿行为的传播也就更加能够体现出"人化"社会的积极正确的价值取向。因此，博物馆志愿者的教育实践活动便成为博物馆社会教育实践领域中的重要内容，它不仅是博物馆事业的内在驱动力之一，也是社会关注博物馆成长和民族文化教育的具体体现，同时，对志愿者的培养和教育也反映了博物馆的经营理念、对公众的服务质量与行业水平以及对社会的人文精神的培育。

第一节 国外博物馆志愿者教育实践的发展

国外博物馆志愿者教育实践与其理论可谓相得益彰，在博物馆志愿者教育培训方面取得了很大的成就，其实践活动无论是从理念、策划到内容、模式都是值得我们国内博物馆界学习和借鉴的。

1. 欧美国家博物馆志愿者教育实践

世界上最早的博物馆志愿者组织"博物馆之友"于 19 世纪诞生于欧洲，而世界上第一个博物馆志愿机制的启动则肇始于 20 世纪初期的美国波士顿艺术博物馆，究其原因，我们可以将其上升到哲学层面去探讨。我们说，博物馆文化属社会意识形态的范畴，它受制于社会的上层建筑和社会经济。由于古代欧洲的商品经济比较发达，奴隶制的繁荣催生了古希腊和古罗马辉煌的文明。古希腊城的城邦制度开启了民主政治的先河，其政治体制即是贵族与自由民共同参与和决策城邦政治，这是人类政治文明史上的一次创举。这一民主思想对古希腊的征服者——古罗马的政治也具有深远的影响，这一点在古罗马的军事民主、平等化和法治化等思想领域都有所体现。而公元 5 世纪英国亚瑟王实行的圆桌会议、14 世纪到 17 世纪的"文艺复兴"中所倡导的人本主义精神、英国 1689 年颁布的用以限制王权和保障议会权利的《权利法案》和法国 1789 年出台的强调主权在民、法律面前人人平等的《人权宣言》等等，都是民主平等的具体表现。① 正是在此基础上，欧洲的博物馆大都信奉法国卢浮宫所秉承的"艺术属于人民"的宗旨，社会参与博物馆的热情愈发高涨。

同样地，美国自摆脱英国的殖民统治，乘坐着"五月花"号登上美洲大陆建立美利坚合众国之日起，就一直推崇民主主义的政治制度。1776 年，由杰弗逊起草的美国《独立宣言》实质上被马克思誉为人类历史上第一部《人权宣言》，成为美国推进民主进程的一面旗帜。从 1917 年起，美国政府的税法规定，"对包括博物馆在内的非盈利、以促进文化、教育、科学、宗教、慈善事业发展为目的的各种团体免征赋税；个人或单位对上述团体进行馈赠亦可享受减免税赋的优惠。"② 与此同时，美国的博物馆也通过争取商业实体、企业和基金会的赞助与自身筹集资金、以博物馆资源进行创收等方式经营和管理博物馆，再加之美国由来已久的发达的捐赠制度催生美国的民间赞助和民间自治的办馆模式以及会员制的形成，这就在政策支持和经济扶助等方面促进了博物馆的迅速发展。综上可知，欧洲和美国由来已久的民主政治、经济条件和人本主义思想等是博物馆志愿行为产生的根本原因，这就为博物馆志愿者的教育奠定了社会基础和思想基础。

（1）美国博物馆志愿者教育实践的发展

北美的博物馆发展初期始于 18 世纪中叶，1750 年，美国哈佛大学建立起专供教学所用的藏品陈列室，成为北美最早的博物馆。1773 年，

---

① 宿富连："欧洲博物馆业发展的特点和启示"，《中共桂林市委党校学报》2003 年第 1 期。
② 展玉成："美国博物馆事业是怎样发展起来的"，《中外文化交流》1995 年第 1 期，第 55 页。

美国第一座公共博物馆在南卡罗来纳州的查尔斯顿城图书馆协会兴办博物馆，展览内容为该州的自然历史。1786 年，费城皮尔博物馆建立。1799 年航海家创建皮博迪·埃塞克斯博物馆。1846 年，英国史密斯先生的遗赠建立了史密森尼研究院。1870 年的大都会艺术博物馆建立，1916 年又建立了克利夫兰艺术馆。

1907 年，美国波士顿艺术馆开启了世界上最早的讲解员制度和义务讲师即志愿者制度，这对于发挥博物馆社会职能的意义是非常重大的。自 20 世纪初，美国就有博物馆与高校联合培养人才的优良传统。1908 年，美国在阿依瓦大学开设了博物馆陈列学的课程，用以培养专门的博物馆学人才，其后，美国以高校、博物馆和馆校联袂等形式多样的培训活动如雨后春笋般地开展起来。如哈佛大学、伯克利大学、加利福尼亚大学和史密森学会等都开办了博物馆的学员班、实习班和培训班，专门从事博物馆人员的教育培训工作。1952 年，美国近百家博物馆的义工组成了"美国及加拿大艺术博物馆义工委员会"，志愿者组织机构的确立，进一步推动了志愿者的教育培训实践活动的开展。第二次世界大战以后，特别是 50 年代末，随着美国经济的迅速发展，博物馆事业蒸蒸日上，进入大发展时期，到 60 年代初已达高峰。据美国博协 1965 年提供的数字，1960 年至 1963 年美国达到每 3.3 天出现一座新博物馆。[①] 美国社会对于博物馆的发展愈加关注。20 世纪中叶以后，美国的不少艺术博物馆就已经将志愿人员补充到博物馆的各项事业之中。到了 80 年代，美国博物馆的志愿服务机制已经较为成熟。志愿者一般分为两种，一种是适用于一般观众的普通导引，另一种是专门为学生服务的特别导引。为了保证从事特别导引的志愿者的讲解质量，博物馆要事先给志愿者进行培训，然后再前往学校给学生授课。因此，博物馆要求志愿人员具有正式管理员的资格，同时还要接受几个月的实地培训。[②]

---

① 李艳："苏东海先生谈博物馆大发展"，中国国家博物馆网站资料，网址：ht-tp：//www.chnmuseum.cn/，2013 年 2 月 27 日。
② "美国市民社会与博物馆座谈会"，《博物馆通讯》1985 年 2 月，第 38 页。

1967 年，美国纽约大都会艺术博物馆创建了志愿者组织，该组织最初是由博物馆工作人员用 12 个信息台为观众进行义务导览的。随着博物馆对志愿者需求的不断增长，现在志愿者组织的志愿者人数已达到 1250 名。博物馆通过对网上提交申请的候选人进行筛选，然后经过培训后安置岗位。

大都会的志愿者分为业务部门志愿者和导览计划志愿者两种，博物馆对岗位职责和时间要求有明确的说明，志愿者可以根据博物馆的要求和自己的条件自由选择，但需要撰写申请报告。业务部门的志愿者是通过面试被录用，他们或是以个人形式或以团体形式工作，其工作覆盖了博物馆大多数部门的各种职责，工作时间一般是在周日、晚上和周末，其时间可以根据特定部门和岗位的要求调整。这些志愿者的实习工作又分为四类：第一类是会员志愿者，主要负责博物馆咨询台的工作。他们推销会员资格，为观众提供博物馆会员计划和活动的信息，同时也参与展讯预告和会员购物日等工作，他们的工作周期是以年计，每个星期五小时一个轮班，或是在工作日，或是在周末。志愿者需要掌握服务观众的技巧，具有广博的文物藏品和相关资源方面的知识，熟练掌握计算机，有充足的经济支持从事志愿服务工作。第二类是观众服务志愿者，工作内容是在咨询台为公众提供信息和帮助，博物馆要求志愿者要了解博物馆的知识，而会多种语言的志愿者最受欢迎。他们以年计，每个星期有一个半天服务时间，或是在工作日，或是在晚上和周末。第三类是图书馆志愿者。这些志愿者主要是在托马斯·J. 福特森图书馆和诺伦图书馆进行社会教育，并辅助图书馆的每一项工作，包括帮助咨询和保管物品，更新和管理信息档案。他们每周工作一个半天。诺伦图书馆的志愿者负责辅助为用户提供文献，为教师提供教学资源。他们每年中，每周至少工作一个半天，诺伦图书馆的志愿者每三周的周末至少要服务一天，图书馆更倾向于有教师经历的志愿者。第四类是调研志愿者。这些志愿者是观众研究的主干，他们协助博物馆通过调查问卷和面试收集观众反馈。调研志愿者不必每周轮班；当开始调研时，他们会周期性地工作两到三个小时；候选人必须有一个灵活的调研计划，包括工作日和周末工作的可行性计划。由于以前没有可借鉴的经验，所以博物馆一般都要对他们进行培训，培训内容是按照岗位分工设置的，要求候选志愿者要具有多方面的技能和与观众顺利沟通的能力。

此外，在日文阅览室、景点和花园都设有志愿者的岗位。日文阅览室的志愿者负责日本美术馆的工作。其职责包括接待观众、整理图书馆中与展览相关的日本文化、艺术、历史和视频、IPAD 的书架。工作时间是每隔一周在一个指定的日期三小时一次轮班，或代替常规志愿者，（替代者必须尽可能在一周中的多日进行服务），不需要具有日本艺术、文化和语言的先验知识。但志愿者必须熟悉博物馆的藏品，特别是目前的展览和它们所处的位置；景点志愿者的职责是帮助那些博物馆工作人员所服务的痴呆症患者和他们的照顾者，项目如果在每隔一个月的星期三、星期六或星期日启动，志愿者们就要在项目开始前一小时到达，迎接游客，陪同和护送那些坐轮椅的观众前往非公共区，此外还要在项目运作过程中制作和发布名片，分发素描材料，在画廊之间帮助观众折叠板凳，帮助游客离开博物馆和有需要的老年痴呆症患者；花园志愿者负责协助博物馆进行园林养护，回廊园艺人员包括除草、调度和清扫道路。这些志愿者工作半天（三小时）或全天（五小时），一般首选星期一。

导览项目的志愿者是博物馆为了满足从小学儿童到成人的不同的游客的需求和利益而设置的。志愿者无需具有艺术史背景或相关工作经验，但那些希望从事该项目的志愿者应具备顺利与公众沟通和工作的能力。这些职位的志愿者会接受内容广泛和严格的训练来实现项目内容和展示的最高标准。该项目的运作周期一般是从九月到来年的六月。所有被吸收进导览项目的志愿者都要求参加为期一年的培训课程，培训内容主要包括艺术史，因为这涉及博物馆的藏品，另外还包括表达技巧和研究能力方面的培训。对于那些参与工作日项目的志愿者而言，每周一都会进行全天候的培训，并于周二参加其他的会议培训。在初始训练一年后，在学术年期间还有每周一的强制性的培训。志愿者需要进行每周一次的调研，为导览做准备。该项目要求志愿者具有崇高的奉献精神和至少三年的最低服务承诺周期。此外，博物馆还附设成年人的导览项目，导览员包括国际项目志愿者、社区项目志愿者和学校项目志愿者。国际项目志愿者要求志愿者会用英语和九种其他的语言（包括法语、德语、意大利语、日语、韩语、汉语、葡萄牙语、西班牙语、俄语）向观众进行一小时的集锦式的参观设计，并介绍大都会的基本藏品的概况。这个项目的候选人必须精通英语，因为所有的培训内容都是使用英语；社区项目志愿者的服务对象是纽约市居民，他们在社会经济、教育、语言或文化等方面有很大的障碍，而这些就可能会阻止其参与博物馆活动。志愿者就通过电话同那些待在家里的居民探讨与艺术相关的话题；学校项目是面向学校团体的导览项目，一般是从星期一到星期五，志愿者只用英语导览，同时还负责研究、制备并展示他们的导览。博物馆计划在一学年内进行平均每周一次的导览。导览按学生所在年级进行分类：

- 1—3 年级的项目：

该项目是通过志愿者有创意的主题导览，向一到三年级的学生介绍博物馆的艺术、文化和历史。这种导览可以发挥学生的观察和描述能力，特别是能使青年学生发现不同文化间的联系，培养艺术鉴赏力。活动还包括在画廊素描。这一项目旨在使学生接受一般性和专门性的培训。

- 4—12 年级项目：

4—12 年级项目是引导学生到博物馆，并为他们提供主题导览，让他们通过在画廊里进行热烈讨论，获取宝贵的学习经验，了解各种专题展的藏品。

- 特殊教育服务项目

特殊教育服务的志愿者致力于满足所有年龄段的学生的特殊需求，包括那些感官、发育或身体有残疾的学生。该项目有助于开发学生探索艺术与文化创意的方法。该项目小组规模较小，旨在使学生和志愿者之间产生最佳互动效果。志愿者还额外为有不同需求的学生提供艺术培训。

再有就是博物馆修道院和花园项目志愿者。志愿者在博物馆修道院和花园会全年向学校团体介绍中世纪时期的艺术和文化。导览是在修道院进行，是位于曼哈顿北部的福特泰因公园的一个博物馆的分馆，志愿者每周中有一天会在画廊同学生们一起工作，为每周的工作进行广泛的研究和准备。

博物馆对申请人的自身条件没有明确限制，但因部门不同，志愿者档案接收方式也有所不同。大都会的志愿者组织分为博物馆部志愿者和导览部志愿者。博物馆部志愿者申请的档案有效期为两年，接受原则为先到先得。该部门的志愿者又分为会员服务中心志愿者、问讯处志愿者、图书馆志愿者。导览部志愿者申请截止于每年的三月中旬，可申请的职位包括"点睛之旅"导览、工作日导览、周末导览、国际导览、社区导览，以及涉及各年龄组、特殊教育服务组和修道院博物馆的学校团体导览。审查通过的志愿者需参加每年九月份开始的为期一年的培训课程，内容包括与馆藏相关的艺术史、演讲技巧及研究技术。从事工作日导览的志愿者要参加每周一举行的全日制培训课程，额外课程视需求而定。从事周末导览工作的志愿者需参加每周五晚和周六举办的不同培训课程。此外，博物馆还全年为导览部志愿者举行由教育和管理工作者提供的必修和专业培训课程。学校团体导览除一般性培训之外，会根据服务的不同学生群体进行有针对性的专门培训，如小学高年级和初中组志愿者将接受问答方式的培训；特殊教育服务组志愿者要通过培训掌握帮助有学习障碍学生的技巧。其中学生团体导览中的修道院志愿者要求拥有中世纪研究、历史研究、艺术研究或教师经验。其工作主要是满足从小学生到成人不同层次游客的需要和利益，无需艺术史背景或工作经验。

再如美国帕尔默艺术博物馆的志愿者培训工作也是颇具特色。该馆的志愿者主要是协助博物馆实施由博物馆教育者指定的教育规划，其志愿者组织的宗旨是要促进个体之间的互动、教育并加强博物馆的观众与展品之间的交流。他们通过持续的培训、研究、教育和继续教育来学习专业知识，志愿者的责任是为博物馆教育部以及宾夕法尼亚州提供教育服务，并作为博物馆的使者为公众服务。他们为所有年龄的观众导览博物馆的基本陈列、特展和馆舍。作为博物馆的导览的标志，志愿者有望成为博物馆及其藏品的形象代言人。对于志愿者的任职资格，该馆要求志愿者要具备有效地与别人沟通的能力；热情友好的态度；拥有足够的时间和精力；在艺术方面受过正规教育，有艺术创作经验，对艺术史和艺术教育感兴趣。所有志愿者都要求成为帕尔默"博物馆之友"的会员，而且需要遵守博物馆的职责与规定，同时也可以申请成为博物馆教育者。

博物馆对志愿者候选人的培训是每年的九月初到十二月底的周一早上在帕尔马里普肯礼堂举办。培训内容包括深度讨论永久性藏品和建筑物的建筑、旅游技术、交际技巧、符合年龄的旅游概念和问题策略。培训教材包括相关展品的解释、信息和博物馆的出版物。博物馆还为表现积极的志愿者在学术年提供特展和继续教育课程。志愿者候选人可以提交申请，旁听博物馆艺术史课程概况，并提供实习机会，由一个骨干志愿者指导，再由其他的解说员观察至少三次。博物馆大力鼓励候选人参加培训。在成功完成所有的培训要求后，候选人即可成为骨干解说员。那些没有完成课程的候选人还有一次机会。骨干志愿者是能够圆满地完成博物馆教育工作者设置的正式培训项目，而且每年都会为博物馆进行导览服务，在画廊会谈，协助博物馆的教育计划，开展研究，或担任志愿者委员会的管理者或会员。尽可能参加志愿者委员会的例会，尤其是参加新展的培训例会。只要是经博物馆教育者和导师的允许，博物馆还鼓励他们旁听大学的课程，并希望他们能够不断地发展和完善自己的演讲技巧。不过，如果博物馆为其安排了特殊的岗位，即使是骨干志愿者，也不能擅自导览。

"一叶知秋"，通过上述大都会艺术博物馆和帕尔默艺术博物馆志愿者培训工作的介绍，我们可以大致了解美国博物馆志愿者教育培训的基本情况。首先，由于美国博物馆志愿者的岗位类型繁多，分工细致，致使其教育培训的内容非常丰富，涉猎的范围也很广泛；其次，志愿者的教育培训制度建设十分完善和严格，有利于博物馆对志愿者实施有效的管理和正常工作的顺利开展；再次，博物馆也为志愿者最大限度地提供了实现自身价值的机会，志愿者能够从中受益，学习的积极性也会相应地提高，有助于实现博物馆预期的教育目标。

（二）英国博物馆志愿者教育实践的发展

英国在 17 世纪的资产阶级革命中，推翻了君主立宪制度，建立起世界上第一个资本主义国家，以此为契机，18 世纪 60 年代，英国又爆发了影响了整个欧洲大陆的工业革命，在工厂手工业向机器大工业发展的条件下，工业革命的硕果累累，经济的大发展也为文化事业带来了先机。

英国是世界上最早建立近代公共博物馆（即 1683 年所建的阿什莫林博物馆）的国家，1753 年英国医生、博物学家汉斯·斯隆爵士在遗嘱中说明他要将其收藏的八万余件珍贵藏品捐献给国家，"彰显上帝的荣光……运用并完善医学及其他艺术和科学，并有益于人类"，以建立珍藏馆。1754 年，为筹集经费，英国议会通过了"不列颠博物馆法"，其后购置蒙塔古宫为馆舍，1759 年向公众开放，这就是大英博物馆的前身不列颠博物馆。事实上，大英博物馆建立的本身就是私人藏品公有化的典型代表，这种捐赠行为便是博物馆志愿精神的体现。1845 年，英国在博物馆法案中，要求地方政府在财政上拨款给博物馆，支持博物馆的建设。1851 年，英国在伦敦举办了第一届万国博览会用以展示工业革命的成果。19 世纪末到 20 世纪 20 年代，博物馆现代化运动的兴起使英国的博物馆事业迅猛发展。1909 年，英国第一个"博物馆之友"组织———英国剑桥大学的菲兹威廉博物馆（Fitzwilliam Museum）的"博物馆之友"诞生，自此以后，社会力量参加博物馆建设事业方兴未艾。1973 年英国博物馆界成立了"博物馆之友协会"（BAFM），旨在"促进社会支持博物馆，为各博物馆之友的成立和发展提供咨询和帮助，并建立地区网络等等"，它代表了 200000 个英国博物馆的志愿者和朋友，并与相关组织保持密切联系，举办多种文化活动。自 1988 年以来，英国政府开始推行博物馆登记制度与行业标准契合的政策，以政府的公共经费和国家福利彩票基金等方式向博物馆进行拨款，博物馆的运营模式、工作效率和监督机制较为完备。英国现有 2500 座博物馆，其中登记在册的有 1800 座，占总数的 80%，① 博物馆的社会教育体系较为完善，有相当多的博物馆都启动了志愿者机制，除了研究、保管人员外，几乎所有的职务都是由志愿者承担的，志愿者的作用是可想而知的，因此为了保证博物馆的工作质量、提高工作效率，博物馆对志愿者的教育培训也非常重视。据大英博物馆 2011 年国际培训的资料统计，大英博物馆通过大英网站、人们的手口相传、特定的活动计划或项目招募三种方式招收志愿者，主要面向伦敦及周边地区进行招募，对年龄、性别、民族、国籍、政治宗教信仰及健康程度都没有要求，但 18 岁以下的志愿者在从事志愿工作之前必须有其父母或监护人的同意书。申请时需提交用于评估其适于具体工作的相关卫生或健康评估报告和无犯罪记录。大英博物馆与志愿者之间没有法律约束力的合同。志愿者招募完全由大英博物馆单方决定，志愿者与大英博物馆的关系可以由双方在任何时候以任何理由中止。

现在大英博物馆约有 570 名志愿者，包括大学生、访问学者和专业人士，他们由大英的志愿者办公室管理，博物馆专门制定了《大英博物馆志愿者准则》。要求志愿者参加所有有助于其志愿工作和自身发展的培训和导览课程，通过接受培训和指导，实现自身发展，同时也为志愿者提供学习更多的知识、更高的技能的渠道，建立起更为广泛的联系

---

① 张国超："法英美三国博物馆发展模式考察"，《信阳师范学院学报（哲学社会科学版）》，2012 年 3 月，第 30 卷，第 2 期，第 84 页。

网。志愿者还要接受试用期的条件，在可能的情况下说明服务时间。大英博物馆的各部门都配有志愿者，工作内容覆盖研究、出版、游客和展厅评估、文物目录和档案、文物和翻译等。由相关部门监督志愿者的岗位培训，包括工作角色的总体培训、客户服务、对儿童和易受伤害的成人的保护、文物的处理、展示技巧、展厅和设备的使用和健康与安全等方面的内容。① 博物馆强调志愿者的权利与义务，特别指出，志愿者在大英博物馆的任何地方从事指派工作时给其他人造成的人身伤害或损失，大英博物馆将保护志愿者利益，使其免受民事诉讼及赔偿，但不适用于志愿者肆意妄为或恶意伤害。② 冬宫和纽约大都会博物馆提供了可供选择的工作领域，涉及博物馆工作的诸多方面。大英博物馆则没有明确的岗位说明。

英国自然历史博物馆（Natural History Museum）位于伦敦市中心西南部、海德公园旁边的南肯辛顿区。博物馆总建筑面积为 4 万多平方米，馆内大约藏有世界各地的约 7000 万件标本，其中昆虫标本有 2800 万件。博物馆面向 18 周岁以上的公民招募志愿者，现已拥有 500 名志愿者，志愿者需每周服务一次，至少服务四个月。③ 志愿者的岗位分为幕后志愿者（主要负责藏品的数字信息处理、科研课题和野生动物园、特展设计和解读等工作）、V 因子志愿者（主要负责同科学家一起对藏品文物进行研究）、助学志愿者（主要负责帮助观众解答、学习和讲解自然科学知识）、实习志愿者（即短期志愿者，一般在非科研部门如新闻办公室、市场部、翻译处、图书馆、档案部等工作）和大学生志愿者（在复活节、圣诞节和暑期等服务一到两个星期）。博物馆主要针对不同的岗位进行相应的培训。

伦敦科学博物馆建于 1909 年，位于英国伦敦南肯辛顿区，是西欧

① 高翠："英国博物馆的社会教育"，《中国文物报》2012 年 2 月 3 日。
② 参照大英博物馆网站资料，网址：http：//www.britishmuseum.org/。
③ 参照英国自然历史博物馆网站资料。文中内容由笔者翻译。网址：http：//www.nhm.ac.uk/about-us/jobs-volunteering-internships/index.html。

规模最大、世界建立最早的大型科技博物馆，展陈内容主要反映英国工业革命时代的科学技术成就，故有"工业革命博物馆"之称。该馆要求志愿者能够了解博物馆的工作流程、文物藏品、教育活动和地理位置，为观众提供高品质的服务，通过为观众答疑解惑、指点展线、发放宣传单、辅助教育活动，不断更新知识结构，提供书面的观众调查表，仪表着装统一得体，使观众能够享受到世界一流的参观体验和服务质量。博物馆要求志愿者每两个星期服务 5 个小时，并参加博物馆专门设置的培训课程。培训主要包括博物馆导览培训、安全保健知识培训和展示技巧培训等内容。①

（三）法国博物馆志愿者教育实践

1789 年在法国爆发的资产阶级革命推翻了君主专制政体，使天赋人权、三权分立等的民主思想成为社会的主流意识，这在很大程度上成为推动法国博物馆事业发展的政治和社会因素。1792 年，法国公共教育委员会向议会提出开放博物馆的要求，1793 年，法国政府将卢浮宫改建为共和国艺术博物馆，并于 8 月份正式向公众开放，这是世界上第一个公共博物馆。在此感召下，欧洲许多皇家与私人博物馆纷纷开放，博物馆愈发彰显出其"文化民主化"和社会化的职能取向，博物馆事业蓬勃发展起来。1848 年，法国成立地方博物馆监察处，1945 年"二战"结束后，政府出台了第一部博物馆行业的法律，即《法国博物馆组织法》，确立了政府对博物馆的监管权责。2002 年 1 月，《法国博物馆》一书对法国的公众教育、藏品保护、行业标准和馆际联盟等方面进行了阐释。政府专门设置交通和通信部主管全国的博物馆事业，其下设博物馆管理局和藏品管理司，且采用政府直接拨款以及与博物馆签订协议的方式对博物馆实行垂直管理。在近年来法国经济发展迟缓的情况下，政府仍然最大限度地保障博物馆的资金支持。2004 年，法国文化

---

① 参照英国伦敦科学博物馆网站资料，网址：http://www.sciencemuseum.org.uk/。

部仅投入博物馆的新建、扩建和翻新的费用高达 6.75 亿欧元，① 2000 年之后，欧美国家建立的 278 座博物馆中，法国就占据了 130 座，② 2012 年已经拥有 7000 多座不同类型的博物馆，并实行每个月第一个周日免费开放的政策，③ 法国对文化建设和博物馆的重视程度可见一斑。正如法国国家科学研究中心研究员勒尼梅尔博士所说："法国没时间对博物馆发展做任何评估，博物馆的发展脚步是以小时为单位在前进。"④ 2002 年，法国博物馆最高委员会成立，直属于法国文化部，是一个咨询机构，对博物馆发展的问题提供建议。2009 年，法国文化部对全国 1179 家博物馆的参观人数进行了统计，这些博物馆共接待参观者 5619 万人次，其中 59% 集中在法兰西岛地区（巴黎大区及周边地区），16% 的观众走进了卢浮宫，而一些地区博物馆一年的观众接待量只有区区上千人。2011 年新年伊始，法国文化部公布了《2011 至 2013 年地区博物馆发展规划》，计划在三年内投入 7000 万欧元，启动 79 个博物馆扩建和翻新项目，这些资金中的 80% 拨给地方政府，用于地方政府在规划衍生项目（如城市规划等）上的支出，20% 直接划拨给博物馆。⑤

在专业人员培训方面，法国于 1991 年成立专门的文化遗产行业人才培养的办学机构，由博物馆的文保人员负责为大学毕业生培训文物修复的知识，⑥ 如法国奥赛艺术馆是法国著名的艺术博物馆，曾被誉为"欧洲最美的博物馆"，博物馆为在校生和海外生源免费提供至少一到

---

① 张国超："法英美三国博物馆发展模式考察"，《信阳师范学院学报（哲学社会科学版）》，2012 年 3 月，第 30 卷，第 2 期，第 84 页。
② 彭士芬："发展博物馆　法国快步跑"，《台湾立报》2006 年 11 月 3 日。
③ 韦坚："法国博物馆的儿童教育"，广西壮族自治区博物馆网站资料，网址：http://www.gxmuseum.cn/a/science/31/2012/2221.html。
④ 彭士芬："发展博物馆　法国快步跑"，《台湾立报》2006 年 11 月 3 日。
⑤ 教莹："法国政府如何促进博物馆均衡发展——试析法国发展地区博物馆举措"，《中国文物报》2011 年 6 月 22 日。
⑥ 黄磊："法国博物馆管理体制、发展现状的启示"，《中国文物报》2005 年 7 月 22 日。

两个月的教育培训，不过，岗位有限。①

该馆还委托艾玛丝协会负责人员培训工作，该机构成立了培训工作坊，对志愿者的培训包括对该馆收藏的46,000余幅艺术照片、艺术藏品的检验和展示知识和相关的背景文化知识、特殊的口头和笔头表达能力等，使其对藏品的价值和多样性能够充分了解、欣赏和鉴别，从而为博物馆的观众进行导览。②

此外，法国还成立了文化遗产保护志愿者工作营（UNION REM-PART），属于志愿者联盟性质，该组织提倡为别人奉献自己的时间和力量，成为优秀的公民，由地方政府、民间集资和公民纳税和区域性合作等方式运营，在现有5000名工作人员中，只有15人是专职的，余者皆为志愿者。除培训文物修复、古建知识和技能外，还对志愿者进行个人行为准则、各地风俗习惯礼仪等方面的培训。③

（三）前苏联与俄罗斯博物馆志愿者教育实践

苏联在沙俄时期，博物馆处于专制统治下，共有180多座。1917年"十月社会主义革命"时，列宁领导的苏维埃政权在推翻沙皇俄国的统治、建立苏维埃政府后，通过接收沙俄博物馆，改造旧馆，建立革命博物馆和博物馆事业与艺术纪念碑及古代文物保管委员会，使博物馆成为国家的文化教育机关。1918年5月，苏联成立了博物馆部，专门负责管理苏联所有博物馆的事务，博物馆的社会教育工作主要是宣传共产主义思想道德，积极向大众传播科学文化知识，博物馆的建设成为当时苏联博物馆事业发展的重要举措。斯大林时期，博物馆的制度化建设成为发展博物馆的核心任务，建立起有别于资本主义国家的地志博物

---

① 沈坚："法国人怎样管理博物馆"，《中国旅游报》2004年11月5日。
② 参照奥赛博物馆网站资料，网址：http://www. musee-orsay. fr/en/events/exhibitions/in-the-musee-dorsay/exhibitions-in-the-musee-dorsay/article/。
③ 郝伟："法国文化遗产保护志愿者工作营联盟"，《社会与公益》2012年第10期，第35页。

馆。在意识形态领域，苏联将马列主义的基本理论作为博物馆工作的指导思想，并始终贯穿于博物馆工作的方针政策、本质属性，乃至陈列、展览、教育科研、藏品保管等具体的工作环节中，正如《苏联博物馆学基础》中指出的那样："苏联的博物馆和资产阶级的博物馆的原则区别就在于：苏联博物馆的活动是以马克思列宁主义理论为基础的。这种原则区别也就规定着博物馆工作的全部方向。"因此这一时期苏联博物馆成为社会主义文化事业的一个重要组成部分，① 而且对新中国成立之初的博物馆性质、管理模式、陈展方法等方面都具有深远的影响。1923年，苏联的博物馆总数达到430多座，到20世纪30年代发展为700多座，80年代初增至1800多座。博物馆事业十分发达，虽然整个国家地广人稀，1700万平方公里土地上生活着1.4亿人口，但全国却有1700多个博物馆，平均每8.2万人就拥有一个博物馆。② 20世纪中叶以后，苏联的一些地志博物馆开始启用志愿者参加博物馆的工作，吸引社会人士捐赠文物或从事学术研究，③ 成为苏联早期志愿行为的开端。1990年，苏联的公立博物馆数量为1350座，而社会办馆的数量竟然达到10000多座，足见苏联博物馆社会职能的基础之深。

1991年苏联解体之后，其境内的俄罗斯逐渐强盛起来。随着俄罗斯的经济、文化的飞速发展，俄罗斯的博物馆事业也呈现出良好的发展势头。俄罗斯在十月革命前夕有155座博物馆，博物馆是沙皇专制统治的工具。④ 我们在此以冬宫的志愿者工作为例介绍一下俄罗斯博物馆志愿者教育的状况。

同许多欧洲博物馆一样，冬宫也非常重视对志愿者的教育培训工

---

① 参照"新中国初期对苏联博物馆经验的学习和借鉴"，中国文物信息网，2013年1月7日。

② 参照"俄罗斯博物馆之友协会"的网站资料，网址：http://www.rusmuseum.ru/eng/museum/friends/。

③ 吴均燮："吸引社会人士参加博物馆工作"，《文物参考资料》1952年第2期。

④ 参照吕济民："苏联博物馆事业发展史略"，《中国博物馆》1991年第2期，第61页。

作，成立了"国立艾尔米塔什（冬宫）博物馆志愿者组织"，该组织对志愿者的年龄要求在 15 岁以上。志愿者的工作领域包括：1. 协助安检工作，接待来访者，在大厅入口处指导参观路线，并在休闲区协助博物馆工作人员工作。可供选择的岗位包括保安部、接待处、旅游部、社会学研究部、发展和市场研究部。2. 帮助开展科学研究工作，包括对馆内藏品进行系统分类、修复及考古发掘。可供选择的岗位包括欧洲和西西伯利亚考古部、家具修复车间、总建筑师办公室。3. 从事秘书和速递工作，翻译宣传材料，整理文件，准备出版物。可供选择的岗位包括计算机技术部、接待处、欧洲和西西伯利亚考古部、新闻办公室、发展和市场研究部。4. 参与设计及实施项目，用多媒体介绍项目，帮助用现代化通信手段和 IT 手段处理信件。可供选择的岗位包括艾尔米塔什博物馆友俱乐部、器物部、欧洲和西西伯利亚考古部、研究图书馆。5. 参与并协助组织国际教育课程、讲座及研讨会，外语教学，安排语言实践。可供选择的岗位包括接待处、学校教学及教法中心、研究图书馆。6. 帮助运送艺术品，举办展览、戏剧和音乐会。可供选择的岗位包括旅游部、艾尔米塔什音乐学院、艾尔米塔什剧院、移动展览、西欧艺术部、研究图书馆、材料与技术供应部。对志愿者工作的最低年限和时长没有限制，但成为志愿者前需要经过面试和试用期。冬宫根据志愿者服务的地点、方式、对象的不同，对志愿者进行有针对性的培训，并要求志愿者培训负责人分工明确。培训内容包括语言培训、教学实习、博物馆及图书馆基础培训、社会工作、组织能力培训。冬宫的章程显示出志愿者工作领域的丰富，基本涉及博物馆工作的各个部门，还可以参与藏品分类、修复、考古发掘等专业性较强的工作。此时其志愿者培训呈现出国际化的特点，强调与国际志愿者组织和国外教育机构及文化中心的交流与合作。① 其培训的特点是兼有一般性培训与专门性培训，培训

① 参照卢永琇："博物馆志愿者的岗位设置与培训（上篇）"，《中国文化报》2012 年 7 月 26 日。

具有系统性和全面性。

欧美国家的博物馆志愿者教育实践具有历史悠久、理念先进、管理科学、实效性强等诸多特点。由于博物馆对志愿者的利用率远远高于对内部工作人员的利用率，加之部门岗位工作跨度较大，覆盖面广，这就要求对志愿者的教育培训在内容和方法上，都呈现出多样性、层次性和系统性，无论是对于博物馆还是对于志愿者而言，都可以说是互惠双赢，既有利于博物馆工作的进一步开展，提高教学质量，也有利于志愿者自身知识结构的改变和综合素质的完善。

二、亚洲国家博物馆志愿者教育实践的发展

随着亚洲国家和平时期的到来与经济的迅速增长，各国政府为了给经济社会带来高品质的文化价值，形成文化与经济的相互促进的态势，让"每座博物馆在地区和国际文化舞台上有充足的时间来打造自己的特色"，纷纷出台政策投资建设新兴的博物馆。据最新统计资料显示，目前世界上有 55，000 座博物馆，但亚洲国家的中日韩三国的在册博物馆数量就占据 11，000 座，约占全球博物馆总数的 20%，比 1973 年增长了 12.3%。[①] 东南亚、中东和东亚地区等国家和地区先后建立了不少建筑造型新颖、布局合理、馆藏丰富、设施完善的博物馆。例如我国 2010 年举办的上海"世博会"后由中国馆改建的中华艺术宫、中东地区 2012 年建成的阿布扎比卢浮宫、阿布扎比古根海姆博物馆、阿布扎比表演艺术中心和阿布扎比海事博物馆、新加坡国家美术馆、新加坡吉门营房、香港西九龙文化区等。此外，亚洲各国博物馆界也在不断地加强横向的沟通与联系。如 2010 年 11 月在国家博物馆召开的"第五届中日韩国家博物馆馆长会议"、2011 年 9 月召开的"第三届亚洲国家博物

---

① 安来顺："中日韩博物馆政策环境与博物馆发展的初步检视"，《东南文化》2013 年第 12 期，第 9 页。

馆联合会会议"和 2014 年 4 月在杭州举办的"亚洲博物馆及剧院建设
发展高峰论坛",各国博物馆共同探讨了关于博物馆建设、文物收藏、
展览陈列、公众教育、对外交流和共同推进亚洲尤其是中国文化场馆建
设和发展等方面的议题。值得一提的是，2010 年 11 月 8 日，在国际博
物馆协会第 22 届年会上，首届"全球博物馆志愿者开放论坛"在上海
世博中心开幕。论坛围绕"交流·创新·进步——21 世纪博物馆志愿
文化与志愿精神"的主题，诞生了具有中国话语权的《全球博物馆志
愿者开放论坛倡议》，并最终达成了"弘扬志愿精神，共享人类文明，
构建世界和谐"的共识。可以说，当前的亚洲博物馆方兴未艾，形势
喜人。而志愿者的教育工作也在这样的宽松语境下呈现出勃勃生机。

（一）日本博物馆志愿者的教育实践

日本在 19 世纪 70 年代处于明治维新时期（1867—1911 年），日本
政府为摆脱封建社会的羁绊，在政治方面实行"废藩置县"、"富国强
兵"的治国措施，加强中央集权；在经济方面允许土地买卖，引进西
方技术，发展近代工业；在社会生活方面提倡"文明开化"、"殖产兴
业"、"求知于世界"等维新思想，努力发展教育事业。1867 年，日本派
代表参加巴黎第五届万国博览会，广泛接触了欧美博物馆的先进理念，
回国后进行了大量宣传。1871 年日本文部省设立了博物馆局，在日本
举办博览会，开展文物保护工作。日本近代博物馆事业起始于 1872 年
3 月，当时政府将原有的汤岛大成殿辟为博物馆向公众开放，又设立书
籍馆（后称东京书籍馆），当时仅有职员 11 人，藏书 32，907 册，每
天接待的阅览人数不过 20 余人①，这无疑有利于开阔国人眼界，启迪
民智。1877 年建成了作为国立专门博物馆的教育博物馆新馆，1882 年
又建成了日本国立中央博物馆，仅明治年间就建立了 85 个博物馆，②

---

① 李永连："日本近代社会教育事业的发展及对我们的启示"，《外国教育研究》1990
  年第 4 期，第 51 页。
② 参照百度百科网站资料，网址：http：//baike. baidu. com/link？ url。

使日本近代博物馆事业逐步向前推进。第二次世界大战后，日本于
1950 年通过《文化财产保护法》，1951 年颁布了《博物馆法》，博物馆
数量迅速激增，1955 年，博物馆的数量为 239 座。① 1973 年，文部省
发布《关于公共博物馆设立与管理标准》，从而对博物馆的办馆质量进
行监督。2005 年，日本共有 4418 家博物馆，2011 年，攀升至 5775
座。② 博物馆的种类有国立、公立和私立三种形态，其中私立博物馆占
到总数的 32%。③ 2007 年，日本政府公布了决议修改的社会教育法、
图书馆法和博物馆法。

日本博物馆界非常重视志愿者的教育工作，在工作人员中有大量志
愿者，包括公司职员、家庭主妇和大学生等，博物馆根据志愿者的个人
意愿安排工作内容。日本博物馆的志愿行为发起于 20 世纪 20 年代。
1926 年，日本民艺馆最早引进日本博物馆界的个人志愿者，而集体志
愿行为是 1955 年由茅野市尖石博物馆引进的。从 20 世纪 70 年代开始，
大规模的志愿活动在日本博物馆界涌现出来。④

日本民众参与博物馆事业的热情也十分高涨。日本最早建立的东京
国立博物馆在 2002 年 4 月开始实施"志愿者终生学习计划"，旨在为
观众提供长期稳定的服务。其培训志愿者的领域包括组织讲解、家庭画
廊、博物馆一般性的事务管理、导览、编辑展览说明词、数据库的输入
以及志愿者自发组织和计划的项目（在博物馆允许的情况下），其项目
涉及展览、馆舍建筑、花园等方面的内容。

东京国立自然科学博物馆成立于 1877 年，是当时唯一的一座国家

---

① 安来顺："中日韩博物馆政策环境与博物馆发展的初步检视"，《东南文化》2013 年
第 12 期，第 10 页。
② 安来顺："中日韩博物馆政策环境与博物馆发展的初步检视"，《东南文化》2013 年
第 12 期，第 10 页。
③ 黄汉青："日本博物馆的兴旺：工作人员中有大量志愿者"，《北京日报》2009 年 5
月 15 日。
④ 参照日本矢野牧夫："志愿者活动和朋友会活动——回顾学制改革时代的博物馆工
作"，《博物馆研究》1997 年第 2 期。

级科学馆。2001 年成为独立的管理机构。其志愿者主要是"博物馆之友"的会员，博物馆最近推出了两个计划，一是面向青少年的科学工作坊计划，旨在激发孩子们热爱自然科学的兴趣；另外就是针对地方博物馆推出的展览、讲座和互动实验室等活动，从而促进地方博物馆及其观众能够了解自然界的最新动态。博物馆通过对会员进行培训，安排他们从事上述教育项目的讲解教学、采集整理标本以及筹集资金等各项工作。①

（二）新加坡博物馆志愿者的教育实践

新加坡是一个文化多元化的国家，政府一向对博物馆文化事业十分重视，现有博物馆 53 座,② 著名的有新加坡国家博物馆、新加坡历史博物馆和新加坡海事博物馆等。

新加坡国家博物馆（NATIONAL MUSEUM OF SINGARPOR）建立的志愿者制度深受观众欢迎。博物馆招募对历史、文化和遗产有兴趣的社会人士做志愿者，被称为"博物馆大使"，由英语、日语和汉语普通话义务讲师构成。其角色分为四类：（1）导览指南。主要为观众提供历史馆和生活馆的导览和公共区域的指南，帮助观众通过参观创造学习与拓展知识的机会。（2）咨询台志愿者、迎宾员、导引、展场助手（定期的或项目的志愿者）。即设立咨询台和导引观众参观各个展场，回答观众的问题，提供有关博物馆的公共区域和展览计划等方面的信息。(3) 剧场公共区迎宾或场馆辅助（定期或有活动时期）。一般是迎接观众参观、提供博物馆的各种场馆的导引以及展览技术和管理支持。(4) 项目志愿者（节假日或特殊项目计划志愿者）。在博物馆的节日期间辅助各个展区的工作，还需要根据节日的性质和项目的水平要求特别

---

① 黎先耀："充满活力的日本自然科学博物馆"，《科技导报》1989 年第 3 期，第 55—57 页。并参照日本东京国立自然科学博物馆网站资料，网址：http://www.kahaku.go.jp/english/userguide/support/index.html。

② 外联局编："中国新加坡博物馆界交流形势喜人"，中国文化网，2010 年 5 月 15 日。

的技能。而博物馆则针对这四类志愿者采取了不同的培训计划：（1）
导览指南类。预计需要 6 个月的培训，在两个月内强制参加一周一次的
培训讲座，提交一份导览 1 小时的心得体会以备评估，志愿者可以用 1
个月准备论文，博物馆用两周时间评估，评估需在 1—2 个月之内完成，
包括一个 15 分钟的试验评估和 1 小时的实质性的公开评估。志愿者的
服务期为 1 年，每月至少有两个小时的服务（英语周末展览讲师每个
月至少 1 个小时的服务工时并要求培训合格）。（2）咨询台志愿者、迎
宾员、导引、展场助手（定期的或项目的志愿者）类。预计培训 1—24
小时，使他们了解工作的简要概况或项目运作前的简要概况，并先用 1
天的时间观察工作，依据项目的具体情况确定服务周期，每个月或每个
项目至少完成 3 个小时。（3）项目志愿者（节假日或特殊项目计划志
愿者）类。根据项目周期和性质决定培训周期，确定志愿者应具备的
特殊技能和承担特殊研究项目的角色。[①]

新加坡科学馆（THE SCIENCE CENTRE SINGAPORE）建于 1977
年，造型新颖别致，共有 650 多个展览，注重为观众提供探索和互动活
动与展览。博物馆除招募成人志愿者外，还招收 14 岁及以上的中学生
志愿者，要求热爱科学、能与各年龄段的观众沟通、有兴趣在公众面前
展示科学技术，为人友善热情，乐于接受培训。博物馆在培训前会召开
定向说明会向志愿者介绍培训计划，对志愿者的培训大致不少于 20 个
小时。[②]

新加坡博物馆的志愿工作虽然开展的时间比较晚，条件还不是很成
熟，但是由于新加坡政府与博物馆界对博物馆文化的重视，打破了呆板
僵硬的思维模式，及时将经济意识和市场概念引进博物馆界，在实施一
系列博物馆亲民政策（诸如免费开放）的基础上，大力发动民间的力
量帮助政府建设博物馆，志愿工作比较细致周到，张弛适度，故此在这

---

① 参照新加坡国家博物馆网站资料，网址：http：//www. nationalmuseum. sg/nms/nms
　_ html/index. asp，中文相关内容为笔者译。

② 参照新加坡科学博物馆网站资料，网址：http：//www. science. edu. sg/pages/。

方面收到了很好的效果。

（三）韩国博物馆志愿者教育实践活动

韩国自 1948 年朝鲜半岛南北对峙以来，经济不断发展，其文化在亚洲乃至世界都成为一道独特的风景线，以至被称为韩流。韩国博物馆事业更是兴旺发达。据 2003 年的统计，其博物馆数量为 369 个（只包括韩国博物馆协会登记在册的博物馆、美术馆），其中首尔（当时称汉城）有 108 座，① 2008 年底，共有 707 座。而庆尚北道的地方博物馆对志愿者的培训项目则颇具特色。庆尚北道共有 65 座博物馆，占韩国博物馆总数的 9.2%，该馆推出了 30 项短期培训与长期培训，其中有一项是专门针对志愿者的培训课程。授课形式包括理论式、鉴赏式、体验式与复合式。通过讲演、论坛、学术会议，培训内容主要是针对"庆州博物馆儿童学校"、"在博物馆品茶"、"拼图中的新罗故事"、"一家人巡游博物馆"、"对小学、中学教师的进修"、"外国人的周六博物馆之旅"、电影赏析、博物馆庆典、音乐会、群众性民俗游戏、学唱童谣等项目开展相应培训，可谓异彩纷呈、风生水起。②

上述博物馆的志愿者教育已经形成了较为完善的体系，志愿者的培训计划十分周密，而且上升到终身教育计划的高度，培训的岗位工作种类繁多，另外，博物馆实施培训的步骤也是丝丝入扣，评价考量体系科学严谨，这就使得博物馆更加强调志愿者综合素质的培养。由此可见，以日本、韩国和新加坡为代表的亚洲国家博物馆十分重视志愿者教育培训工作长效机制的构建，并善于将培训工作落到细节之处，这说明他们已经深刻认识到志愿者教育对于推动博物馆各项工作和长期稳定的发展的意义和价值所在。

---

① 曹兵武："博物馆热·博物馆学·博物馆文化：博物馆发展的关键是博物馆人"，《中国博物馆》2008 年第 3 期，第 11—17 页。

② 朴京花："对中韩两国博物馆社会教育现况的比较考察——以中国山东省和韩国庆尚北道为比较对象"，《学理论》2013 年 2 月版，第 151—152 页。

第二节 我国博物馆志愿者教育实践的发展

有研究者指出，我国境内较早建立起来的博物馆大多是由外国人创办的，如英国于 1848 年在上海宝顺商行附设了一个动物园，里面豢养了不少奇珍异兽，1862 年法国遣使会士戴维德（DAVID）在北京创办的北京北堂自然博物馆①，以及 1868 年法国人在上海建立的被认为是我国近代最早的博物馆——震旦博物馆。② 而我国博物馆志愿者的引入是在近代 1905 年教育家和实业家张謇创办南通博物苑时开启的，这是我国第一个综合性博物馆。在建院之初，张謇和博物院的主任孙钺先生还做了义务讲解员，因此，张謇应算做我国最早的博物馆志愿者。1913 年，北洋政府出台了我国最早的博物馆志愿者组织章程即《保存古物协进会章程》，其中对博物馆志愿者的概念进行了界定，即"志愿者的行为属于自愿的，无需报酬、无偿服务，活动的动机是利他性和公益性的，而非出于个人私利"。③ 1923 年，中华博物院制定了第一个博物馆会员制，1926 年成立的古物陈列所鉴定委员会被认为是我国最早的博物馆志愿者组织，而这些委员也是不享受薪金待遇的志愿者。

新中国建立之初，政府清理了国统区时期的旧文物摊子，博物馆事业得到了极大发展。国家所开办的各种各样的博物馆如雨后春笋般的建立起来，数百个博物馆相继建立并逐步对外开放。

---

① 程军："1842—1900 年间中国博物馆发展状况"，《博物馆研究》2007 年第一期总第 97 期，第 3—7 页。

② 赵冠男、俞文婧："博物馆的源流与发展概览"，《城市环境设计》2011 年第 Z2 期，第 65—67 页。

③ 参照陈为："20 世纪初期中国博物馆志愿者及会员制度初探"，《中国博物馆》2012 年第 3 期，第 28—32 页。

20世纪50年代是新中国成立后社会力量参加博物馆事业的肇端,①新中国最早的博物馆志愿讲解员是裴文中先生。裴文中先生是史前考古学家、古人类学家、第四纪哺乳动物学家和地层学家,也是中国自然史博物馆的奠基人。据甄溯南先生介绍,在中国自然博物馆举办"中国自然环境与矿产资料展"时,裴文中先生曾经利用自己的闲暇时间,亲临展厅和陈列室为观众进行义务讲解,堪称共和国最早的博物馆志愿者。② 一些博物馆建立起"博物馆之友",志愿者的启用只是零星分布。直至20世纪80年代,在国际志愿者发展的浪潮冲击下,我国博物馆也开始逐步广泛开展志愿服务活动,发展至今已经越发成熟,并渐渐成为一种普世意义上的社会行为的标尺。

一、大陆地区的博物馆志愿者教育实践

随着博物馆事业的迅速发展,志愿者教育实践活动也不断丰富和扩展。全国范围内的博物馆有不少都在践行对志愿者的教育培训,因为这是志愿者服务工作必不可少的重要环节,也是博物馆志愿者工作整体质量和水平的具体体现。

(一)京津沪地区博物馆志愿者教育状况

1. 北京地区博物馆志愿者教育

北京作为我国的首善之区和文化教育的先行者,在博物馆的建设和发展方面取得了骄人的成绩,截至2014年12月底,北京地区拥有博物馆近170座,已超过纽约、马德里、柏林,仅次于伦敦,居世界第二位。③ 其中许多著名的博物馆都先后引进了志愿服务机制,如国家博物

① 陈为:"20世纪初期中国博物馆志愿者及会员制度初探",《中国博物馆》2012年第3期,第28—32页。
② 甄溯南:《溯南博物馆学文集》,中国大百科全书出版社2004年版,第275页。
③ "北京博物馆数量已成为世界第二",《北京青年报》2014年12月3日。

馆、故宫博物院、首都博物馆、中华世纪坛、中国妇女儿童博物馆、自然博物馆等，都纷纷招募志愿者来充实博物馆的各项工作，志愿者教育培训工作开展得如火如荼，可谓形势喜人。

20世纪50年代，宋庆龄故居在全国率先启用志愿者，他们启用了学生志愿者，培训了北京西城师范学校、景山中学、北京市十三中的学生义务讲解员共38名，和故居的工作人员一道上岗工作。① 80年代以后，在经历了"文革"十年的浩劫之后，十一届三中全会的拨乱反正和改革开放政策的实施使文化事业逐渐从停滞状态步入恢复时期，博物馆对志愿者工作的重视程度有所提高。1981年，当时的中国历史博物馆恢复了曾一度停滞的"博物馆之友"组织。1985年，该馆利用与学校共同教学的机会，吸引了一些教师做博物馆之友。通过对教师进行培训，博物馆安排他们参与审议供教学参考用的出版物、举办座谈会、印刷调查表格、收集意见、参加本市和本地区教研组织活动等。② 1986年，自然博物馆招募并培训大中专学生从事志愿讲解工作。1997年，北京地区也有11家博物馆拥有自己的志愿者。③ 进入新世纪后，志愿服务事业发展迅猛。据2012年的统计数字表明，北京地区已有32家博物馆在志愿北京平台进行了注册，并已设立了16个志愿服务项目，吸引了12万余名志愿者踊跃参加网上注册。④

2001年9月，北京博物馆学会和北京市文物局联合召开"博物馆志愿者研讨会"，对博物馆志愿者的招募、培训、考核以及志愿者的权利和义务等问题进行了专门研究。2002年3月起，国家博物馆（原中国历史博物馆）通过《北京晚报》公开向社会招聘志愿者，并履行了

① 北京博物馆学会主编：《北京博物馆年鉴（1995—1998年卷）》，北京燕山出版社2000年版，第559页。
② 中国历史博物馆群工部："谈博物馆与学校教学"，《中国博物馆》1985年第1期，第53页。
③ 楼锡祐、冯静："北京地区博物馆志愿者的调查与思考"，《中国文物报》2004年12月31日。
④ 参照中国青年网网站资料，网址：http://www.ccyl.org.cn/place/news/beijing/。

面试、笔试、选取录用、上岗培训和考核、规章制定、奖励机制等一系列行之有效、切实可行的流程。①

2004年故宫博物院招收中文志愿者，负责专馆讲解、博物院青少年活动的辅助策划、博物馆日执勤和帮助展宣部修正部分展品的说明牌等。2004年底，故宫开始招募志愿者，经过严格的面试与筛选之后，故宫的展览宣传部根据包括珍宝馆、钟表馆、青铜馆、陶瓷馆等几个专馆的工作需要，依照志愿者的工作意愿，对志愿者进行系统的、专业的培训，培训涉及面很广，既有故宫自身的历史文化知识等内容，也有相关接待礼仪的知识，另外还以展览陈列的文物藏品的拓展资料、聘请行业专家辅导讲座、新老志愿者"传帮带"等方式加强对志愿者的教育培训。2011年9月，适逢故宫举办"兰亭特展"，故宫将展览的相关工作全权交给志愿者去完成，体现出故宫对志愿者的充分信任。在经过相关的知识与实地讲解培训后，志愿者全面承担起从调查问卷到讲解服务的各项工作，并出色地完成了任务，受到观众的一致好评，故宫为此专门召开表彰大会，并设立优秀服务奖，以奖励表现优秀的志愿者老师。②

2005年，新建的首都博物馆经考核首批聘用20名志愿讲解员，志愿者岗位包括讲解、教育互动和开放管理等。2008年，该馆联合清华大学紫荆志愿者研究生服务团开展志愿服务讲解活动，主要是为了满足"奥运"期间首博的服务需求，为此，他们专门聘请了具有多年讲解经验的博物馆学专家和学者进行培训讲解；2010年9月，首博迎来了第四批志愿者，接受的培训内容包括首都博物馆概况、北京志愿者发展概况、首博志愿者、公共场所服务礼仪、开放服务规范及相关要求和消防安全知识。③

2009年12月4日，"中国博物馆学会志愿者专业委员会成立大会

---

① 参照国家博物馆网站资料，网址：http：//www. chnmuseum. cn/。
② 参照故宫博物院网站资料，网址：http：//www. dpm. org. cn/index1024768. html。
③ 参照首都博物馆网站资料，网址：http：//www. capitalmuseum. org. cn/。

暨 2009 年中国博物馆志愿者论坛"常务会议在宁波召开，这对我国博物馆志愿工作的开展和志愿者队伍建设具有重要的指导作用。2010 年 11 月，国际博物馆协会第 22 届年会于上海召开，在中国博物馆志愿者委员会的倡议下，大会设立了专门的"志愿者论坛"，其主题为"交流·创新·进步——21 世纪博物馆志愿文化与志愿精神"，为世界博物馆的志愿者们在学术上和思想上提供了互相交流的机会，它将博物馆的志愿行为推向了一个新的高峰。

　　2010 年 12 月，中国博物馆学会志愿者委员会成立，会上制定并通过了《中国博物馆学会志愿者专业委员会章程》（草案）以及《2009 年中国博物馆志愿者宁波倡议》（草案），这就明确了今后志愿者工作委员会的责任与义务，有利于全国的博物馆志愿行为的广泛实施。同时，北京博物馆志愿服务总队成立。为了做好博物馆志愿者专业队伍建设，团市委与市文物局、市志愿者联合会、北京博物馆学会等单位联合推进北京博物馆志愿服务总队规范化建设，作为全市首批认定委托注册机构开展志愿者注册试点工作，以"志愿北京"信息平台为载体，促进全市博物馆志愿服务信息资源整合与共享。日常开展博物馆志愿服务工作调研活动，举办研讨、联席会议、"关爱农民工子女"志愿服务项目、联合多家博物馆赴农民工子弟学校开展"流动的博物馆"与"科普下基层活动"等。中国科技馆在以往传统的基础上有所发展，在志愿者培训方面非常注重提高志愿者的层次，聘请大学的教授担任讲解和培训教师的工作。

　　2012 年 11 月，中国妇女和儿童博物馆对志愿者进行了志愿服务精神主题培训。博物馆聘请了北京博物馆界资深志愿者、北京博物馆协会志愿者专委会秘书长、北京青联委员张鹏与志愿者们进行互动和交流，并分享了他对志愿者精神、志愿讲解的理解和体会。①

　　2013 年 5 月，北京市志愿服务指导中心举办"志愿北京之博物馆

①　参照中国妇女和儿童博物馆网站资料，网址：http://ccwm.china.com.cn/。

行动"志愿服务项目志愿者培训班，开班仪式在北京文博交流馆举行，来自部分首都高校以及社会招募的 30 余名志愿者骨干参加了培训班。培训班邀请了国家博物馆研究员齐吉祥老师和志愿讲解经验丰富的老师授课。培训内容包括博物馆讲解礼仪、讲解技巧以及展厅示范等。培训会后，考核通过的志愿者将加入北京文博交流馆做志愿讲解服务工作。

2014 年 11 月，中国美术馆公共教育部组织新老志愿者到北京大学赛克勒考古与艺术博物馆进行秋季首场专业素质与技能培训。赛克勒博物馆的副馆长宋向光教授在讲解了馆内固定陈列和临时展览后，在北大考古文博学院多功能厅又对志愿者开办《观众行为与学习》培训讲座，并就相关问题展开交流互动。①

2. 天津地区博物馆志愿者教育状况

天津地区的博物馆的志愿者教育实践活动非常有特色。以天津博物馆为例，天津博物馆志愿者的管理培训的模式是将志愿者分为长期志愿者和特展志愿者。长期志愿者每年培训一次，每次四天。特展志愿者培训时间一般为三天或四天，都在周末进行。每次培训约 200 人，分为若干小组。三课时（每半天为一课时）不到者取消其资格。通过培训淘汰部分不能坚持者，保留下拥有强烈意愿的志愿者。培训内容一般包括四个部分：团队的基本概述及工作安排；讲解语言、形体训练；分类讲解及紧急情况处理；与展览内容相关的业务知识。受训者接受统一的考核，包括语言表达能力、讲解内容准确度、仪表形体、对志愿者工作的热情度、培训出勤率等几个方面的综合考评。选择能力较强、性格随和、易于融入团队的志愿者。志愿者的到馆上岗值班工作是志愿者工作的主体过程。天津博物馆的特展志愿者每周服务不少于 3 次，每次不少于 3 个小时；长期志愿者每周服务 1 次，每次不少于 3 个小时。博物馆的工作人员根据每半天的人数、男女、中英语言等情况排班，保证每半天的服务人数大致相同。志愿者服务值班表张贴在明显处，并设立签到

---

① 参照中国美术馆网站资料，网址：http://www.namoc.org/xwzx/xw/。

簿。志愿者大多自觉遵守值班制度与要求。天津博物馆设置的晋级方式与评定标准只限于长期志愿者。由于长期展志愿者服务时间较长，会出现情绪松散现象，为鼓励尽职尽责者，博物馆根据服务时间采取晋级方式，将志愿者分为见习志愿者、初级志愿者、中级志愿者、高级志愿者、资深志愿者五类，分别用不同颜色的工作证。有的志愿者将工作证的颜色视为荣誉的象征，故而积极表现。但晋级的评定是单纯按照服务时间的量化标准，在服务时间相同的情况下，无法给予表现更优秀或做出特殊贡献的志愿者更多奖励，此点还应再予斟酌。

此外，"天博"还特别注重培养志愿者的团队凝聚力，主要有以下几种方式：首先，在工作中对志愿者们表示出无微不至的关怀，将其当做要好的朋友，在学习、生活中给予其无私的帮助。其次，经常组织一些馆外活动，如聚餐、参观考察等，采取体验式培养及素质拓展训练，效果显著。"天博"还将志愿者年会设计为"表彰会"与"告别会"，对于一个阶段的志愿者工作给予肯定与表彰，并且制作纪念视频与纪念册，以增强团队的凝聚力。同时也扩大了志愿者的工作范围，这是许多志愿者的愿望，是增强博物馆志愿者工作吸引力的重要一环。志愿者可申请的岗位不是仅局限于导览与讲解，还涉及博物馆日常工作的各个方面。①

3. 上海的博物馆志愿者教育实践状况

上海博物馆界在志愿服务工作始终保持着先进的经营理念，可谓佳绩不断。各馆对于志愿者的教育培训也十分重视。

上海博物馆是最先于 1998 年开启志愿者机制，截止到 2010 年，上海博物馆现在已拥有 318 名志愿者，年龄在 25—65 岁之间，主要从事展厅导览与咨询、观众阅览室的开放管理、教育活动辅助及课程辅导、协助博物馆资料收集整理、文字编辑、设计、协助"上海博物馆之友"会员服务与发展等。仅 2009 年，上海博物馆志愿者到馆服务 5768 次，

---

① 参照天津博物馆网站资料，网址：http://www.tjbwg.com/。

服务时间超过 15000 小时。每天上午 10：00、下午 14：00 有该馆的志愿者免费为观众提供讲解及帮助。为了更好地管理和建设志愿者队伍，上海博物馆设立志愿工作者管理委员会，根据博物馆的工作需要，以工作时间分组，以小组为固定单位，组长由上海博物馆聘任，作为全组核心，团结组员，贯彻上海博物馆的决策、反映组员的建议和意见，协调各项工作，对志愿者进行科学管理。2000 年，上海博物馆就根据本馆的实际情况并参照国外博物馆的通行做法，制订了《上海博物馆志愿工作者章程》和《上海博物馆志愿工作者章程细则》。根据施行情况及团队的发展，《章程》和《细则》分别在 2006 年和 2007 年进行了相应的修改。经过多年的不断努力，上海博物馆志愿者工作已经得到了社会上的广泛好评。①

2007 年 3 月，上海海洋大学鱼文化博物馆举行了一次现场培训与辅导。博物馆聘请来自宁波的老师向志愿者讲解了抹香鲸、中华白海豚、鱿鱼、贝类、模式标本等讲解中容易出现的困惑和问题，并对一些模棱两可的内容进行了澄清。博物馆要求志愿者在面对丰富浩瀚的水生生物和鱼文化知识，面向知识水平参差不齐的参观对象时，不仅要掌握基本的业务知识，具备奉献精神，更需要在平时不断学习，做个有心人，要准确、形象地做好解说，注意讲解中的细节问题。博物馆的这种培训工作，有助于提高志愿者队伍建设水平。②

上海中国航海博物馆的志愿者教育培训主要是在暑期招募 9 至 10 周岁的青少年志愿者，共录用了 20 名小小志愿者，并组织他们进行培训。博物馆通过寓教于乐的方式，开展形式多样的社教活动，为孩子们教授中外历史、天文地理和船舶构造等内容，使他们的自学能力、语言表达能力、组织能力、应变能力和社交能力都得到了很大提高，同时也

---

① 参照上海博物馆网站资料，网址：http：//www. shanghaimuseum. net/cn/jyxx/jyxx_ bwgdpy_ zyzzj_ add. jsp。

② 参照上海海洋大学网站资料，网址：http：//xcb. shou. edu. cn/html/cpzb/ddjs2/ wmcj1/1932. html。

培养了他们的服务意识、社会公益心和社会责任感，丰富了孩子们的假期生活，让他们从小就热爱博物馆，富有爱心与团队意识。①

上海材料博物馆是高校的科普基地，也是材料科学宣讲和华东理工大学展示的窗口。2010 年 7 月，该馆对暑期新招募的十多名材料学院的学生志愿者进行培训。由博物馆的资深教授专家为志愿者培训有关材料专业、口才、沟通应变能力和讲解技巧、讲解过程中需要注意的仪表仪态和语速等方面的知识，并强调要根据不同的服务对象来进行博物馆讲解，鼓励志愿者展示个性风采，不搞整齐划一的一刀切，使学生们既能够依托博物馆这个平台学以致用，将所学的理论知识和实际相结合，又能提高自身的表达能力和应变能力，还可以将知识成果进行转化，为博物馆与观众服务，他们一致认为志愿者工作是一项非常有意义的实践活动。②

（二）中东部和西部地区博物馆志愿者教育实践状况

我国中东部和西部地区的历史和文化底蕴非常厚重，博物馆建设的速度迅猛。

2009 年 11 月 16 日，山东博物馆新馆正式开馆。新馆占地 210 亩，是目前全国省级博物馆中面积最大、结构最复杂、技术含量和现代化程度最高的大型综合性博物馆，③ 而博物馆的社会教育工作也开展得有声有色，特别在培养志愿者方面加大了工作力度。根据山东博物馆宣教部制定的系统、周密的培训计划，2013 年度，该馆新志愿者的培训内容为佛造像、汉画像石等八个常设展览，培训方式由原来以培训老师示范讲解为主转为新志愿者轮流"试讲"的方式，并进行展厅实地讲解培训。这一培训方式不仅检验了前期的培训效果，而且还能

①　参照中国航海博物馆网站资料，网址：http：//www. mmc. gov. cn/home/index. as-px。
②　参照上海华东理工大学网站资料，网址：http：//www. ecust. edu. cn/。
③　参照百度百科网站资料，网址：http：//www. baike. baidu. com/。

够发现新志愿者在讲解过程中的不足，培训老师可以有针对性地进行辅导，培训效果颇佳。培训结束后，有近50名新志愿者报名参加下一步的考核。①

河南博物院于2004年10月首次面向社会招募志愿者，录用了70名有一定的文史知识基础和历史专业的学者型志愿者，后又招募了第二批志愿者共54人，包括在校学生、公职人员、大学教师、专职律师，年龄在19—58岁之间，并从此开始对志愿者进行岗前和在岗培训，内容主要是业务知识和讲解技能的培训，截至2015年5月，志愿者团队各支队共为公众提供义务服务10036.2小时，免费讲解10990批次，微博、微信小组发布宣传信息2920条。团队先后参加"百年旗袍展"、"俄罗斯艺术家达西作品展"、"欧洲玻璃史展"、"星云大师—笔字书法展"社会教育活动，实施展览互动活动173场，组织进省妇女干部学校、郑州九中、华北水院宣讲3次，并组织省实验小学、农业大学、郑州师范学院馆内主题参观3次，编辑、印制《蒲公英》报2期，招募、培训志愿者64人，取得了骄人的成绩。②

西部地区在国家政策的大力扶持下，文化事业越发繁荣，以陕西博物馆界为例，其志愿服务事业颇见成效。如陕西西安半坡博物馆就十分注重志愿者的讲解培训。为了加强志愿者团队的建设，提高志愿者整体素质，为观众提供优质的讲解服务，2013年3月16日，该馆开展了首次志愿者实地讲解培训活动。培训活动通过示范讲解、知识点解析和个别辅导等形式，对30余名志愿者着重从讲解内容、讲解技巧、相关专业知识和技能等方面进行了培训辅导，并通过交流座谈等方式，解决了志愿者在实际工作中遇到的诸如如何组织好团队游客进行讲解、遗址内观众饱和的情况下怎样引导观众参观等具体问题。为了加强培训效果，这次培训还采取了"分组培训、集中评比"的

---

① 参照山东博物馆网站资料，网址：http：//www.sdmuseum.com/。
② 参照河南省博物院网站资料，网址：http：//www.chnmus.net/wbzs/2015-06/11/content_221197.htm。

方式，既调动了志愿者参加培训活动的积极性、主动性，同时也是对讲解员业务水平的一次大练兵。通过这次培训，志愿者纷纷表示不仅学习了知识，更重要的是感受到了博物馆对他们的关心与支持，体会到做志愿者的意义和乐趣。①

（三）南方地区的博物馆志愿者教育实践

我国南方地区的博物馆办馆理念比较先进，非常善于挖掘志愿者的潜在价值和能力，在培养志愿者方面注重系统性和科学性。

苏州博物馆从 2007 年年初开始筹备成立志愿者团队，他们通过借鉴国内外博物馆义工模式，使志愿者团队建设稳步前行，规范有序，打造了一支学习型、知识型、专业型团队，在业内产生了广泛而良好的社会影响。在对志愿者的教育培训方面，苏州博物馆重视夯实志愿者的基础知识。每年 3 月份，苏州博物馆通过从几百位报名申请者中初选、面试，选出与所需岗位相适者进入培训阶段。业务培训历时 6 个星期，每周六下午进行授课，采用专题讲座与小组练习交替进行的方式。培训内容主要包括博物馆学基础知识、苏州古代历史、考古学、工艺美术概论和苏州博物馆基本陈列解析等专业课程，以及如何认识志愿服务、讲解礼仪与技巧、上岗服务中可能遇到的问题及如何处理等志愿服务理念和实际应用课程。授课教师有博物馆的专家学者，也有学有专长的志愿者。培训后期志愿者以老带新，深入展厅实地演练，反复磨合改进提高。培训结束经过笔试和展厅考核，通过者才能成为见习志愿者。每年"5·18 国际博物馆日"期间举行新志愿者授牌上岗仪式，博物馆为志愿者的学习和工作提供了良好的人文环境。②

还有一些博物馆面向志愿者举办专题培训。如福州市博物馆邀请文

---

① 参照陕西西安半坡博物馆网站资料，网址：http：//www.bpmuseum.com/。
② 参照苏州博物馆网站资料，网址：http：//www.szmuseum.com。

博专家、学者及专业人士进行专业课程指导及现场培训，并举办暑期志愿者培训系列讲座，讲座内容涉及志愿者定位、志愿者活动设计、志愿者精神传承以及青少年志愿者教育、心理等一系列课题。博物馆聘请心理学家、社会名家、文化名人和学者为志愿者进行培训，涉及内容新颖，形式生动活泼，切合志愿工作的实际，博得了志愿者的一致欢迎，收到了良好的教育效果。①

为了更好地发挥博物馆社会教育功能，提高志愿者的专业技能和服务水平，传播杭州文化，杭州博物馆开展的志愿者培训是在现有学生志愿者基础上，联合杭州市志愿者协会、杭州西湖志愿者服务总队，结合优秀志愿者事例，让志愿者更多地了解杭州博物馆现有志愿者情况、志愿者理念、志愿者精神、志愿者工作价值、规章制度等，以便日后更好地开展杭博志愿者管理工作。②

宁波博物馆从 2007 年 2 月第一次招募志愿者以来，志愿者队伍不断发展壮大，现有新老志愿者 260 余人，博物馆将培训重点放在岗前培训上，包括越窑青瓷的发展史、宁波城建史、浙东学术思想以及陈列的全程讲解内容。以多主题、多角度、多侧面的方法为志愿者了解宁波博物馆各馆区大致的历史、文化、思想等基本知识和岗位内容提供了前期保障，在培训中该馆还安排了提问与答疑环节，培训后，志愿者可以根据自己的特长与意愿选择不同的岗位，并通过各项考核最终成为宁波博物馆的志愿者，打造出一支专业化、社会化和国际化的志愿者队伍。③

我们说，博物馆是一个国家、一个民族、一个城市的历史文明窗口，而博物馆志愿者则是这个文明窗口后的一道亮丽风景线。志愿者作为一种文化现象，一种生活方式，一种社会事业，一种精神信仰，将在博物馆发展中发挥越来越大的作用，志愿者们将与社会各界一道，共同

---

① 参照福州博物馆网站资料，网址：http://www.fzsbwg.com/news.asp? id。
② 参照杭州博物馆网站资料，网址：http://www.hzmuseum.com/。
③ 参照宁波博物馆网站资料，网址：http://www.nbmuseum.cn/。

弘扬志愿精神，共享人类文明，构建和谐社会。

（四）学生志愿者的教育活动

学生志愿者是博物馆志愿者中一支不可忽视的有生力量，他们来自高校和中小学，博物馆针对不同年龄段的学生志愿者进行的教育培训，不仅是博物馆与教育机构长期合作的有益尝试，能够双管齐下地发挥博物馆与学校的教育职能，而且也为我国的文化事业和博物馆事业的发展提供了潜在的人力资源。在这方面，全国许多博物馆都开展了丰富多彩的教育活动。我们将学生志愿者划分为大学生志愿者与中小学生志愿者，分别举例说明其教育活动。

1. 大学生志愿者的教育培养

大学生志愿者是拥有高智力结构、高文化程度和教育背景的青年志愿者，对他们的教育培养不仅关乎博物馆的发展，也同样关乎他们的综合素质与身心的健康成长。

北京市大葆台西汉墓博物馆于 2008 年 12 月在北京华侨大学举行"博物馆志愿讲解者"招聘工作，对该校学生会经过初试后推荐的 19 名同学分别从"语言表现能力"、"肢体语言表现力"及"语速、声调掌控能力"等方面进行了现场考核，其中有 13 名同学在严格的选拔中脱颖而出。该馆在 2009 年 2 月中旬后，对通过考核的同学开展第一阶段的志愿者培训工作，培训内容围绕"如何做好志愿讲解工作"、"讲解基础与礼仪"及"志愿讲解员语言与声音培训"等几个方面展开。后来，该馆又吸纳了北京电子科技大学的 14 名学生加入到志愿者的队伍中。志愿者们经过考核、培训和阵地模拟讲解，向观众进行出土文物知识、基本陈列的讲解，还协助馆内进行日常事务性工作、博物馆的青少年文化活动，如模拟考古、书写竹简和投壶礼仪等活动，取得了良好的效果。

2012 年 5 月，广东水利学院的十几名大学生志愿者参加了从化市博物馆的"讲解员培训班"，该馆是学院思想政治课的社会实践基地，为社会和博物馆培养高素质、知识型的后备力量。①

2013 年 3 月，山东外国语学院青年志愿者协会组织志愿者前往省博物馆进行讲解培训，学院共 23 名志愿者参加活动。此次培训是省博物馆负责人联系协调济南多所高校志愿者统一进行的。培训方式是由省博物馆老师带领志愿者参观 6 个不同的展厅，并亲身作示范讲解，从肢体动作、语言措辞、面部表情等多方面进行指导。同时要求志愿者针对不同展厅的讲解侧重点、不同的文物藏品和讲解对象采用不同的方式。如在史前展厅，要重点关注文物的用途，在艺术馆要重点介绍作者及绘画技巧。此外，省博物馆还为志愿者们培训了其他岗位的工作，要求志愿者们根据自身情况，在讲解和服务岗位之间慎重选择。通过培训，志愿者们增长了知识，锻炼了口才，也对志愿服务有了更全面的理解。②

2013 年 3 月初，首都博物馆与北京邮电大学志愿者协会联合举办了一次大学生讲解志愿者招募活动，共有 400 余名学生报名，其中 153 人通过面试。此次讲解志愿者招募采取固定展厅、固定服务时间的方式，由"北邮志协"确定志愿讲解展厅及服务时间，经过培训并通过考核的学生统一在周末于首博的"燕地青铜艺术精品展"展厅进行讲解服务。3 月 24 日，首博对通过面试的大学生志愿者进行培训。由博物馆社会教育部的领导和工作人员向大学生们介绍了首都博物馆的基本情况、首博志愿者的招募情况及志愿讲解礼仪规范，培训了有关古代青铜器的基础知识，还由首博的优秀志愿者及专职讲解员在"燕地青铜艺术精品展"展厅进行了两场示范讲解，志愿者们一致反映培训内容充实，收获匪浅。

2. 中学生志愿者的教育培养

在我国当前的素质教育的政策要求和对应试教育的反思阶段，许多学校越发重视对学生实践能力和公益思想的培养，以团队形式组织和倡

---

① 参照从化市博物馆网站资料，网址：http：//www. chbwg. com. cn／。
② 参照山东省博物馆网站资料，网址：http：//www. sdmuseum. com／。

导中学生加入博物馆志愿者的队伍。

2009 年"五一"假日期间，汉阳陵博物馆推出中学生志愿者讲解服务项目，博物馆对来自白庙中学的初中二年级学生进行了严格的岗前培训和考核。培训方式为免费培训，每半年（每学期）安排一至二次集中的讲解学习活动，以提高讲解质量。培训内容包括普通话、语言表达技巧、展览内容等专题培训。每半年（每学期）对志愿者进行讲解考核，由汉阳陵博物馆宣教部志愿者负责人安排考核时间，以提高志愿者的讲解服务水平。对于考核成绩优异的志愿者，汉阳陵博物馆将其评为先进志愿者，以资鼓励。①

山西省博物院志愿者团队成立于 2006 年。成立至今，共累计注册志愿者 1000 余人，服务时间达 16 万余小时。2012 年 7 月，博物馆从 160 名报名者中，遴选出 24 名中学生志愿者从事暑期展厅讲解服务。博物馆的培训课程十分缜密，包括志愿者管理细则、礼貌礼仪、文物藏品知识、礼仪规范和展厅实地讲解培训等，培训周期为 1 个月，在服务结束后，博物馆还专门举办了毕业典礼，并评选出优秀暑期志愿者 3 名，优秀服务小组 1 组，这样的培训经历使学生们都深感收获颇丰。②

3. 小学生志愿者的教育培养

在培训小志愿者方面，2011 年，河北廊坊博物馆为丰富中小学生暑期生活，增加青少年历史文化知识，培养沟通交流及团队合作能力，特在暑期举办首期"小志愿者暑期培训班"，由博物馆的专业老师授课，参加学习的中小学生共计 14 人，年龄最小的 10 岁，培训班的最后一次课对小志愿者进行现场讲解考核，考核通过的学员，将有机会成为廊坊博物馆的"小小志愿者"。自开馆以来，廊坊博物馆针对青少年的教育培训工作，已相继开展多年，目前已形成了规范化的青少年志愿者队伍。每个双休日，由博物馆的志愿者为市民提供免费的讲解服务。在

---

① 参照汉阳陵博物馆网站资料，网址：http：//www. hylae. com/。
② 参照山西省博物院网站资料，网址：http：//www. shanximuseum. com/。

全年常规培训的基础上举办此暑期班，培训内容涵盖历史文化、消防自救、非遗知识、文物鉴赏和讲解培训等多方面，借助廊坊博物馆馆藏文物和基本陈列，结合青少年的生理和心理特点，侧重寓教于乐的教学方式，采取知识讲座、课堂互动、展厅实地讲解等方式，使学生们在轻松的氛围中学习知识，培养浓厚的学习兴趣，提高其综合素质。①

2013 年，武汉博物馆在学校寒假期间面向小学生招募志愿者。从小学生中挑选了 40 多人进行为期一周的培训，培训内容包括：博物馆概况、讲解技巧、态势礼仪、文物知识等。考核成绩优异的 20 多名小志愿者在博物馆展厅内现场讲解展示，为观众介绍《古三镇图》、青铜器、玉器、砚台、印章等不同门类的文物精品，由该馆的专家、优秀志愿者、媒体代表、热心观众等组成大众评审团现场评量培训成果。② 这种新颖的培训考核方式不仅能增长孩子们的知识、开阔眼界、提高实践能力、培养公民意识，而且也为博物馆培育了社会力量和观众市场。

博物馆的学生志愿者教育活动是博物馆与校园文化交融、博物馆教育同学校教育双管齐下，共同培育学生人文精神的最佳途径，对于青年一代肩负起繁荣祖国文化事业、推动博物馆文化的传播与优秀文化传统的传承、提高青少年的社会实践能力、团结合作精神和良好思想品德的树立都是大有裨益的。

我国大陆地区的博物馆志愿者教育实践活动适逢国际和国内博物馆业的蓬勃发展阶段，其特点大致可以概括为以下几个方面：

1. 我国大陆地区的博物馆志愿者的教育实践已经步入常态化的轨道，形成了相对成熟的运行模式，这就有利于博物馆志愿者工作的全面有效的开展。

2. 博物馆对志愿者教育的重视程度较前一段时期有了较大的提高，也更加注重志愿者培训的系统性、灵活性和多样性。

---

① 参照燕赵都市网站资料，网址：http://yanzhao.yzdsb.com.cn/system/2011/08/16/011376422.shtml。

② 参照武汉博物院网站资料，网址：www.whmuseum.com.cn/。

3. 博物馆在对志愿者实施岗前培训和在岗培训相结合的手段，对志愿者的教育评价和考核制度更加严格，从而保证了志愿者的服务质量。

4. 博物馆工作人员和博物馆外聘专家学者的讲授、讲座、论坛、学术会议，成为志愿者教育培训的主体核心部分，志愿者的自我教育与自我培训是辅助培训形式，这些成为促进志愿者进入博物馆工作岗位角色的主要途径。

5. 博物馆通过本馆的藏品、文物、遗址和遗存，对志愿者进行实物教学训练，这些成为志愿者教育的主要内容。

6. 志愿者作为教育客体，参与博物馆教育培训的热情较以往愈发高涨，这一方面源于政府对文化建设和博物馆事业的重视，特别是部分博物馆免费开放后，使社会成员参与博物馆事业的建设当中。另一方面，国民教育和社会成员素质的普遍提高，使更多的人关注博物馆的成长和发展。

不过，由于志愿者的教育培训并非孤立存在，而是与博物馆的经营和教育理念、对社会教育的重视程度、对志愿者工作的投入、期望值、博物馆工作人员的自身素质、工作方法、办事能力和志愿者参与工作和教育培训的动机和心理、志愿者自身的知识结构、年龄特征和心理特征等诸多因素息息相关。所以，在教育过程中，势必会出现许多意想不到的问题，主要表现在以下几个方面：

1. 在教育理论研究方面，博物馆出现轻理论而重实践的趋势。迄今为止，博物馆志愿者教育理论尚未建立起来，相关的研究大多或是支离破碎、不成体系，或是就事论事，没有深入挖掘其理论内涵和外延，志愿者的培训教材缺乏规划性和系统性，基本上是断续割裂的，所以理论基础相对薄弱，不利于提升志愿者的理论素质。

2. 在教育管理方面，博物馆的管理理念相对滞后，官本位风气尚在，在教育志愿者的过程中，大致上是以行政指令自上而下地实施管理，不注重与志愿者之间的心理交流和及时沟通，管理状态比较松散。

3. 在教育主体与客体方面，博物馆在对志愿者实施教育时，缺乏层次性、灵活性和多元性。由于志愿者的特殊属性，既游离于博物馆的编制之外，又在博物馆内部长期从事服务工作，年龄跨度上至古稀老人，下至稚岁顽童，且社会背景与受教育程度的差异很大，而另一方面，博物馆由于人力和培训经费受限，很难依据志愿者的年龄特征和心理特征实施常规意义上的教育，除非开展短期的、临时性的或有针对性的项目培训，基本上是采用"大波轰"的形式，不分长幼，不分知识储备的具体情况，统一进行培训。这样就导致因志愿者接受知识的水平层次不齐而降低了培训的标准和质量，从而影响到志愿者的服务水平和质量。另外，在博物馆使用中小学生志愿者的合法性问题上也开始引起社会多方关注。

4. 在教育内容方面，博物馆重馆藏文物和藏品知识的培训，对于志愿者在行业操守、职业规范、接待礼仪和人际交往的技巧等方面的教育培训相对缺失，施教者与受教者之间的关系在一定程度上出现脱节的现象，造成博物馆管理者、工作人员与志愿者之间、志愿者相互之间、甚至是志愿者与观众之间等多方面的矛盾，最终导致志愿者的流失和志愿者队伍不稳定因素的产生。

5. 在教育手段方面，博物馆在实施教育培训时，教育手段比较单一，基本上是以讲授法、实物教学法和观摩法为主，而很少配以其他的教学手段，如可以采用互联网远程教育、视频教授、文献查询、问卷法、调查法、模拟实验法，等等。因此，在教育教学的硬件和软件的资源配置以及方法论层面上出现的问题，会直接影响博物馆的教育培训工作的顺利进展。

6. 在教育评价与考核方面，博物馆大多是年终对志愿者的业绩进行考核，而对于培训质量和志愿者对知识的掌握程度的即时性评价与考核基本上处于空白状态，没有相关的考评体系和量化指标，这样，就不利于博物馆将志愿者的教育置于一个宏观的高度和立意，反而是把这种教育评价束之高阁，成为阻碍教育教学长期有序发展的阻力。

综上所述，我国大陆现阶段的博物馆志愿者教育虽然存在着一些问题，但前景还是十分乐观的，从教育教学所涉及的诸多因素来看，在总结以往的经验教训的基础上，博物馆也在不断推陈出新、扬长避短，力求将志愿者的教育培训做得更加尽善尽美。针对现在存在的一些问题，博物馆可以通过借鉴国外和港澳台地区的新观念、新做法，及时纠正错误、解决问题、少走弯路，提高工作效率，为志愿者们搭建一个增加知识、提升能力和综合素质的平台。

二、港澳台地区博物馆的志愿者教育发展状况

港澳台地区的博物馆事业非常注重运用展陈设计的不同表现形式与社会教育之间的关联性，通过与观众之间的互动交流来谋求博物馆教育最大限度地发挥其应有的职能，也十分善于根据本地区和本馆的具体情况与不足之处，及时吸收社会力量投入博物馆的各项工作，在工作中不断总结经验教训，扬长避短，重视志愿者教育的质量提升，以期完成博物馆与志愿者双赢的教育目标。

（一）香港地区博物馆志愿者教育状况

香港地区的博物馆是由香港康乐及文化事务署管理，下辖 7 个较大规模的博物馆、7 个小规模的博物馆和两个文物中心，平时举办各种博物馆教育活动，旨在让市民分享艺术家、学者和专家的经验，提高市民对视觉艺术、科技及香港历史与文化的兴趣和认识。例如香港古迹古物办事处和香港文物探知馆都是其下属的博物馆。

香港古迹古物办事处（The Antiquities and Monuments Office）建于1976 年，主要职责是保护香港的古迹与文物。2011 年 7 月招募临时义工以服务"文物之友"项目的活动，主要职责是协助办事处的文物讲座进行布置演讲厅及活动室、协助文物之友签到、协助公众人士入座、分发及收集问卷以及在活动室当值等工作，义工服务的时间是 3.5 个小

时。办事处安排有几项义工培训活动，包括茶具文物馆的公众导赏员为义工讲座、介绍该馆的古建知识等。香港文物探知馆是办事处的一个展览馆，自 2007 年起，该馆定期为中、小学举办"模拟考古发掘"工作坊，让学生认识田野考古方法及考古学家的工作。为此，该馆招募项目义工，要求义工对考古工作和文物推广教育感兴趣，能够在周一和周二早上担任义务工作，其职责是协助导师，准备模拟考古的发掘工具，给学员派发物资，协助学员进行模拟考古发掘和测绘工作，于活动完结后清理模拟考古的现场。该馆启用导师对义工实施项目培训，包括向义工介绍工作坊的内容、发掘及考古测绘的基本方法，以便文物之友为日后举行的工作坊提供协助。在完成培训后可于工作坊担任义工，并按馆里的要求履行职责。担任义工的文物之友，可以获得每节工作时数两个小时的记录。①

香港科学馆成立于 1992 年，约有 500 件展品，内容丰富。展品分布在五个主要展览厅，即展览简介、科学、生命科学、科技及为 3 岁至 7 岁儿童设计的儿童天地，其中 80% 的展品是可让观众触摸及操作的。长期以来，博物馆非常注重志愿者的教育培训。2007 年 4 月，为了配合"飞龙在天"专题展览，让学生了解科学馆的功能、服务和设施，培养孩子们的表达能力和沟通技巧，并掌握与展览有关的知识，该馆推出少年导赏员培训计划。工作内容是在科学馆导赏员的辅助下，进行导览讲解、帮助市民参观展览和推广馆内的教育活动，博物馆对他们的回报就是这些孩子可以参加两次以上的导览活动，并获得新一届导赏员的培训机会。2011 年，该馆又面向社会招募成年导赏员，"为有意服务社会的人士提供培训，利便他们在余暇透过参与服务，丰富自己的阅历，以及协助市民探索科学知识。"培训于 2012 年 2 月至 3 月中的星期五晚上举行，为期 6 周，每堂培训课历时约 2—3 小时，内容包括导赏员的

---

① 参照康乐及文化事务署古物古迹办事处网站资料，网址：http://sc. lcsd. gov. hk/TuniS/www. lcsd. gov. hk/CE/Museum/Monument/b5/bulletin_ july_ 11. php。

工作范围及职责、科学馆的历史、架构及推广活动科学馆的设施、展品及操作方法导览技巧、如何为顾客服务实习等，深受志愿者的欢迎，有利地促进了博物馆的志愿服务工作。①

（二）澳门地区博物馆志愿者教育培训

澳门地区土地面积虽然不大，仅占 26.8 平方公里，但博物馆的数量众多，达到 21 家之多，因此人均拥有博物馆的比例比较高，是世界上博物馆密度最大的地区之一，由民政总署管理。因得益于 20 世纪下半叶亚洲经济的飞速发展和 90 年代澳门回归祖国，澳门的经济和文化也随之发展。自 20 世纪 90 年代以来，澳门政府将推动社会经济和城市发展的目标定位于以服务业为主，使澳门博物馆事业蓬勃发展起来，博物馆建设也被纳入到旅游发展计划中。其博物馆呈现出数量规模和投资管理模式的多元化、展陈的个性化、与公众的互动性、教育宣传的广泛性等特点，在发挥博物馆的公益性和社会性方面，澳门地区的博物馆组织博物馆之友计划、导赏员培训计划、实习生计划、艺术工作坊、讲座、研讨会、电影欣赏会、暑期考古和文物修复课程、教师培训班等各种各样的活动，对于志工的教育培训也非常重视。②

以澳门博物馆为例，作为一座以展示澳门悠久历史和多元文化的综合性博物馆，其志愿者岗位类型也十分丰富，包括澳门历史专题研究、博物馆教育教案编写、工作坊导师、资料搜集、撰写学术论文、设计博物馆纪念品、非物质文化遗产项目的展演等工作。博物馆不定期地开设"导赏员培训课程"，培训对象是高中毕业或以上的澳门居民，以及爱好历史文物、有志从事展览和教育工作的人士，能讲流利的语言，如普通话、英语、葡语，并能于星期二至五提供服务者优先录取，然后从中挑选表现优秀者进行免费的专门训练，培养成为特约导赏员，参与展览

① 参照香港科学馆网站资料，网址：http：//www.lcsd.gov.hk/CE/Museum/Science/。
② 郭丹英："澳门的博物馆印象"，浙江省文物局网站资料，2013 年 12 月 9 日版，网址：http：//www.zjww.gov.cn/magazine/2013-12-09/19093536.shtml。

导赏和教育工作坊的工作，向市民提供多元化的服务，让参观者进一步了解澳门的独特中西文化历史。特约导赏员可获博物馆优先邀请参加由本馆主办的展览开幕活动、讲座、学术活动、馆际间专业考察和参观活动，还可免费参观属下各博物馆及以7折优惠购买澳门博物馆所出版的书籍等。课程一般由港澳知名学者、教授及文化局专业人员担任课程导师，培训内容包括博物馆知识、导赏技巧、中西文化历史、艺术文化、澳门历史城区、考古、文物修复、岭南书画和西洋画等不同范畴的知识及导赏实习和讨论。旨在为澳门博物馆举办的各项专题展览培训导赏人才，课程费用全免，学员中也包括旁听生在内。完成整个课程并经考核合格后，文化局将颁发导赏员修读证书。学员可豁免部分基础课程和实习项目，在完成指定的专业课和考核外，也将获颁文化局之导赏员进修证书。①

澳门科学馆于2009年正式启动，是澳门政府投资3.37亿澳元建成的，整个博物馆的设计精巧，环境优雅舒适，主要面向青少年儿童观众，是集博物馆教育、旅游与文化于一体的新型博物馆。该馆为"鼓励公众热心公益的风气，参与推动各项科学普及活动；实践澳门科学馆之青少年科普教育使命；培养公众认识并支持澳门科学馆的教育、展示和观众服务"招募16岁以上的志愿者，岗位包括在馆内协助展览中心前线工作和协助导赏工作；为公众提供指引或咨询服务；协助搜集馆内相关展品或教育活动之信息；协助馆内所举办之科学普及活动。"博物馆为志愿者或其亲友优先报读或参与澳门科学馆主办课程、讲座或活动；培训完成并获取录用后会获发正式的工作证和工作内容说明，正式成为志愿者服务计划的成员。②

---

① 参照澳门博物馆网站资料，网址：http：//www. macaumuseum. gov. mo。
② 参照唐娟、王心："澳门博物馆发展刍议——基于社会资本的探讨"，《北京第二外国语学院学报》2011年第5期，第46—52页；澳门艺术博物馆网站资料，网址：http：//www. mam. gov. mo/docs/MAM_ Amigos. pdf。

（三）台湾地区博物馆志愿者的教育培训

据不完全统计，截至 2007 年，台湾地区共有博物馆 582 家。种类包括艺术博物馆、历史博物馆、人类学博物馆、考古博物馆、自然史博物馆、科学博物馆、工艺博物馆、产业博物馆、学校（高校）博物馆、专题博物馆、人物纪念馆、宗教博物馆、影像博物馆，等等[1]。博物馆事业虽然起步较晚，但发展却非常迅速。

台湾地区的博物馆非常重视教育功能的开发和利用，这主要体现在以下几个方面：第一，教育推广的形式多样化。为了弥补博物馆界普遍存在的藏品不足的缺憾，许多博物馆通过采用"月活动表"、宣传海报及简讯等媒介向公众宣传，并经常开展讲演、学术讲座、各种研习班、体验营、展品外借、巡回展览、出版刊物、图书赠阅等教育活动，从而推介博物馆文化。第二，博物馆教育形态的社区化。台湾地区自 20 世纪 70 年代末开始以文化中心的形式促进社会文化的发展，博物馆被纳入"地方社会"的文化建设中，大力发展博物馆相关文化产业，打造与社区共同发展的文化产业。一方面兴建地方博物馆，将许多专题博物馆营造为社区生态博物馆，通过展示地方文化特色、开发文化创意产业等方式，形成资源优势互补，催生"文化产业化，产业文化化"的发展势头。另一方面，博物馆通过信息化、数字化和网络化等方式，将静态的展陈设计为动态的互动，"使博物馆不再是由馆员或专家主控的恋物、保存导向的'专家博物馆'，而是改为社区、观众和娱乐休闲导向的'通俗博物馆'"[2]，博物馆教育呈现出大众化、通俗化与虚拟化等多元化发展特点。第三，博物馆注重经济效益和经济价值的合理获取。台湾地区大多博物馆都设有售卖部，出售该馆的文物复制品、美术品、书籍图录、明信片和周边纪念品等。此外，博物馆界于近年来引进了国

---

① 何京："台湾地区博物馆的发展与现状"，中国文物信息网，2010 年 12 月 16 日版。
② 何京："台湾地区博物馆的发展与现状"，中国文物信息网，2010 年 12 月 16 日版。

外及大陆地区的特展，以丰富展览内容和办展形式，使社会上掀起了公众参观博物馆的风气，在实现博物馆的社会效益的同时，也为博物馆带来了无限商机。第四，博物馆与旅游行业进行契合，以旅游项目带动博物馆的发展，如开发具有旅游娱乐性质的户外博物馆和旅游资源，充分展现台湾丰富多元的文化特色，一定程度地解决了地方的就业问题，获得了良好的经济效益。第五，博物馆公共服务。博物馆在教育理念上"以人为本"，所谓"积小善而成大道"，从具体而微的小处着眼，例如寄存包裹、衣物、开办温馨典雅的茶座、餐饮服务、专供残疾障碍观众使用的电话、电梯、轮椅及残障坡道等。第六，博物馆的义工制度十分发达。博物馆在挖掘社会人力资源潜能的基础上，将义工充实到博物馆的各项工作中，加强了博物馆与社会之间的联系。在义工教育培训方面，台湾地区的博物馆从求新、求异的角度着眼，注重培养义工的能力和综合素质。

台湾高雄市立美术馆（Kaohsiung Museum of Fine Arts）建于1983年，展览馆舍位居台湾第二，拥有4500件典藏作品，博物馆始终秉持艺术服务民众的宗旨，发展社会力量，招募志工协助博物馆推广社会教育。截止到2014年6月，该馆共有1100多位志工。为志工安排了令人耳目一新的教育培训课程，除传统的文化知识、导览解说和礼仪技巧等的培训外，还展开了读书会、采访艺术家和人际沟通课程，对提高志工的综合素质，全面提升志工的形象大有帮助。①

台湾自然科学博物馆第一期开放始自20世纪80年代，目前启用义工约有490人，11年来的服务工时为446000小时。该馆明确提出其运用社会人力资源的宗旨即是"有效推动各项科教活动，培养国民热心公益，奉献智慧，扩大民众参与层面，激发国民深切认识、了解、关怀并支援博物馆教育、展示、收藏、研究、观众服务等各项活动，满足各阶层社会人士之学习、成就、回馈等动机，以丰富其人生，造福社

---

① 参照高雄市立美术馆网站资料，网址：http://www.kmfa.gov.tw/desktop.aspx。

会。"该馆的义工分为个人义工、彰化师大推广教育服务社义工、中山医疗社会服务队义工、寒暑假高中义工、参观活动单专案义工等几类。义工训练分为职前训练和在职训练两种。职前训练即分两个阶段实施，前两个月为试用期，经考核合格后开始为正式义工。课程是通识性的，内容含博物馆任务使命、功能、服务设施和项目、义工角色与合事宜的服务态度、义工值勤规定；在职训练的方式和课程内容依区域而有所不同，目前以导览训练和成长活动为主，各区域的工作检讨会为辅；此外，该馆还实行见习制度，依照各工作区点的特性和需要，每位义工自由申请见习，由资深义工指导，节省训练费用并能提高工作品质，增强义工灵活运用之弹性。辅导管理使用合格后颁证，平日依考勤制度到馆服务，如有缺勤即寄发催勤通知，以联谊方式鼓励义工彼此交流，并回馈各项福利，组织义工干部协助工作推动；该馆制定了专门的考核与表扬办法，对义工实行奖励措施，依照制度，每年三月举行表扬会，分为行健、日新、服务和二、一、特级荣誉奖颁发。①

　　从整体上看，港澳台地区的博物馆志愿者教育突出体现了"以物为主、以人为本"的特点，博物馆在培训志愿者的过程中，注重采用高科技手段和新颖的教育手段对志愿者进行教育培训。同时，由于博物馆为志愿者提供的岗位具有多元化和层次化的特性，所以志愿者所接受的相关教育培训的内容也相对丰富和细致，从教育理念方面，博物馆强调精简办教、节省开支和合理回报，对志愿者的教育权利、教育机会和接受培训的时间范围都考虑得十分周到，包括采取见习制度和人际关系沟通课程的开设这样的令人耳目一新的教育方式，体现了港澳台地区博物馆在宏观管理和教育培训方面的人性化、系统化和科学化的特点。

---

① 参照台湾自然科学博物馆编：《实施志愿服务工作示范观摩会展出手册》，1997 年版，第1—4页。

本章结语

在辽宁省博物馆出版的《辽宁省博物馆志愿者文集》中有这样一段话："博物馆的志愿者们在为博物馆提供志愿服务的同时，也让社会更多地了解博物馆，认识博物馆。博物馆志愿者活动是博物馆联系社会的纽带和桥梁，也是博物馆面向社会开放的重要环节。对博物馆洞悉社会诉求、提升公共意识和服务意识，更好地为社会服务，实现人民共享文化的权利具有重要意义，是推进博物馆现代化的新的生长点。"[1] 志愿者的教育实践活动是博物馆开展志愿服务工作不可或缺的必要环节和保障工作质量的重要机制，正确的志愿者教育学理论能够指导教育实践的发展方向，使博物馆和志愿者体会到教育科学化与系统化的益处，更新教育管理观念、加强博物馆的自我完善、提高志愿者的应变能力、心理素质和综合能力，更好地为观众服务，充分彰显博物馆的公益性和社会性的功能优势，是博物馆教育志愿者的最终目标。

---

[1]　辽宁博物馆编：《辽宁省博物馆志愿者文集》，辽宁人民出版社 2011 年版，第 2 页。

第四章　博物馆志愿者的
教育和教学管理

引　言

2010 年 11 月 7 日至 12 日,"国际博协"在上海召开了第 22 届年会,此次年会特别设立了"以创新、进步、交流"为主题的博物馆志愿者论坛,充分反映了国际博物馆界对志愿者的重视与推崇。论坛的选题之一即是"博物馆志愿者的再教育",从广义上讲,博物馆志愿者的教育涉及许多问题,虽然志愿者并非博物馆的在编人员,但是博物馆在启动志愿服务的工作的过程中,需要对志愿者在其发生与博物馆相关的智力、心理、行为和能力甚至生活等方面诸多实施积极正向的干预和管理;从狭义上讲,博物馆对志愿者的教育学范畴的管理可以限定在管理志愿者的知识和技能培训方面。志愿者是博物馆工作的人力资源,也是支持和推动博物馆事业发展的社会力量,因此,从本质上,博物馆对志愿者的教育管理应当从爱护志愿者的角度出发,怀抱正确的教育理念,以人性化的方式和手段进行管理,惟其如此,志愿者教育才会切实有效,也惟其如此,博物馆的志愿服务工作才会顺利地开展下去。

第一节　博物馆志愿者的教育管理

作为普通教育管理学中的一个组成部分，博物馆志愿者的教育管理是具有博物馆行业特色的行为过程，其目的就是要规范志愿者教育体系和教学秩序，从而发现教育管理中出现的问题，出台相应的措施，提高志愿者教育的质量，使志愿者教育能够发挥其应有的功能和效力。

一、博物馆志愿者教育管理的概念

（一）管理的概念

"从一般意义而言，管理是指协调集体活动以达成预定目的的实践过程。管理是一种有目的的活动，它引导集体活动指向预定目标，这个目标可以是政治的、经济的、文化教育的或综合性的。人类社会从古到今，大到一个国家，小至几个人的组织和团体，都离不开管理。管理有以下基本特征：（1）管理的载体是一个组织，这个组织可以是一个国家，一个企业，一个行政机构，总之是一个有特定目的的组织。（2）管理的基本对象是人，只有包括人在内的活动才是真正的管理对象。（3）管理的任务，就是通过采取某些具体的手段和措施，设计和维护一种环境，包括内部和外部环境，使管理对象协调有序地活动。（4）管理的目的，在于达成预定目标。（5）管理的职能，包括计划、组织、激励、控制和协调等。（6）管理的作用，在于它是一种生产力，是一个组织生存与发展的条件，是社会进步的物质力量。"① 简言之，管理是组织为实现其预期目标而对组织成员所采取的一系列行之有效的措施

---

① 陈佳贵主编：《企业管理学大辞典》，经济科学出版社 2000 年版，第 45 页。

以保证组织有序健康发展的实践活动。

（二）教育管理的概念

"教育管理就是管理者通过组织协调教育队伍，充分发挥教育人力、财力、物力等信息的作用，利用教育内部各种有利条件，高效率的实现教育管理目标的活动过程。"[①] 也有研究者指出："教育管理现象就是由教育管理活动、教育管理体制、教育管理机制和教育管理观念这四个范畴所组成的一个完整的统一体。"[②] 由此可知，教育管理是在教育领域中的管理活动，而这一行为也势必会涉及与之相关的主观与客观因素，如管理观念、管理模式、管理方法等。

（三）博物馆志愿者教育管理的概念

依据博物馆的行业特点和上述"管理"与"教育管理"的概念，我们在此将博物馆志愿者教育管理做如下定义：博物馆志愿者教育管理是"博物馆及其志愿者组织依照其预期的教育管理目标，遵循博物馆教育的规律，充分利用博物馆的馆藏资源，通过管理者或志愿者组织（志愿者管理委员会）对志愿者的工作能力、兴趣取向、人际关系进行组织协调，以实现博物馆志愿服务的工作计划和教育目标。"

二、博物馆志愿者教育管理的要素

从教育学和管理学的理论视域来谈，博物馆志愿者教育管理的组成部分应包括教育观念、教育目标、教育规律、教育资源或教育内容、教育主体与客体、教育技术、教学计划、课程类型、教学过程、教育评价与测量和教育机制等方面的内容。教育目标是博物馆志愿者教育工作预

---

① 百度文库网站资料，网址：http://baike.baidu.com/。
② 邹海燕："教育管理学理论范畴和理论逻辑的新探索——评孙绵涛教授的新作《教育管理学》"，《教育研究》，人民教育出版社 2007 年版，第 97—98 页。

期要达到的目的和状态，是其他要素的先决条件，博物馆教育规律是不以人的意志为转移的、博物馆教育在其教育现象内部诸要素之间、教育与其他客观存在物之间矛盾运动和发展变化的内在的、必然的本质性联系和必然趋势，具有相对的稳定性。它是博物馆在制定教育目标时应当遵从的前提和基础；博物馆的教育资源可以分为硬件资源和软件资源，硬件资源包括馆藏文物、藏品、展陈、馆舍遗存、技术设备和设施等，软件资源包括博物馆的相关政策、规定、人才队伍的结构与发展状况、智力储备等；教育主体是指博物馆的各级领导和工作人员，客体是指博物馆的志愿者；教育技术是指博物馆在志愿者教育教学过程中所采用的手段和方法；教学计划是指博物馆根据教育目标为志愿者设置课程的总体规划，应包含课程开设的顺序、周期、课时分配、教育活动等方面的安排。课程类型是指课程设计者依据课程观而设计的课程种类，在普通教育学视野里，课程类型可以两两相对地划分为学科课程和活动课程、显性课程和隐性课程、必修课程和选修课程以及分科课程和综合课程等几种类型。而博物馆作为非正规教育机构，所以在设计志愿者的培训课程方面可以借鉴普通教育学的课程类型，但又不拘泥于其划分形式，我们可以根据博物馆教育的规律和特点，将志愿者的教育课程划分为专业课程，即博物馆专业知识、技能和相关理论课程；实践课程，即博物馆对志愿者进行实地操作、阵地讲解、参观考察和社会活动等内容进行辅导培训的课程；礼仪课程，即博物馆对志愿者在礼仪文化、人际交往和接待观众等方面的教育课程；常规课程，即博物馆对志愿者在馆舍、设备、设施的使用和维护、在馆内秩序维护疏导、人员安全的应急措施等方面进行的培训。教学过程是指博物馆管理者、工作人员和相关专家学者，根据社会需求、博物馆的岗位需要和志愿者的身心发展的特点，借助一定的教学手段，对志愿者展开教育的行为过程。教育评价和测量就是对志愿者的知识、技能与实践等方面能力的价值判断。这些要素之间的关系是相互依存、相互制约和相互作用的。其关系可以被简单概括为：教育主体依照教育规律和教育资源，制定教育目标，并采用适当的教育手段，对教育客体实施教育实践活动，最终对教育目标的实现程度、教育主体和客体在教育教学中的行为过程和行为结果进行教育管理和教育测量和评价的总和。

三、博物馆志愿者教育管理的构成

从理论上讲，博物馆志愿者的教育管理是由教育管理的本质属性、基本规律、教育管理现象、教育管理原则和教育管理内容等几个方面构成的。

（一）教育管理的本质属性和基本规律

教育管理的本质属性是指博物馆针对志愿者实施的教育是博物馆为实现其工作目标，更好地促进志愿者的全面发展或再生产能力的实践活动的性质与特征。教育管理的基本规律是教育管理内在的、必然的、具有稳定性的内在联系，决定了教育管理发展的方向。

（二）教育管理现象

现象是客观事物运行的表象，我们在此可以借鉴上述管理学的理论，将博物馆志愿者教育管理划分为教育管理观念、教育管理体制、教育管理活动、教育管理机制等几个方面。

1. 教育管理观念

观念是人们在实践中形成的对客观事物的认知形态，对人们的行为过程和行为结果都具有指向性，正确的观念有利于人们对事物做出正确的判断、决策和筹划。博物馆志愿者教育管理观念是博物馆及其志愿者组织在教育管理实践过程中形成的对志愿者教育管理的认识和态度。这种观念作用于教育活动过程中的各个环节，换言之，它对于博物馆制定教育目标、教学计划、实行措施、考量评估等一系列后续工作都具有指导性和方向性的作用。

2. 教育管理体制

志愿者的教育管理体制既区别于学校教育的管理体制，也区别于其他行业的教育管理体制，博物馆行业的志愿者教育管理体制是博物馆社会教育管理体制的具体表现形式，既包括志愿者教育所设置的层级管理机构、责权范围、隶属关系、运行机制，又包括博物馆制定的各项制度、规定、章程、守则、对志愿者的奖惩措施和对其身心健康实施干预性管理，它反映了博物馆宏观工作的经营理念和教育观念。

3. 教育管理活动

志愿者的教育管理活动是博物馆对志愿者实施的管理行为的总称，是博物馆及其志愿者组织利用各种人力资源、物力资源和财力资源等客观条件，以专业化、科学化和民主化的管理来促成志愿者全面发展的实践活动，这种活动既包括行政活动，也包括教育活动。

4. 教育管理机制

机制是指管理体制内各个组成部分之间的相互关系，教育管理机制是指教育管理系统内的功能、结构和内在联系以及运行方式和规律的原理，这是决定管理效果的核心内容。博物馆的志愿者组织就是要构建对志愿者进行教育管理的良好机制，在博物馆的社会职能、志愿者组织的结构和组织内部各成员之间的社会关系、工作关系、学习关系等方面不断调节和完善。

（三）教育管理原则

博物馆对志愿者的教育管理应当遵循一定的原则才能真正做到有据可依，包括导向性原则、规范性原则、科学性原则、综合性原则、权变性原则和有效性原则等方面。

1. 方向性原则：指博物馆的教育管理活动必须以依照博物馆教育的方针政策，使教育管理成为志愿者工作常态化和志愿服务优质化的指南。

2. 规范性原则：指教育管理活动要通过稳定合理的模式，不断用管理志愿者的相关规章制度来调节博物馆的管理行为，从而使教育管理活动规范化、制度化以保证和促进志愿服务工作的顺利进行和健康发展。

3. 科学性原则：指教育管理活动要以人为本，按照博物馆教育管理的客观规律实施管理，并借鉴和采用博物馆界和其他领域先进的管理理论和管理方法，使教育管理活动建立在科学的基础上。

4. 综合性原则：指教育管理活动应调动志愿者组织及其与之相关各个系统的积极性，包括博物馆管理者、工作人员和志愿者和参与志愿工作的其他各方，从而更好地推动志愿事业的正常发展。

5. 权变性原则：教育管理活动应根据管理情况的变化而采取相应的措施，实行动态的调节反思，使教育管理具有针对性和适应性。

6. 有效性原则：指教育管理活动要合理地组织和利用相关的资源配置，主要包括对人、财、物、岗位、时间分配等资源的配置，从而获得预期所要收到的效益。

（四）教育管理内容

从宏观上讲，博物馆教育管理体现了管理者对博物馆教育及其方针政策的认知程度，其目的即是要提升管理者的认识水平、管理能力，进而优化志愿者教育质量。对于志愿者的教育管理包括以下几方面，一是对管理者的特征、行为、作用和反馈的把握；二是对教育管理工作人员的要求、培训和成绩评定；三是对志愿者实施教育活动的目标、过程、经费和教育效果评价的管理等。总而言之，教育管理活动就是各种基本活动及其功能。法国的亨利·法约尔最早提出"五职能"说，即实行计划、组织、指挥、协调和控制。我们在此借鉴其理论，将博物馆志愿者教育管理活动划分为计划、组织、领导、评价、控制五个方面。而我们又可以将这五个方面细化为计划、组织、领导、协调、控制、激励、沟通、决策、创新、评价等环节。

1. 计划

"计划是对未来的活动进行规定和安排，是管理的首要职能。在工作实施之前，预先拟定出具体内容和步骤，它包括预测（分析环境）、决策（制定决策）和制定计划（编制行动方案）"。① 博物馆应首先要制定对志愿者教育管理的长期计划和近期计划。长期计划可以以年和季度为周期，近期计划可以以月和周为周期。计划的具体内容应包括教育活动的目的、环境背景、周期内应当完成的宏观、中观和微观的目标、具体实施的方案和步骤、培训手段等内容。我们在此以辽宁古生物博物馆第三批志愿者培训计划的样本为例加以说明。

案例4-1　辽宁古生物博物馆第三批志愿者培训计划②

一、培训目的：

（一）让志愿者清晰了解机构与服务的目标与期望

（二）保障志愿者服务的素质

（三）让志愿者能掌握足够的知识与技能，有信心地提供服务

（四）增强志愿者之间的合作联系与相互信任

二、培训内容与要求：

通过主要向大学生志愿者发放培训学习资料，并进行课堂面授等，时间约1周，培训内容主要包括志愿者的角色与责任、接待礼仪及形体训练、语言表达与沟通能力技巧训练、古生物专业知识技能培训等。

备注：我馆向志愿者发放《辽宁古生物博物馆志愿者服务手册》，人手一册，附本人照片，加盖公章生效。志愿者及督导部门需认真填写《服务手册》上的相关内容，给予每个志愿者正确的评价及建议。

三、培训方式与开展培训

方式一：面授　方式二：小组讨论　方式三：技巧示范　方式四：实地参观　方式五：游戏（需活动器材）

---

① 参照互动百科资料，网址：http://www.baike.com/wiki/。
② 资料来源：百度文库网站资料，网址：http://wenku.baidu.com/link？url。

开展培训分四个步骤：

（一）通识培训

1. 进行通识培训的主要目的

（1）对志愿者工作的描述：回答为什么要做志愿者，什么东西是在特定环境下必须做的。

（2）角色和责任：自己的角色定位和责任定位。

2. 内容包括：博物馆机构设置、历史背景、有关政策；有关志愿者服务，包括志愿者的概念、志愿者参与的价值与意义、志愿者角色与责任、志愿者服务内容、志愿者职权范围；本次活动的具体安排与计划、志愿者工作守则。

（二）形象礼仪培训

1. 进行形象礼仪培训的目标

（1）志愿者上岗前着装规范，仪表仪态的要求与学习。

（2）志愿者工作时的礼仪要求：例如文明礼貌，举止大方，言辞得体，微笑服务。不说粗话脏话，不能与观众发生争执等。

2. 内容包括：礼仪站姿、坐姿、走姿等要求，手势指引与讲解礼仪，衣服穿着，仪表仪态礼仪，吐字讲话礼仪，回答游客询问的礼仪以及欢迎礼仪、送别礼仪等。

（三）专业技能培训

1. 进行专业技能培训的主要目标

（1）使志愿者了解熟悉博物馆的参观路线与展厅内容。

（2）使志愿者对于基本的古生物知识有一定了解。

（3）使志愿者学习对于讲解时的重点展品的认识。

2. 内容包括：博物馆概况、博物馆的展厅设计与介绍、博物馆的参观路线、博物馆展厅里的重要展品、录制播放每个展馆的基本介绍（新）、播放有关科普知识视频。

（四）讲解技能与示范培训

1. 进行讲解技能与示范培训的主要目标

（1）使志愿者更深入地走进展厅，实地学习。

（2）使志愿者了解讲解的技巧与工作方法。

2. 内容包括：讲解技巧、展厅展品讲解与介绍、实地培训与介绍。

四、培训结果考核：

方式：实地讲解与服务

按照拟定人数分组分批次考核，具体结果公布。

五、上岗

要求：统一着装，带牌上岗。

辽宁古生物博物馆第三批志愿者培训计划

培训阶段	培训时间	培训内容	培训方式	课时	培训人	培训地点
第一阶段：古生物与化石基础理论培训	2011.11.3 晚17：30	古生物学基础知识		2学时	段冶	博物馆报告厅
	2011.11.4 晚17：30	鸟类世界		2学时	胡东宇	博物馆报告厅
	2011.11.8 晚17：30	辽宁中生代四足动物化石		2学时	周长付	博物馆报告厅
	2011.11.10 晚17：30	地壳演化与化石能源		2学时	曹成润	博物馆报告厅
第二阶段：志愿者综合素质培训	2011.11.8 下午13：30	志愿者形象与礼仪	培训讲师面授（1次）	2学时	旅管李老师	博物馆报告厅
	2011.11.9 晚17：30	讲解技巧培训	培训讲师面授	2学时	于老师	博物馆报告厅
	11.12下午13：30	实地讲解培训	本馆讲解员带领志愿者参观全馆，并做实地讲解演示	2学时	本馆讲解员	博物馆
第三阶段：考核	11.15 晚17：30	笔试	古生物及博物馆的相关理论知识，志愿者服务规则等相关知识	1小时	科普宣传部	博物馆报告厅

续表

培训阶段	培训时间	培训内容	培训方式	课时	培训人	培训地点
第四阶段：实习上岗	11.22——12.22	上岗见习	通过考核者发放胸卡，上岗见习	1个月	全体志愿者	博物馆

案例分析：辽宁古生物博物馆的志愿者培训计划是博物馆对志愿者进行短期培训的计划，该计划囊括了计划的诸多要素，既有文字叙述性的计划，也有表格式的计划，不仅培训内容引人入胜，生动活泼，而且培训形式也丰富多彩，别具一格，这一方面有利于博物馆顺利开展相关工作，做到有备而来，另一方面也有利于志愿者对博物馆的管理工作和宏观安排做到心里有数，起到了计划书应有的作用。

2. 组织

组织是指为了实现博物馆志愿者组织的工作目标，并依据组织制定的规章制度而设置的各种志愿服务工作岗位及其与之相关的人员分工和分配的权责结构与层级关系。博物馆要建立健全由管理者和工作人员为主导、志愿者自治管理为主体的组织架构，通过博物馆的授权或集体民主商议选举等方式，合理地选择和配备人员，明确上下级关系和彼此之间的合作关系。比如，可以按照委员会、理事会或事业部的方式搭建组织机构，确定管理委员会的会长、副会长、委员、组长和协调员等职务和相应的职责范围（如图4-1所示）。志愿者组织可以根据各项工作的性质和内容，将其进行分类组合。同时，按照志愿者的教育背景、个人专长和兴趣倾向进行定岗定工。

由于志愿者不属于博物馆的内部在编人员，从严格意义上讲，志愿者组织应属于非正式的自治管理组织，所以博物馆应注意处理好内部管理者、工作人员与志愿者组织之间的管理层级关系和管理范围（即隶属人员），要营造平等和谐、团结友爱、积极进取的组织文化氛围，避免因身份属性的差异而造成的矛盾冲突和人事纠纷，要充分利用好志愿者组织的自我管理能力和志愿者的发展潜力，为组织的常态化、规范化和人性化提供必要的、稳定的保障机制。

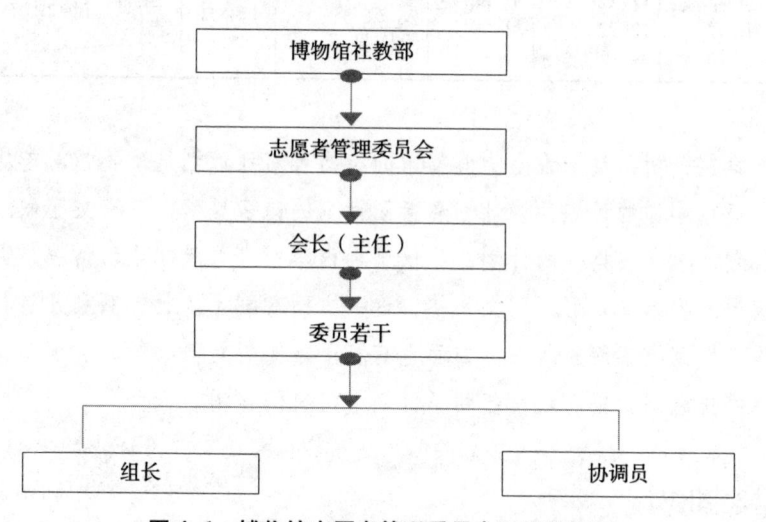

图4-1　博物馆志愿者管理委员会组织架构图

3. 领导

领导的职能主要是指志愿者组织的管理者在组织目标和组织结构确定的条件下，运用馆内的资源和自身的管理能力与管理技巧，引领组织成员实现组织目标。博物馆志愿者组织的直接领导是其管理者与工作人员，间接领导是博物馆认可、志愿者推举的志愿者。由于志愿者具有编外和编内的双重身份，即志愿者与博物馆的组织人事编制不存在必然的归属关系，又以博物馆工作人员的身份开展工作，所以，组织的领导者要非常注重志愿者的心理，对于志愿者的教育管理需要采用多层次、多方位的领导艺术。在志愿者的心目中，博物馆的管理者与工作人员是博物馆的形象代言人，他们的一言一行都会对志愿者造成内在、深刻的影响。而志愿者组织的管理者也是志愿者投票选举推荐出来的，是志愿者信任和拥戴的人选，他们的工作态度、工作能力和组织协调能力同样会成为组织成长和发展的重要因素。因此，这两种类型的领导应善于与志愿者及时沟通和交流，随时了解志愿者的心理需求和工作动态，指导志愿者的工作，并激励志愿者不断完善自我、顺利完成任务，妥善处理志愿者组织与志愿者之间、志愿者与观众之间的冲突。

4. 协调

协调是指为了保证博物馆志愿者组织的正常运转，顺利完成博物馆志愿工作的既定目标和各项计划，其相关负责人正确处理组织内外的各种关系，促进组织的健康发展。在协调过程中，志愿者组织应遵循整体性原则、时效性原则、持续性原则和直面性原则。

（1）整体性原则

整体性原则是指志愿者组织要在整体上把握组织目标与志愿者之间的关系，让志愿者在参与组织目标制定的基础上，树立主体工作意识，积极主动、自觉自愿地投入工作，而不是因行政指令而消极被动地敷衍工作。

（2）时效性原则

时效性原则是指管理者应具备防患于未然的居安思危的意识，提前预估可能出现的问题并拟定应急方案，在具体运作的过程中，应确切把握工作计划与各个工作环节之间的关系，及时发现问题，以最快的速度和适当的方式处理问题、解决问题，以保证工作效率。

（3）持续性原则

持续性原则是指志愿者组织要自始至终不断协调工作中的各种关系，注重寻求最优化、最科学的协调方式，并将这种方式转换为常态化和可持续性的协调机制。

（4）直面性原则

直面性原则有两重含义，一是管理者要在协调各方工作关系时，直接面对被协调者，减少中间环节，从而能够在第一时间内准确无误地深入协调和解决问题；二是管理者要尽可能让被协调者之间直接接触，开诚布公地坦言彼此的意见和看法，以利于相互交流、避免误解或节外生枝。

5. 控制

"所谓控制系指施控系统不断地依据其内外环境条件变化而进行制导、调整，从而使系统达到某种目的的过程。具体讲，它是建立实施标准或衡量尺度的过程，也是对照这些标准评价实施情况，并且纠正偏差错误的过程。"① 控制职能就是按既定的目标和标准，对组织的各种活动进行监督、检查，及时纠正执行偏差，使工作能按照计划进行，或适当调整计划以确保计划目标的实现。控制是管理职能环节中非常重要的一环。

志愿者组织对志愿者的控制过程实际上是管理者对志愿者的监督检查的过程，在这个过程中，管理者需要借助调节和制衡各种协调关系来兼顾组织工作的各个方面，通过发挥管理者和决策人的才智，以及对志愿者进行精神与物质两方面的奖惩机制，直接或间接地干预相关事务等形式的介入，提高管理者和志愿者组织的决策能力与效率，达到博物馆和管理者的目标状态。

6. 激励

激励是博物馆对志愿者进行教育管理不可或缺的重要环节和内容，是博物馆和志愿者组织基于社会对博物馆发展和志愿者的心理需求而采取的一系列考评措施，从而实现博物馆与志愿者的预期目标。科学有效的激励将有利于组织和志愿者个人的发展。从广义上讲，激励可以划分为三种类型，即物质激励和精神激励（满足被激励者对物质和精神层面的需求而实施的行为过程）、正面激励和负面激励（运用表扬或否定的奖惩方式来表彰或抑制被激励者的成绩或失误的行为过程）以及外在激励和内在激励（在工作中或外界非工作环境中激发被激励者的行为过程）等。不同的激励类型对行为过程和行为结果的影响也有所不同。由于志愿者身份属性具有公益性和利他性，所以采取哪种激励类型

---

① 秦玉琴主编：《新世纪领导干部百科全书》第 3 卷，中国言实出版社 1999 年版，第 2105—2106 页。

就需要博物馆谨慎行事。

志愿者组织和管理者一方面可以运用激励理论来指导志愿者教育管理活动，如美国心理学家马斯洛提出的需求层次理论、美国行为科学家弗雷德里克·赫茨伯格（Fredrick·Herzberg）提出的双因素理论（即保健因素和激励因素）以及美国心理学家弗鲁姆提出的期望理论，即激励力=效价×期望值（其中"效价是指个人对达到某种预期成果的偏爱程度，或某种预期成果可能给行为者带来的满足程度；期望值则是某一具体行动可带来某种预期成果的概率，即行为者采取某种行动，获得某种成果，从而带来某种心理上或生理上满足的可能性。"）[1] 等等；另一方面也可以采用几种类型相结合的方式，对志愿者在工作能力、个人需要、个人品德修养和个人绩效等方面进行科学的激励。一般地，组织对志愿者采取的激励方式可以概括为以下几个方面：

（1）在组织内为志愿者创设民主宽松的工作交流的人文环境，力争在组织内营造思想活跃、互相学习和积极进取的组织氛围。

（2）建立科学有效的激励机制，奖励创新和优秀志愿者，提高志愿者之间的良性竞争和积极创新的意识，及时准确地沟通信息，提高激励的运行效果与运行成本。

（3）加大对志愿者的培训力度，与时俱进，更新志愿者的知识体系，提升志愿者的知识层次，优化志愿者的知识结构，从而提高志愿服务的工作效率。

在激励过程中，博物馆和志愿者组织应当注重把握激励的基本原则，即目标明确原则、按需激励原则、及时激励原则、适当激励原则、物质激励和精神激励相结合原则和导向性原则。

（1）目标明确的激励原则，即指组织和管理者应预先设置并明确激励目标，换句话说，就是要清楚激励志愿者的目的何在。

（2）按需激励原则，即指组织应了解志愿者的心理需求、知识需

---

① 参照百度百科网站资料，网址：http://baike.baidu.com/link。

求和岗位需求，然后根据这些需求进行激励。

（3）及时激励原则，即指组织要善于抓住时机，在最恰当的时候不失时宜进行激励。

（4）适当激励原则，即指组织对志愿者的激励要适度，不能过于频繁，也不能过于稀少，激励的程度要适可而止、恰如其分，不要过分激励，否则就会导致负面的后果。

（5）物质激励和精神激励相结合的原则，即指组织在满足志愿者精神需求的同时，也要给予志愿者一定的物质激励，虽然志愿者并不会看重物质的补偿，但是将物质激励与精神激励相结合会更有利于达到激励的预期效果。我们在此以台湾自然科学博物馆的义工奖励制度为例加以说明。

案例4-2　台湾自然科学博物馆义工奖励制度

台湾自然科学博物馆建于 1993 年，是台湾地区首座将自然科学生活化、趣味化的、拥有最现代化设备的大型博物馆，该馆的志愿者分为个人志工、高中志工、项目志工、大专见习生和团体志工（彰化师大推广教育服务社、中山医学院社会医疗服务队）①，志愿服务工作开展得细致入微，颇具人性化，我们从其义工奖励制度便可见一斑。

"行健奖：依执勤规则全期值班无旷职，服务确具绩效者，于义工联谊会中公开表扬并颁行健奖；

日新奖：当期义工，凡服务热诚，参与本馆科教活动确有特殊贡献，并由各区负责人以具体事迹推广，经审查小组评选确定者，于本馆联谊会中表扬并颁日新奖。

服务奖：全期出勤状况良好（出席率 85%）

————————

① 参照台湾自然科学博物馆网站资料，网址：http://www.nmns.edu.tw/volunteer/system/。

荣誉奖：凡服务确具绩效且合于下列标准之一者授给：

1. 二级荣誉奖：满三年且值六百小时者颁荣誉奖奖状和银色纪念章。

2. 一级荣誉奖：满五年且值一千小时者，颁给荣誉奖奖牌和金质纪念章。

3. 特技荣誉奖：服务满十年且值一千八百小时者，颁给荣誉入馆证。

4. 服务期间之特殊表现，对科教推广确有助益者，有本馆函请义工所属学校或服务机关予以表扬或奖励。

5. 义工当年表现优异具以上事实之一，得由本馆评选事迹最佳者，依"教育部表扬社会教育有功团体及个人实施要点"及相关机构和社团公开表扬。

6. 期末考核绩优之义工，得优先绩任次期义务工作人员。①

案例分析：该馆的志愿者激励机制是通过量化志愿者的工作业绩来细化各种奖励措施，而且奖项的类别与内容也十分新颖和丰富，有利于对志愿者的教育和管理，提高志愿者的工作和学习积极性。

总之，激励的最终目的是让志愿者能够超越自我、完善自我，在志愿者组织和管理者潜移默化的真诚鼓励与赏罚分明的激励过程中，体现自我价值，实现社会价值，高效地完成博物馆的工作，让观众乘兴而来、满意而归。

7. 沟通

沟通是人们彼此之间思想情感的交流和信息传递送达的协调方式。沟通是沟通者运用一定的技巧，以口头语言、肢体语言为媒介，以沟通内容为依据，通过信息的发送、接收和反馈等环节，达到沟通的目的和效果。

---

① 资料来源：台湾自然科学博物馆编：《国立自然科学博物馆义工手册》。

组织的管理者应当注意同志愿者进行及时沟通，善于倾听志愿者的心声，恰当运用沟通技巧，把握时机，交流情感。依照社会学的理论，沟通的特点是"非权力支配性、非职责限定性和认同的疏导性。"① 非权力支配性指沟通是在平等的基础上进行交流，而不是以行政命令强制的行为；非职责限定性是指沟通并非完全受限于沟通者与被沟通者的工作范围，既可以是工作上的沟通，也可以是生活上的沟通；认同的疏导性是指沟通双方是针对同一问题展开沟通，最终达成共识和认同，这种共识与认同是具有疏导性和协调性的。

沟通的要素包括沟通的内容、沟通的方式和沟通的行为。博物馆志愿者组织的管理者、工作者与志愿者之间的沟通内容可以涉及方方面面，包括博物馆的发展动态、志愿者的服务状况、工作态度、在工作中遇到的问题、生活情况等等；沟通的方式有几种，第一种是语言沟通，这种沟通既可以是口头的沟通又可以是书面语言的沟通，就是以谈话、发言、讲演和聊天等方式，了解志愿者的心理活动、工作和生活情况，旨在通过获取信息并对信息沟通的效果进行追踪检查和及时反馈，来获取沟通的信息与结果，从而达到思想交流和增进感情的目的；第二种是非语言沟通，即以手势、姿势、语气、音调、语速等肢体语言实施沟通。也有人根据沟通的结构将其分为正式沟通和非正式沟通或上行、下行和平行沟通等。这些沟通模式也同样适用于博物馆对志愿者的教育管理。沟通的行为具体到沟通过程中，是指沟通双方动作的细节和言谈举止，例如沟通时的面部表情、眼神、目光接触、点头、双手和双脚的姿势、情绪状态等。

由于沟通双方在性别、年龄、智力、社会背景、个性特征、兴趣、价值观和能力等方面的差异性，组织应注意有效沟通，防止不良沟通所带来的消极结果。所谓有效沟通就是指沟通者要善于聆听，全神贯注地倾听被沟通者的想法和观点，而不是东张西望、心不在焉，随时加工和

---

① 参照百度百科网站资料，http://baike.baidu.com/link。

筛选沟通信息，察言观色，积极询问，把握沟通的最佳时机，不断吸收和推动正确、优良和积极的信息传递，提出建设性的建议和回馈，从对方的角度出发，设身处地地为对方着想，营造宽松而愉快的沟通气氛，形成有效的沟通机制。

8. 决策

决策是"人们在政治、经济、技术和日常生活中普遍存在的一种行为；决策是管理中经常发生的一种活动；决策是决定的意思，它是为了实现特定的目标，根据客观的可能性，在占有一定信息和经验的基础上，借助一定的工具、技巧和方法，对影响目标实现的诸因素进行分析、计算和判断选优后，对未来行动作出决定。"① 在博物馆志愿者教育管理的过程中，决策主体是博物馆的管理者、工作人员和志愿者组织的领导者，决策程序是决策主体通过确定决策目标、拟定决策方案、有效评价、选择并优化方案和实施方案，以解决问题和实现管理活动的最优化，实行科学决策是工作成败的关键所在。确定决策目标是指决策人通过对志愿者就有关博物馆志愿者教育管理工作和相关问题进行充分的调查研究，设定预期要达到的教育管理目标和所要获得的结果。决策目标是具有指向性和针对性的，因此，决策人必须明确决策目标，才能避免决策的失误。拟定方案是指在确定决策目标之后，决策人在纵观全局、分析和研究目标实现的各种条件的基础上，将优化志愿者的教育管理这一事物的综合因素与其发展趋势综合起来，进行排列组合，拟定出实现目标的各种备选方案；有效评价是指决策者和参与决策的相关人员要对备选方案进行评估和检查，发现问题，权衡利弊，为后续的工作奠定基础。评价的方法既可以是经验判断法，也可以是数据量化或实地操作法；选择并优化方案是指在众多备选方案中择取风险最小、成本最低但收效最大的方案，提高方案的可行性；接下来的工作就是实施方案。任何方案只有在实施后才有具有现实意义，这也是决策的归宿。

---

① 参照百度百科网站资料，http://baike.baidu.com/link。

决策主体在决策时要把握以下几个基本原则，即方向性原则、前瞻性原则、跟进性原则、可行性原则、民主性原则和系统性原则。

（1）方向性原则。即决策应对工作的发展方向起主导作用，使决策的管理工作自始至终保持在正确的轨道上，避免一些不必要的麻烦和问题。

（2）前瞻性原则。即决策应具有一定的预见性，这种预见性虽然具有很强烈的主观倾向，但却是依据客观事物进行科学分析和判断，所以"预测是决策科学化的前提，决策是预测的服务对象和实现机会，并贯穿于决策的全过程"①。

（3）跟进性原则。即在决策过程中，要实时跟踪和及时反馈决策的运行状况和发展态势，尽早发现问题和解决问题。

（4）可行性原则。即决策所拟定的方案应具有科学性和可行性，不能脱离客观实际而只能束之高阁或不具备操作性。

（5）民主性原则。即在决策过程中，组织决策人要广泛征集志愿者和其他相关人员的意见和建议，通过民主评议和协商的方式，对决策的各个环节的工作共同讨论，并制定出可行性方案。

（6）系统性原则。即在决策的整个过程中，决策者应对工作中相互联系、相互作用的各个环节了如指掌，使决策工作在宏观上呈现出较为完备的系统性，而不是支离破碎的、孤立的片段。

此外，决策还需要一定的技巧，决策技术一般分为定性技术和定量技术。定性技术是决策者通过在实际工作中收集信息、观察研究，凭借其知识、专业和经验，对工作中风险发生的可能性即兴判断。一般情况下，风险按其性质可以划分为"不重要"、"次要"、"中等"、"重要"、"灾难性"等几级，决策者要及时了解管理工作的相关背景和动态变化，对于工作的潜在危机做出正确的预测。在实际工作中，定性技术的方法可以概括为工作访谈、集体讨论、专家咨询、问卷调查、政策分析、个

---

① 参照百度百科网站资料，http：//baike. baidu. com/link。

案研究等；定量技术是指决策者采用逻辑推理等科学方法加以统计和分析，对工作中的关键性问题的变量关系进行价值判断，从而节约决策成本，获取决策收益。有些定量技术较为适合于志愿者教育决策管理，如期望值法，或称为"决策树法"，即预先估算工作中可能出现的各种结果的收益与损耗数值及各种情况下可能发生的概率。各种结果的这两者乘积的求和即为此方案的期望值，同理计算出每个方案的期望值再进行比较，作出选择。通常选择期望值大者作为最优方案。①

在实施决策的过程中，外在的环境和内在的条件对决策本身都会产生深远的影响，如环境因素的稳定性、决策风险的评估标准、决策内容、志愿者组织的发展理念与运行模式、决策主体所应具备的预测能力、判断能力、应变能力、个性特征和价值取向，是否具有开放的包容性和积极向上的乐观心态等因素。如果决策主体为一个团队，那么就更有必要对决策的目标、实现条件、范围、质量、外部环境和决策主体的职责与角色做出清晰的判断，提高决策的质量，降低决策成本，使团队决策更加趋于智能化和科学化。

9. 创新

"创新是以新思维、新发明和新描述为特征的一种概念化过程。创意是创新的特定形态，意识的新发展是人对于自我的创新。发现与创新构成人类对于物质世界的解放，即为人类自我创造及发展的核心发展的矛盾关系。代表两个不同的创造性行为。只有对于发现的否定性再创造才是人类产生及发展的基本点。实践才是创新的根本所在。创新的无限性在于物质世界的无限性。"② 创新概念的起源可追溯到 1912 年美籍经济学家熊彼特的《经济发展概论》。熊彼特在其著作中提出：创新是指把一种新的生产要素和生产条件的"新结合"引入生产体系。它包括五种情况：引入一种新产品，引入一种新的生产方法，开辟一个新的市

---

① 参照百度百科网站资料，网址：http：//baike. baidu. com/link。

② 参照百度网站资料，网址：http：//zhidao. baidu. com/link。

场，获得原材料或半成品的一种新的供应来源。熊彼特的创新概念包含的范围很广，如涉及到技术性变化的创新及非技术性变化的组织创新。① 创新意味着对于社会和个体在价值体系方面的突破与完善。博物馆对于志愿者进行教育管理也需要构建创新机制，不固守陈规，而是要善于推陈出新，实施头脑风暴，摒弃陈腐的思想意识。志愿者组织的创新就是对组织和志愿者个人在组织方式、教育模式和教育管理的结构等要素的重新配置和"再生产"，从而实现创新成果的社会化过程转换，使志愿服务形成规模性效益。我们姑且将这种经济领域的概念引入志愿者教育管理的创新概念界定中，并结合博物馆学与教育学的理论进行探讨。对于志愿者教育管理而言，创新的主要动力来源于创新思维。只有拥有创新思维和观念，才能提高认识能力和实践能力，才能产生新的教育产品和教育方法，满足博物馆文化市场的要求和观众服务的标准。

创新不是异想天开、随心所欲，必须遵循一定的原则，坚持以人为本原则、实事求是原则、前瞻性原则和可行性原则。

（1）以人为本原则。无论古今中外，人本主义思想对于社会各个领域的影响都是很深远的。如我国唐朝的布衣宰相马周曾在谏议唐太宗的上疏中言道："临天下者，以人为本。欲令百姓安乐，唯在刺史、县令。"马克思主义哲学思想中，也十分强调人的全面发展。认为人的全面发展包括人的需要的全面发展、人的素质的全面发展和人的本质的全面发展，归根到底是由人的本质的全面发展所决定的。马克思主义认为，人的本质"在其现实性上，它是一切社会关系的总和"。可见，人本主义思想对于人们的实践活动是具有积极作用的。博物馆志愿者教育管理的创新活动更是要在尊重志愿者的人格、自身发展需求的基础上，与时俱进，不断接受新事物，推动社会的进步，提高志愿者的综合素质。

（2）实事求是原则。"实事求是"的说法在我国汉代便已有之。

---

① 参照百度文库网站资料，网址：http://www.baike.com/wiki。

《汉书·河间献王传》中曾写道："修学好古，实事求是。"作为21世纪的现代人，我们更是要坚持这一原则。在志愿者教育管理方面，以实事求是为根本的创新不是空中楼阁、天马行空，而是要脚踏实地地开动脑筋，从实际情况出发，解放思想，以实践为依据，开拓进取，锐意创新，变革工作中不合理的地方。

（3）前瞻性原则。我们在维持原有的工作系统平衡的情况下，还应当根据具体情况和实践经验，不断进行具有前瞻性的预测，让创新更加富有生命力和生产力。志愿者组织在教育管理志愿者时，应事先预估工作中可能会出现的问题，做出相应的预案。从本质上讲，这也是一种创新机制。

（4）可行性原则。创新应当具有可行性或可操作性，要在以往的工作基础上，制定出切实可行的创新机制、创新模式和创新体系。志愿者组织可以在广泛征求志愿者的意见和建议的基础上，为教育管理工作提供可靠的保障机制。

创新的目的是要突破传统和常规，解决实践中的问题，作为一种实践活动，志愿者组织需要设计组织的目标和运行规划，创新的内容包括教育管理制度、教育服务、教育技术、教育职能、教育环境等方面的创新。

1）教育管理制度的创新。制度是维持志愿者组织正常运行的规制，教育管理制度的创新是指要改革旧有的教育管理制度的弊端。在我国博物馆的行政体制下，制度是以原则来限定博物馆的运行方式，志愿者组织对于志愿者的教育管理制度既包括志愿者组织的经营管理制度，也包括管理者和志愿者双方的责权制度。创新的方式可有多种多样，如可以改行政指令性的管理模式为民主自治的管理模式，旨在通过不断调整与改进博物馆、志愿者组织和志愿者之间的关系，使各方的权利和利益得以充分体现，从而为组织管理和志愿者提供良好的机遇，最大限度地保证志愿者的受教育权益，发挥志愿者组织和志愿者的潜力。

2）教育服务的创新。志愿者组织要在维持现有志愿者教育服务的基础上，为志愿者提供更优质的教育服务，要敢于推陈出新，降低姿态，为志愿者的教育培训提供科学性和时效性的教育模式，不固守陈规，从教育管理结构方面突出层次性、系统性和功能性，优化教育内容。

3）教育技术的创新。教育技术是指采用新的教育管理方法和再生产的方式，摒弃不符合博物馆教育管理发展规律的方式方法，以最低的成本投入和最高的质量保证回馈给博物馆及其志愿者组织。

4）职能创新。志愿者组织要在管理职能方面勇于创新，即在用人方面、激励方式和协调方式的创新。在用人方面要因才而用、人尽其才，要了解和掌握志愿者的特长、个人能力、综合素质和个性特征，按照博物馆的工作需求专人专责、定岗到位。在激励方式的创新就是指组织管理者要在实践过程中，不断总结经验教训，对志愿者及时表扬、及时鼓励，采取正向激励和负面激励相结合的方式，优胜劣汰，保证志愿者的质量。协调方式是指组织管理者要妥善处理与协调好组织内部和外部的各种矛盾和利益，及时而高效地解决问题，从而保证各方利益不受损失和组织的正常运行。

5）环境创新。环境是组织经营管理的客观条件和外在因素，同时也制约着组织的发展壮大。对于志愿者组织的教育管理环境的创新就是指通过组织积极的创新活动去改造环境、去调节环境向着有利于组织发展的方向变化。

10. 评价职能

评价职能是对教育效果和教育质量进行综合评价，没有对教育管理的合理评价，就不能实现教育过程及决策控制的优化，也难以实现教育的健康发展，难以实现教育的公平。因此，博物馆要在遵循客观、公正、科学、合理的评价原则的基础上，根据博物馆教育价值理念和教育目标，通过对志愿者教育的信息收集和整理分析，采用相关的定量和定性评价相结合的科学方法，制度符合实际和切实有效的考量标准，对志愿者教育决策、教育活动、教育效果和教育质量进行发展性评价，增强教育评价的信度和效度，避免评价标准的单一性、片面性的泛化现象，并最终形成科学化、常态化和规范化的动态评价体系，以达到对志愿者教育增值的目的。

　　上述教育管理方面的理论是在实践的基础上总结和归纳出来的，如果能够透彻学习和科学把握好其真谛和内涵，势必会有助于志愿者组织的工作顺利开展，使志愿者的教育管理从宏观到微观都拥有强大的科学理论作为支撑和指导。

第二节　博物馆志愿者的教学管理

　　从教育学理论来谈，教学管理包括计划管理、教学目标管理、教学过程管理、质量管理、教师管理、学生管理、教学档案管理。虽然博物馆对志愿者的教学行为属非正式教学，但在突出行业特色的条件下，其教学管理也可以借鉴这一理论，创建自身的理论。我们在此从以下几个方面进行探讨和研究，包括博物馆对志愿者的教学计划、教学目标、教学过程、教学任务、教学原则、教学方法、教学手段、教学内容、课程和教材、教育人员、教学档案和教学评价等诸多方面的管理。

一、教学计划的管理

　　作为对志愿者进行教育的指导性和纲领性文件，博物馆和志愿者组织应当根据博物馆教育的发展规律和志愿者的学习程序、规律制定阶段性和周期性的教学计划，并派专人负责拟定、监督、检查并定期审核，然后再根据教学计划的具体实施情况，及时调整计划中的不足，总结成功经验，进一步完善这一指导性的文件。具体流程如下图：

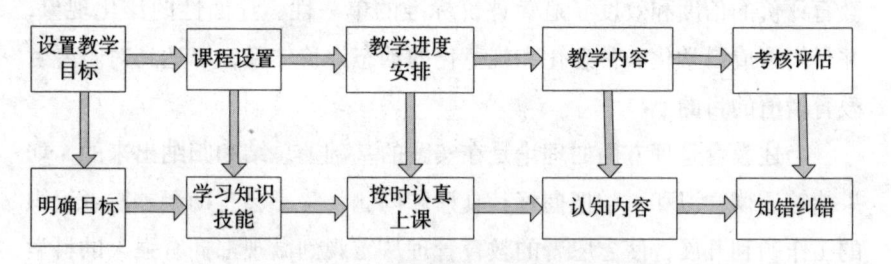

图 4-2　博物馆志愿者教学计划管理流程图

二、教学目标的管理

"目标管理就是上级和下级一起协商把管理系统和总任务转化为组织的共同目标，然后在此基础上分解成部门目标和个人目标，并把这些目标作为组织经营评估和奖励每个部门和个人贡献的标准，从而最大限度地调动部门和个人的积极性和创造性为实现组织的总体目标各负其责各尽其能。"① 博物馆要建立起相对完善的志愿者教学目标管理体系，根据博物馆的教育方针和工作需求，制定具有标准化、导向性、整体性、可操作性和满足志愿者个性化发展的目标，统筹计划、具体安排，通过各部门的协调工作，以科学量化和化整为零的管理手段，为目标管理创造条件，统一指导，责任到人，将目标落实到实处，充分发挥目标的激励作用、奖惩分明，从而推动教学的有效性和持续性发展。

三、教学过程的管理

教学过程是博物馆根据社会需求、博物馆的工作需要与志愿者的特点、由博物馆教育人员和相关专家学者的教授与志愿者的学习、教学内容和教学手段等要素所构成的行为过程。其中教育人员是教学过程的主导因素，志愿者是教学过程的主体因素，教学内容和手段是教学过程的

① 参照百度文库网站资料，网址：http://wenku.baidu.com/link。

客观因素。

（一）教育者的教授过程

教育者的教授过程基本上包括几个环节，即备课、培训、答疑、考核。

1. 备课

博物馆的教育人员要根据教学目标，事先了解自己所要教授的内容、教学对象，并准备教材、讲义和教案，做好充分的课前准备。需要强调的是，教案是教育人员做好培训的重要书面资料，但是由于博物馆对志愿者的教学有以下几方面特点，即博物馆自身类型的要求（如科技类博物馆与遗址类博物馆对志愿者的教学要求各不相同）、教学内容的专业性、教学对象在年龄、阅历、知识结构和自身素质等方面的差异性、教学形式的多样性和教育项目临时性与不确定性等特点，使得教育人员对志愿者的教案也各不相同，现将北京市大葆台西汉墓博物馆社教部培训志愿者的教案作为样本进行探讨，仅供参考。

案例4-3　教案样本

背景链接：

北京市大葆台西汉墓是一座遗址性博物馆，是在距今两千多年前，西汉广阳顷王刘建的地下宫殿遗址上建立起来的。1974年6月初，北京市某基建单位在这里进行地质勘测过程中，偶然钻探出了一些木炭和白膏泥，当时震惊全国的马王堆汉墓，采用的就是这些物质进行密封，所以当时工人们就认为这里可能也是一座汉墓，于是马上报告了当时的文物主管部门。在随后的清理发掘过程中，又在西侧相距26米的地方发现了另一座汉墓；按照发现的先后顺序，分别定名为"一号墓"和"二号墓"，为夫妻并穴合葬墓。其中，"二号墓"的墓室结构，早年被焚毁，在清理遗物以后被回填，现在保留下来的就是大葆台一号汉墓。

2009 年，博物馆招聘了首都经贸大学、电子科技大学和华侨大学的学生充当馆内的志愿者，并针对博物馆的教育项目对这些志愿者进行了专业辅导和培训。培训的内容包括基本陈列、模拟考古、书写竹简和投壶礼仪等项目，其中模拟考古是博物馆的品牌项目，其前身为 1994 年的"考古小奇兵"活动，是专门面向青少年观众推出的教育活动，多年来一直受到社会尤其是学校等教育机构的欢迎，得到了在校广大师生的一致好评。以下为博物馆为培训志愿者所拟定的"模拟考古教学方案"。

模拟考古教学方案

一、基础知识目标

了解考古基本常识和田野考古的场地设置，熟记几个考古学常用的专业名词。比如：探方、年代层、洛阳铲、鬃刷、碳14 等等。

二、教学组织

通过现场教学的形势，增加志愿者学习知识的层面，扩大志愿者视野，使他们能够对历史有更多的感性认识。模拟考古教学分课堂讲授和实地操作两个部分，其中课堂教学部分重点是向志愿者讲解考古学的定义和它的研究目的，让志愿者初步了解考古学和它对历史研究的重要作用。在讲授过程中，老师或讲解员向志愿者简要介绍考古学的工作基本操作模式，并且教会志愿者通过器形对比判断出土文物的年代以及这个年代在中国历史中的位置。在实际操作阶段，通过让志愿者亲自动手对探方实施发掘，找到探方内埋藏的文物，利用实践课堂讲授阶段所学到的知识，由现场老师进行专业指导。

三、能力培养目标

考古学属于人文科学的领域，是历史科学的重要组成部分。其任务在于根据古代人类通过各种活动遗留下来的实物，以研究人类古代社会的历史。实物资料包括各种遗迹和遗物，它们多埋没在地下，必须经过科学的调查发掘，才能被系统地、完整地揭示和收集。因此，考古学研究的基础在于田野调查发掘工作。

模拟考古就是通过模拟田野考古的发掘过程，让志愿者们在亲自动手参与的过程中，实践历史研究的重要过程，懂得历史研究的基本方法。

在进行模拟考古的课程中：

（1）通过实际的操作，让志愿者初步了解考古学的基本知识。并在挖掘探方的过程中，学会基本的处理文物的方法。

（2）从考古的角度建立起中国历史的年代概念。指导志愿者观察器物的形态特征及其变化。

（3）让志愿者对于各个时代流行器物有一个初步的概念，初步培养志愿者辨识古代器物的能力。

四、教学要点

在模拟考古的过程中，应当注意老师讲解与志愿者实际操作相结合的教学模式，使志愿者在寓教于乐的氛围下学到知识，实践技术。因此，老师在教学过程中应当注意在活动中穿插以下要点内容：

1. 考古学的研究目的；

2. 文物考古遵循的原则；

3. 考古学对于历史研究的重要意义；

4. 我国重要考古研究的成果。

五、教学建议

考古是一项专业性较强的工作，志愿者对其有较强的好奇心，因此在模拟考古课程进行的过程中，老师应当充分把握志愿者的这种求知欲望，在活动进行过程中将知识穿插进去，以便取得良好的教学效果。

在志愿者进入场地前，应将志愿者带入场地外观摩，使志愿者对田野考古的发掘现场有一个初步的直观认识。同时，老师开始向志愿者讲解有关田野考古的基本知识。在志愿者了解了田野考古的基本知识以后，开始教授志愿者使用工具进行发掘的方法，并在这个过程中告诉志愿者，文物保护的重要意义。当志愿者发掘以后，老师应当对志愿者在挖掘过程中通过示范，让志愿者尝试"专业"一点的发掘方法，及时告诉志愿者其所挖掘器物的名称和年代，同时，指引志愿者对照挂图，找到器物所在时代及这个时代在中国历史中的位置，从而增加活动的知识性和趣味性。①

案例分析：该教案将博物馆的概况、志愿者应掌握的知识和技能以及志愿者进行实地操作的具体流程都清晰地描述出来，将志愿者置身于观众的位置，使其身临其境地感受和了解博物馆教育项目的整个过程，这样的培训有利于志愿者在活动中充分发挥作用，熟悉项目的每一个具体环节。

2. 培训

培训是教育人员实施教学活动的核心环节，它关系到教育人员是否能够顺利完成教学任务，志愿者是否能够很好地接受和吸收相关知识要点、难点。

3. 答疑

教育人员要及时了解志愿者的学习状态和学习效果，除了传道授业之外，还应准确无误地回答志愿者提出的问题和质疑。

4. 考核

考核是博物馆对志愿者的学习情况和学习效果的一种检验与监督方式，旨在通过考核使教育者与志愿者都认识到教学过程中的不足与弱势，以便更好地在今后的教学过程中扬长避短、循序渐进地不断改善教学方法与学习方法。

（二）志愿者的学习过程

志愿者的学习过程包括课前预习、听课、复习巩固、自我检查、实地运用等环节。

1. 预习。这是指志愿者要在博物馆培训开课之前，预先阅读和初

---

① 参照北京市大葆台西汉墓博物馆社教部内部资料。

步学习相关培训教材的内容，从中找出自己不懂的知识进行标识，以便于上课时注意掌握和咨询老师。

2. 听课。这一环节是志愿者学习的核心环节。由于志愿者的年龄、心理、生理和知识结构等方面的差异，听课对于不同层次的志愿者而言，所付出的精力、所采用的方法和听课的效果都是千差万别的，但是常规意义上的认真听讲、集中精力、敢于提问、善于交流都是听课时不可或缺的行为。

3. 复习巩固。这是指在志愿者学习之后，对教师课堂教学的内容进行消化和吸收的学习过程，通过复习已学过的知识，达到"温故知新"的学习目的，更加牢固地掌握知识的系统性和结构性。

4. 自我检查。自我检查是指志愿者在平时经常检查自己在知识体系方面的问题，不断检验自己对知识把握的情况，以便有利于今后的学习。

5. 实地运用。这个环节就是指所谓的"学以致用"，志愿者要将学习到的知识运用到实地工作中，并在工作中发现问题、总结成功的经验和失败的教训，并最终找到解决问题的方案。

四、教学任务的管理

教学任务管理是一件实践性很强的工作，主要包括对教师的管理、教学岗位任务管理、教学和课程建设与维持任务管理等几方面的管理。教师管理主要是对教师的筛选、聘用、新人培训、统计教师工作量与考核的管理；教学岗位任务的管理主要包括教学计划的录入与存储、教学任务书的编写、课程进度表、汇总表的管理等；教学和课程建设与维持任务的管理包括对博物馆已有课程和教学模式的调研、新课程的开发、培训基地的建设、精品课程的设计开发、课程标准的编制、考核测试题库的建设和志愿者的教学管理等。

五、教学原则的管理

教学原则是博物馆依据志愿者教育的目的制定的、能够反映其教育规律的教学要求，它贯穿于教育教学活动的全过程，是教学主体和客体应当遵循的行为准则和规范。正确运用教学原则对提高教学质量和效果具有重要的作用。博物馆对志愿者进行教育教学的原则应包括科学性原则、自主性原则、学以致用原则和创新性原则。

（一）科学性原则。从博物馆教师的角度讲，应以科学的教学理念和教学手段，客观、真实、准确地传授给志愿者相关的知识和技能，实施有效教学，使志愿者最大限度地掌握最根本、最科学的知识点，从而尽快进入工作岗位。从志愿者的角度讲，应以科学严谨、谦虚谨慎的态度努力学习，积极配合博物馆的教学工作。

（二）自主性原则。志愿者是自愿投入到博物馆的建设事业中以寻求自我价值的不断完善，从这个意义上讲，他们学习的主动性和积极性较高，因此，博物馆在传授知识的过程中，是以引导志愿者的"内化性"自我教育为主，"抛砖引玉"地提高志愿者的学习兴趣，充分调动其学习积极性，促成志愿者的自主性学习，使教学变为双向互动、教学相长、师生共进的过程。

（三）学以致用原则。马克思的辩证唯物主义非常注重理论联系实际的原则，这条原则也同样适用于对志愿者的教育原则。博物馆对志愿者的教育从根本上说是岗位培训的性质，"养兵千日"重在"用兵一时"，志愿者学习的目的也在于实际操作，在学习中锻炼，在学习中成长。因此学以致用原则即是志愿者将所学知识和技能用于实践当中，真正为大众传承文明和传播文化。

（四）创新性原则。博物馆教育是社会发展和进步的产物，从最初的把玩私藏发展到供公众欣赏经历了一个漫长的过程，在这个过程中，博物馆出于自身生存和发展的需求而越来越社会化、大众化，因此博物馆的志愿者教育要不断更新变换教育角度和教育内容，以满足社会公众不断增长的精神文化需求。另外，博物馆对志愿者的教育教学也应体现求新求异的特点，博物馆的教育工作者要不断拓展志愿者的新思路，敢为天下先，例如科技类博物馆在培训志愿者时，要鼓励他们提出自己的独到见解，大胆动手操作，勇于探索、勇于实践。

六、教学方法的管理

教育学理论认为，教学方法是教师和学生为了实现共同的教学目标，完成共同的教学任务，在教学过程中运用的方式与手段的总称。它涉及的是教法与学法两方面的问题。博物馆志愿者教学方法的管理也包括这两方面的内容。

（一）教授方法

教授方法是指教育者对志愿者采用的教的方法，归纳起来，通常有以下几种：讲授法、启发法、演示法、情景教学法、案例教学法、讨论法、体验式教学法、参观考察法、岗位实习法、模拟实验法和质疑—发现教学法等。

1. 讲授法。讲授法是许多博物馆常规使用的教学法，是教育者以口头语言的方式向志愿者讲授博物馆专业行业知识、理论知识和通识知识等方面的内容，让志愿者直接、快速、准确地掌握相关知识，从而为以后的岗位服务工作打下坚实的理论基础。授课教师大多是文博界、考古界、科技界和教育界的专家学者以及博物馆的工作人员，授课地点不定，有时会选择在博物馆内部，有时是在博物馆外的一些场所，授课形式有专家专题讲座、报告会、座谈会、交流会和讨论会，一般情况下没有统一固定的教材，有时是博物馆内编的讲义，有时是专家自备讲稿或教材，有时是志愿者的经验交流文稿。这种讲授既可以是平铺直叙的讲解讲述，也可以是生动活泼的讲读讲演。例如在讲授自然科学知识时，大多是采用讲解讲述的方式来反映知识的内在逻辑关系，而在讲授人文科学知识时，讲读讲演的方式则更能呈现出知识的形象性特点。此法的优势就在于时空的灵活性和获取知识与间接经验的高效性。

2. 启发法。该法是通过教育者的生动描述以及教育者和志愿者之间的教学互动，如问答和讲解练习等方式来启发志愿者的联想，从而使其对所学知识印象深刻。例如教育者在为志愿者讲解明代嘉庆年间的清宫点翠工艺时，可以通过提问志愿者"为什么叫做点翠工艺？"来启发志愿者这一工艺与"翠鸟"有关，引发志愿者进行思考和探究，最终得出这是当时清宫造办处的工匠将民间搜罗来的翠鸟的蓝色和紫色羽毛拔下，粘贴到器物上的一种羽毛工艺，以至于民间的翠鸟几乎绝迹，这样就加深了志愿者的印象，有利于其牢固掌握知识，使知识深入化和系统化。

3. 演示法。该法在正规的学校基础教育中被称为实物教学法，在博物馆志愿者的教学过程中，是指教育者在教学时，根据教学目的和授课内容的需要，运用直观教具、标本、模型或采用多媒体视听等手段，向志愿者展示文物藏品或图片、图表、文献、仪器、模型，或者进行示范性的演示，让志愿者通过观察获得感性知识和直观认识，以说明和印证所传授知识的方法，将理论与实际相结合，引起学习兴趣，加深对知识的理解、记忆和巩固，发展观察力、想象力和思维能力。如教育者在讲授商周青铜器的纹饰时，可以给志愿者展示多媒体或图片上的文物，使其了解其纹饰的类型大致包括兽面纹、凤鸟纹、回纹、涡纹、夔龙纹、乳丁纹、虎纹、蚕纹、牛纹和蝉纹等，而且这些纹饰一般与王权、神权及其精神世界密切相关。这就使志愿者对这一知识有了初步的感性认识。这种方法多见于科技类和遗址类的博物馆，其优势是直观性和形象性较强，便于将抽象的知识外化为感性认识，使志愿者易于准确把握知识的脉络。

4. 情景教学法。该法是教育者通过在教学过程中设置模拟的教学情景和特定的教学环境，使志愿者在愉悦宽松的场景中动手操作，感受文化氛围，从而提高教学的感染力，达到教学目标。如一些名人故居纪念馆和遗址类博物馆就非常适合这种教学法，教育者可以在富有情景性的现场为志愿者讲授有关人物和文物等知识，其优势是有利于志愿者开拓视野，提高动手能力，取得了很好的教学效果。

5. 案例教学法。该法是在教育者的指导下，由志愿者对选定的具有代表性的典型案例，进行有针对性的分析、审理和讨论，做出自己的判断和评价。这种教学方法拓宽了志愿者的思维空间，增加了学习兴趣，提高了其能力。如在讲授文物保护法时，可以举一些实际发生的案例，让志愿者思考、判断和分析其合法性，并得出正确的结论。这种方法可以充分发挥其启发性和实效性的特点，能够开发志愿者的思维能力，提高其判断能力、决策能力和综合素质。

6. 讨论法。该法是教育者通过让志愿者在课堂上就某个专题进行讨论与合作学习，明确任务，在志愿者之间形成相互沟通、相互合作和共同进步的团队合作意识。如可以让志愿者就某个教育项目的创意分组讨论，彼此分享和交流意见与观点，然后每组派代表陈述各自的方案及设计思路，最终由教育者汇总，由博物馆相关管理者进行决策，在修改和审议通过后，采纳其中最有创意、最科学的方案。这种方法既可以大大激发志愿者的学习兴趣，培养其思维表达能力，又可以使其认识到自己在知识结构和思维方式上的不足，扬长避短，主动学习。

7. 体验式教学法。该法是博物馆让志愿者亲自体验知识和情感，使之通过亲自探究和思考，理解和领悟知识，甚至参与知识的建构，设计出解决问题的方案。如博物馆让志愿者参与展陈设计、编辑文稿、文物修复等工作，打破教育者教授和志愿者聆听的单一教学模式，使其在实践过程中，领会知识的主要内容与精髓，唤起其求知热情，增长见识。这样就大大地激发了学生学习的积极性和主动性，能够收到非常好的教学效果。

8. 参观考察法。参观考察法是博物馆志愿者教育的优势教学法，即博物馆及其教育者根据教学目标和教学内容，将志愿者带到实验基地和古迹遗址等自然和人文景观地进行实地讲解、考察、研究、学习和交流，与此同时博物馆的授课教师或当地博物馆的有关授课人员会传递给志愿者要学习的新知识和新技能的信息，这种方法具有普适性和实践性强的特点，易于激发志愿者的学习兴趣。博物馆在参观前需要做好参观计划和现场讲解大纲，对志愿者提出相关要求，保证参观的质量和人员安全，参观结束后，再动员志愿者写出观后感或心得体会。

9. 岗位实习法。岗位实习法是指博物馆依据教学需要和志愿者的具体情况，将志愿者带到未来工作的岗位现场进行实地操练，这种实习法要求博物馆事前要制定周密的实习计划，包括实习的目的、时间、地点、实习小组的划分、辅导教师、志愿者实习报告的撰写要求等。其优势在于现场操作性强，对于志愿者上岗工作大有裨益。如现在许多博物馆最普遍的志愿者岗位是讲解工作，而阵地讲解实际上就是岗位实习法的具体表现。

10. 模拟实验法。模拟实验法是志愿者在博物馆教师的指导下，运用博物馆提供的机器或设备等进行模拟实际场景的动手实验方法，这种方法有利于提高志愿者动手、动脑的独立工作能力，开阔志愿者的思维。博物馆需要对实验项目进行科学严谨的实验计划编写、实验步骤的安排、实验过程中的具体指导方法和实验结束后的志愿者实验总结报告的撰写。

11. 质疑—发现教学法。我国古代教育家曾提出"学从疑生，疑解则学成"和"前辈谓学贵为疑，小疑则小进，大疑则大进"等教学方法。美国教育心理学家和教育家布鲁纳也于20世纪中期认为发现教学法有利于激活培养学生的学习的内在动机、学习兴趣和开发其智慧潜能。该法实际上是教师以学生为中心所展开的多层次、多渠道的多边性教学互动的活动，旨在培养学生的创新能力，发挥学生的主体作用，让他们积极地参与学习的过程。那么，博物馆又应如何培养志愿者的学习动机和学习能力呢？

对于博物馆而言，志愿者的学习效率直接影响到其工作质量和志愿工作开展的进度，从这个意义上讲，志愿者组织需要通过各种方式激励志愿者的学习动机、培养他们的学习能力是十分必要的。在激发志愿者学习动机时，志愿者组织可以采用以下步骤：第一，让志愿者的学习动机与博物馆工作的需要互相协调统一起来，换句话说，就是使个人需求与组织需求保持一致，使组织目标落实到个人目标上，提高志愿者参与志愿工作的频度和效度。第二，为志愿者提供良好的工作氛围和人文环境，真诚帮助志愿者，正视他们工作中出现的问题，关爱他们的身心健康，使他们能够以积极乐观的态度和热情投入到工作中去，更好地为博物馆和观众服务。第三，增加和创设丰富多彩、形式各异的文化教育活动，为志愿者的学习提供更多的机遇和平台，开阔他们的视野，让他们在理论和实践两方面的学习都得到加强。第四，及时鼓励和表彰工作优秀的志愿者，树立典范和榜样，使志愿者能够在工作中扬长避短，自信心和学习热情持续提升，求知欲望也不断增强。

在培养志愿者的能力方面，志愿者组织除日常进行定期和不定期的知识与技能等方面的培训活动之外，其工作人员还应学习相关的理论，如心理学、教育学、社会学和传媒学等，切实了解志愿者的心理状态和健康状况，掌握他们思维方式的特点和学习知识的规律，只有这样，才能使培训卓有成效。另外，志愿者组织还要注意在平时工作中，善于发现志愿者工作的优势和存在的问题，正确指导志愿者的工作方法，及时纠正错误，反馈具有建设性的信息和意见，使志愿者的学习能力在失败与成功的交替往复中得到锻炼，这样，随着时间的推移，志愿者便会运用逻辑思维和理性判断等方法，凭借经验处理好工作中出现的问题，而他们的学习能力与工作能力也会在这个过程中逐渐得到升华。

（二）志愿者的学习方法

志愿者的学习方法并非整齐划一，而是异彩纷呈的，这是由于每个志愿者个体的知识结构、学习习惯、记忆方法和综合素质的差异所致，我们结合以往的工作经验和行业特点，并借鉴教育学、学习学和心理学的理论，概括出以下几种学习方法，仅供参考。

1. 目标学习法

目标学习法是美国心理学家布卢姆提出的。他认为知识内容是由点、线、面构成的相对独立又彼此相联的体系，因此学习者要明确知识目标在体系中所处的位置，把握知识难点和重点，在充足的时间内学习知识就能收效甚佳。同时还强调学习者的自我矫正能力。对于志愿者而言，博物馆的知识浩如烟海，在学习过程中，要明确学习的重点目标，为自己设置长期和短期的目标，制定合理的学习计划，根据教育者的教学要求，宏观把握学习方向和重点难点，找出众多知识内容之间的联系与契合点，做好课前预习与课后复习与实践等工作，遵循识记、理解、应用、分析、综合、评价的学习步骤，不断自我检测、自我矫正和自我补救。如志愿者在学习古代投壶礼仪时，要事先制定学习计划和学习步骤，占有相关背景资料，了解其概要，再依照博物馆开展教育活动的要求，对投壶的发展沿革、游戏规则和思想内涵等重点内容进行识记、理解和分析，然后再针对仿照的实物演练，在演练过程中发现问题，及时纠正，增强学习的注意力与深入学习的动机。这就势必会提高志愿者的学习动机和学习能力，增强自信心。

2. 对比学习法。该法是指将知识的相近和相似甚至相对的属性进行分类和比照，从而加深记忆和对知识的理解，顾此及彼，触类旁通，提高学习效率。例如各朝代的玉器特征就可以通过此法学习。商代后期的玉器的重要特征就是以礼器、实用器、装饰物等为主，其中人物和动物形玉器大量出现。而春秋战国时期的玉器除了商后期的玉器类型外，还包括葬玉，且装饰品中尤以玉佩饰极为发达。到了汉代，出现了"汉八刀"的琢玉工艺，器形多以玉璧、玉人、佩饰、剑饰为主。当然，志愿者还可以制成表格分类加以对比，这样的学习方法有利于志愿者按知识的特点和程序进行归类，充分发挥记忆的分类识记功能，从而牢固掌握知识并灵活运用知识。

3. 问题学习法

该法是指志愿者应善于在学习过程中发现问题、提出问题，有目的、有意识地通过自我探究、不耻下问、勤于思考来解决问题，以积极主动的学习态度和对工作、对观众负责的精神顺利完成博物馆的学习任务。

4. 联系学习法

博物馆的科学文化知识之间存在着千丝万缕的联系，这种联系具有逻辑性、渐进性、秩序性等特点，例如在学习编钟编磬的知识时，志愿者可以通过查阅文献、阅读书籍将与之有关的古代乐器知识、乐府和教坊诗词、著名乐人、诗人以及相关的文物加以联系，这样不仅能够拓展志愿者知识的深度和广度，形成有意义的知识迁移，而且还会有助于构建新的知识联系，融会贯通，扩大知识信息的储存量。

5. 合作学习法

该法是指志愿者可以通过小组合作和团体合作等方式进行学习。由于志愿者是来自各行各业的不同教育和工作背景的个体，每个人都各有所长，甚至"术业有专攻"，合作学习即可以彼此共享智力和学习资源，取长补短，不断交流，相互促进，共同成长，有利于增进志愿者之间的相互了解、信任与感情，增强团队合作意识和团体荣誉感与责任感。

6. 实地操作法

该法是遵照辩证唯物主义的理论联系实际的一种学习方法，非常适合志愿者的自我学习和自我教育。例如自然科技类博物馆的志愿者要学习一些设备、设施和模型的使用操作，就需要志愿者将专家学者讲授的理论反复地应用于实地操作当中，只有这样，才能真正掌握相关技能；再比如要学习讲解的手势、走势、动作、技巧和礼仪，志愿者也要细心观察，亲身实践才能领会其要领，才能充分发挥主观能动性，进行有效学习。

7. 拓展学习法。该法是指志愿者在教育教学过程中，在知识内容、学习形式和学习方法等方面的扩容增加和优化发展，以便提高自身的综合素质。例如要了解佛教造像的知识，除了解造像的年代、器型、纹饰、特征和制作工艺外，还需要进一步研究造像的宗教内涵、社会背景、历史与考古信息等，而要想牢记这些晦涩难懂的宗教知识，就要根据自身的学习习惯，通过一些特殊的记忆方法来消化记忆了。

8. 系统学习法。该法是指志愿者可以将所学的知识视为一个系统，按照树状、网状和由点及面的方法来学习，由大及小、由浅入深、由概况到细节，由一般到个别地完善知识结构，再专攻缺陷和不足。例如志愿者在学习教材时，可以先通读一遍所学内容，然后再按照章节逐步细化知识层次，分解结构，对相关知识点进行解读，遵循从模糊到清晰，从宏观到微观，从纵向到横向，从抽象到具体的规律学习，这种方法有利于志愿者从整体上把握、记忆和理解知识。

9. 创造性学习法。英国著名物理学家霍金曾说："无论你从事什么事业，你必须有创造力；否则你只是一个无聊重复的方程式，永远也发现不了新东西。"志愿者的学习过程同时也应是创造过程，例如有些专家志愿者在某一领域造诣很深，在学习知识时，也能从其专业的角度对博物馆工作的创新提出新的见解和方案，为博物馆建言献策，这样既有利于志愿者自身的学习，也有利于博物馆各项工作的发展。

当然，还有许多学习方法有待志愿者在自己的学习生活中不断摸索、不断探究，最终找到适合自己学习习惯和思维方式的最佳方法，同时，博物馆也应为志愿者创造更多的学习机会，使之更加完善自我，充分展现自我价值，为博物馆和观众提供满意的服务。

七、教学手段的管理

教学手段是教育者为了达到预期的教学目的，在教学过程中运用的具体媒介性工具，例如黑板、粉笔、挂图、模型、多媒体影像、音频等。在当今知识经济、信息化和数字化的社会，无论是正规的学校教育，还是非正规的社会大教育，传统的教学手段已经逐渐被多媒体、电脑、无线网络、虚拟现实、数字化、智能化等现代化的高科技手段所取代。博物馆的志愿者教育也不例外，上述各种教学手段在教学过程中应用得十分广泛。如故宫博物院养心殿的三希堂平时是不对外开放的，为了让志愿者更好地了解三希堂的背景知识，故宫运用数字化虚拟现实（VIRTUE REALITY）技术使志愿者们领略了三希堂的内部构造、文物设置和历史知识，达到了实地参观难以企及的效果。当然，传统的教学手段也不能完全摒弃，可以配合现代教学手段或两者并举。

八、教学内容的管理

博物馆对志愿者的教学内容是多方面的，既包括博物馆行业的通识内容，也包括博物馆自身的展览陈列、接待礼仪、行业规则等。关于这一内容，我们将辟专章讨论。

九、课程和教材的管理

（一）课程的管理

课程主要是指博物馆为实现教学目标，向志愿者提供学习的教学内容的总和及其进程与安排。这种安排是有目的、有计划的教育实践活动。虽然这种非正规的课程很难像学校等教育机构那样规范，但是博物馆应当力求使其教学培训的课程体系化和规范化。博物馆的课程建设应设置内容丰富、形式多样的课程，如开设专题课程（即就某一专题而进行教授的专业课程）、选修课程（即为拓展志愿者的知识构架而开设的与博物馆文化相关的课程）、理论课程（即专门教授志愿者博物馆学和文物考古学等理论的课程）、网络课程（即通过网络实施远程授课或视频交流）和多媒体课程（即通过制作多媒体课件、采用多媒体技术进行教学的课程），这样，不仅会提升志愿者教育培训的正规性和系统性，而且也会激发志愿者的学习动机，提高教育教学质量。

（二）教材的管理

目前，博物馆对志愿者的培训教材各不相同，因为每个博物馆的馆藏和展陈不同，所以教材也不可能整齐划一，但是在编写教材时，我们也应当遵循教育规律，根据志愿者的生理特点、心理特征、文化水平和接受能力，开展教材建设，编写出既突出层次性，又具有时效性的切实可行的教材或讲义，尽量做到图文并茂，生动形象，便于志愿者学习、记忆和理解。同时还要注重将教材进行分类，包括规范教材、自编教材、精品教材、纸质教材、电子类教材、多媒体教材、实验教材和卡片等资料，并在应用教材的实践中不断发现问题、总结经验，改进教材，最终形成适合志愿者教育和成长的可读性读本，另外再把馆藏知识读物、行业文化书籍、外聘专家学者的讲义和参观考察、经验交流、讲座培训和学术论坛的论著成果作为辅助教材，努力把志愿者培养成为既博又专的人才。

十、教育人员的管理

教育人员包括博物馆在编的管理人员、工作人员和博物馆聘请的编外的业内专家学者等教育人员，他们是教学中的主导因素。他们的言行举止、仪容礼数、学识内涵和自身修养，在潜移默化中对于志愿者在心理和知识方面都具有很深远的影响，也是博物馆的公众形象的表现形式之一。所以，博物馆要注重对这些教育人员的管理，对在编人员实施必要的培训与疏导，对于编外人员也要适当提出博物馆的相关政策要求和培训标准，使他们保持良好的心态投入到教学工作中。

在师资队伍建设方面，博物馆应了解本馆与外聘教育人员的基本情况，规定其工作量，制定教学综合业务考核表，周期性地对教育人员进行培训和学术交流，以提高其专业水平，保证对志愿者进行教育教学的质量。

十一、教学档案的管理

教学档案是博物馆在教学活动中所形成的有价值的历史记录，包括各种文字、图片、图表、音像、多媒体资料、电子版资料、志愿者学习状况和考核结果等方面的记录，它是反映博物馆对志愿者进行教学管理和教学运行的重要资料，也是评估和衡量教学质量和管理水平的参考依据。为此，博物馆应当设立严格的档案管理和验收制度，以便于安全妥善地处理好档案的形成、归档、分类、整理、录入和备份等工作。博物馆可以以周期为单位，如年月或季度，设立档案教学资料。

十二、教学评价管理

（一）相关概念

教学评价管理是博物馆对教育人员的教学思想、教学过程和教学质量等诸多方面的评价管理。对教学思想的评价是指博物馆对教育者在更新教育观念，教书育人，因材施教、执行课程设置和教学计划、面向全体志愿者和提高教学质量等方面的评价；对教学过程的评价包括教学计划、教学设计、课堂教学等方面的评价。即教学计划是否切实可行，是否具有长效性和规律性。教学设计是否反映了博物馆教育的目标、标准和要求，是否符合志愿者的生理、心理特征，是否突出教学重点和难点，是否将教学方法、教学步骤、教学设想和组织教学等要素囊括其中且合理安排；课堂教学是否目标明确，突出重点，突破难点，教育者教法是否灵活多样、层次清晰、针对性较强，是否善于利用非智力因素进行教学，理论与实践相结合，优化教学内容、教学机构和教学手段，从而能够增加志愿者的知识结构，培养志愿者的动手操作能力，教学效果良好；对教学质量的评价是通过对志愿者的定期和不定期的考核来进行的，一般是根据博物馆的岗位职责的要求，以志愿者的工作业绩作为教学质量的评价依据。

（二）评价原则

教学评价应注重把握评价原则，包括科学性原则、宏观性原则、可行性原则、发展性原则和导向性原则。

1. 科学性原则。即要依照客观、公正和规范化的评价目标对教学各个环节的工作进行有理有据的评价，而不是主观性与随机性地评价，从而使教育者的教学工作科学化、规范化。

2. 宏观性原则。即要在整体上全面考虑教学各个要素的关联，调整好局部与整体的关系，而不是将诸要素割裂和孤立开来，以点带面、以偏概全，应使教学这一系统性工程得到有效和有序的控制，从而推动教学整体工作的发展。

3. 可行性原则。即评价管理在目标任务、量化标准、定性描述和实施细则等方面都要有章可依，清晰明确，以便于评价者实际操作。

4. 发展性原则。即评价要具有前瞻性和动态性，要形成阶段性的评价成果和体系，在教学发展过程中进行形成性和诊断性的评价机制，使评价与教学工作紧密结合、有效衔接。

5. 导向性原则。即要从教学计划的执行、教学任务的实施和教学质量的提高等方面发现教学中的问题所在，对优化教学思想、教学内容和教学方法提出具有指导意义的评价结论和改进建议与意见。

（三）教学评价的类型

博物馆可以根据评价理论和培训要求进行教学评价。一般地教学评价可分为诊断性评价、形成性评价和总结性评价三种类型。

1. 诊断性评价

诊断性评价是指博物馆教育者在教学活动开始前，对志愿者的个人信息和基本情况进行了解和鉴别，以便采取相应的教学方法顺利完成教学计划和教学任务。

2. 形成性评价

形成性评价是在教学过程中，教育者为实现教学目标，不断改进教学方法，对志愿者的学习效果和工作效果的评价，从而进一步规范和完善教学过程。这种评价可以分为以教为主的形成性评价和以学为主的形成性评价。以教为主的形成性评价是博物馆通过搜集教育者和志愿者的教与学的效果的信息资料并进行价值判断，常用的方法是表格评价，一般通过设置权重或参数作为标准，将具体评价内容细化或量化以得出相应的数据进行分析、归纳和总结。以学为主的形成性评价是博物馆对志愿者的学习过程、学习态度、参与程度和学习效果进行价值判断。

3. 总结性评价

总结性评价是教育者对志愿者掌握相关知识和技能的整体程度和效果进行阶段性和总结性的评价。总结性评价一般次数较少，一年一到两次，具有概括性和导向性的作用。

（四）评价方式

在评价过程中，可采用自评和他评相结合的评价方式。

1. 自评。自评是指教育者和志愿者对自己的教学水平和学习状态进行评价。

（1）教育者自评。即教育人员通过周期性地对自己的教学质量进行评价（如表4-1所示），对工作中的问题不断自省和检验，以期持续性地提高教学质量。例如可以由博物馆或教育者本人自制评价量表，将每项工作进行量化，从而得出相对客观的结论。

表4-1　博物馆志愿者教育人员教学自评表

教育者姓名：　　　　　　　　　　　　评价时间：

序号	评价内容	评价分值	最终得分	备注
1	认真备课，做好预先授课的充分准备	10分		

序号	评价内容	评价分值	最终得分	备注
2	精心编写或择取教材、背景资料	10分		
3	教学内容详实、信息丰富、条理清楚、遵循教学逻辑、重点和难点突出，对教材把握得游刃有余	15分		
4	熟练运用知识，有效传递给志愿者相关的知识和技能，完成教学要求，满足和激发志愿者的求知欲，理论联系实际，鼓励志愿者自我学习	15分		
5	教学充满激情，善于启发志愿者独立思考，与志愿者积极互动，平等交流，相处融洽，课堂气氛活跃	15分		
6	能够使用互联网、多媒体和现代化教学技术	10分		
7	敢于创新，不断改进教学方法，根据需要调整教学内容	15分		
8	对志愿者的考核客观、公正，不参杂个人偏见和主观臆断，能够有效提高志愿者的学习兴趣，发现并矫正其在学习和工作中问题	10分		

（2）志愿者自评

志愿者自我评价是他们根据自己学习和工作的状况评价自己的学习能力和工作能力，也就是自我反思的过程，志愿者可以制定自评表（如表4-2所示）。博物馆在了解了志愿者的专长、能力和需求后，分配给他们相应的岗位工作。志愿者再根据博物馆的具体标准和要求，从教育培训和工作岗位的表现出发进行自我评价，旨在随时发现问题，及时纠正错误，以便把志愿工作落到实处。在自我评价时，志愿者应实事求是，端正态度，积极配合博物馆的评价工作，只有这样，才能达到他们来博物馆做志愿者的初衷和目的，即服务和奉献社会，更好地实现自我价值。

表4-2 博物馆志愿者学习自评表

志愿者： 评价日期：

课题（活动）名称				
上课（活动）起止时间				
上课（活动）次数				
自评内容分值	认真学习	很好	一般	不好
	参与程度	很好	一般	不好
	互助互学	很好	一般	不好
	合作交流	很好	一般	不好
	自主探究	很好	一般	不好
备注				

2. 他评。他评包括博物馆和志愿者对教育者的评价、博物馆对志愿者的评价，志愿者之间的互评和观众对志愿者的评价三方面的内容。

（1）博物馆和志愿者对教育者的评价。即博物馆和志愿者对教育者的职业道德、教学水平、教学效果和教学质量进行评价。评价者可以设置评价项目、内容、权重等评价表模板，细化评价内涵，并随时更新，不断丰富和改进评价指标，如可以制成下表：

表4-3 博物馆教育者教学能力他评表

评价人： 教育者： 评价日期：

项目	评价内容	权重			分值
		好 （95分）	中 （75分）	差 （60分以下）	
职业道德	1. 爱岗敬业，恪守责任 2. 为人师表，关爱志愿者 3. 遵循博物馆教育规律，循循善诱				

续表

项目	评价内容	权重			分值
		好 （95分）	中 （75分）	差 （60分以下）	
教学能力	1. 渊博而纯熟的博物馆及其相关专业的知识技能 2. 高超的教学语言表达能力和逻辑思维能力 3. 优秀的组织课堂教学和协调志愿者关系的能力 4. 充沛的教学热情、亲和力与凝聚力 5. 具备基本的科研能力，即具有深厚的理论研究的功底与丰富的科研实践的能力 6. 机智而成熟的社交能力				
教学技巧	1. 制定教学计划周密合理，课程设置和教学进度安排得当 2. 教案设计符合要求，能够根据博物馆行业和志愿者的特点制定优良的教学策略 3. 熟练使用和制作教学软件、课件等教学媒介，会运用藏品实物、教学设施、设备和模型等直观教具、互联网和新媒体如微博、微信、博客等进行信息传输和处理 4. 能够驾驭课堂教学的教育性、科学性和艺术性等技能，设问、置疑、启发、引导和板书等方面的技巧 5. 课后辅导与科学命题评价考核志愿者学习状况的技巧				
总分					
备注					

表4-4 博物馆教育者课堂教学评价表

评价人： 教育者： 评价日期：

授课人			授课地点		授课时间	
课题名称					课时	
评价项目	评价内容			权重	评价结果		项目得分
					分值	得分	
教学目标	（一）目标意识		1. 教学目标明确、科学，符合博物馆行业要求和标准与志愿者的心理与生理特点	10	5		
			2. 对于教学重点和关键问题设置得当，信息准确无误		5		
教学步骤	（二）主体意识		3. 善于引导志愿者的学习动机，激发其求知欲	30	5		
			4. 所授知识脉络清晰，重点突出，结构严谨		5		
			5. 能够为志愿者创设良好的教学环境，与志愿者开展良性互动和交流		5		
			6. 善于引导志愿者把感性知识上升为理性知识，理解和掌握知识		5		
			7. 能够为志愿者提供优化的学习方法，激发其动手实践和创新的能力		5		
			8. 能够引导志愿者巩固知识和检查知识的疏漏		5		

授课人			授课地点		授课时间	
课题名称					课时	
评价项目		评价内容		权重	评价结果		项目得分

评价项目		评价内容	权重	分值	得分	项目得分
教学方法	（三）训练意识	9. 使用普通话，语言清晰简练，仪态端庄，严肃活泼	35	5		
		10. 注重使用多种教法培养志愿者的学习能力		5		
		11. 教学民主，平易近人，尊重志愿者，气氛轻松、和谐、融洽		5		
		12. 会使用现代化信息技术作为教学手段		5		
	（四）情感意识	13. 注重培养志愿者的学习兴趣、习惯、信心等非智力因素		5		
		14. 具有较强的应变和调控能力		5		
教学效果	（六）效率意识	15. 志愿者能顺利完成教学目标，教学效果良好	15	5		
		16. 志愿者积极主动、学习兴趣浓厚，教学气氛活跃		5		
		17. 志愿者能够消化教学内容、承受教学任务		5		
教学特色	（七）特色意识	18. 教学富有个人特色与风格，能够较好地吸引志愿者的注意力	加分	10		
总体评价			总分			

（2）博物馆对志愿者的评价。即博物馆对志愿者的智力因素（学习能力）和非智力因素（学习习惯和学习心理）等方面进行考核评估。学习能力是指志愿者在正式学习或非正式学习环境下，自我学习和自我教

育以谋求发展的能力。我们根据普通教育学的原理设置其评价指标包括注意力、观察力、记忆力、思维能力、想象力、创造力、理解力、语言表达能力、操作能力；学习习惯是志愿者出于自身的学习需要而内化的、长期性的和固定的行为方式；学习心理是志愿者学习行为发展和变化的心理活动与心理过程。包括学习动机、学习目的、学习态度、学习品质、学习情感、学习交流和学习控制等内容。学习动机指志愿者持续学习行为的内在驱动力；学习目的是志愿者根据岗位和自身需要而预先设定的行为目标；学习态度是志愿者对于学习秉持的持续性的行为与心理倾向；学习品质指志愿者通过各种途径获取与岗位相关的知识技能的能力；学习情感指志愿者在学习过程中的主观体验；学习交流是志愿者在学习过程中知识和技能方面信息互换的行为过程；学习控制是志愿者对知识和技能的识别、判断、记忆和自行调整的能力。如我们可以设置下表：

表 4-5 博物馆志愿者学习评价表

评价人：　　　　志愿者：　　　　评价日期：

一级指标	二级指标	三级指标	评价内容与要素
智力因素	学习能力	注意力	注意力的指向性和集中性明确，视觉、知觉和感觉注意力较好
		观察力	有敏锐、准确而细致的观察力，善于观察事物的现象
		记忆力	对知识的概念、原理、内涵的短期记忆、长期记忆、抽象记忆和形象记忆力持续稳固
		思维能力	勤于思考，具有分析、概括、判断、比较、归纳、推理论证、整合知识的能力
		想象力	具有丰富的空间想象力，文字想象力和艺术想象力，有较强的创新意识
		创造力	不默守陈规，锐意创新，敢于开拓和挑战权威
		语言表达力	有较强的语言表达能力，口齿清晰，用词准确，语意明白，符合逻辑，文理贯通，语言有自己的特点和风格，能清晰、准确、连贯、得体地阐释学习内容和工作内容。
		操作能力	动手能力强，能够领会和熟练模拟、操作、演示相关设施、设备

续表

一级指标	二级指标	三级指标	评价内容与要素
非智力因素	学习习惯	自觉性	认真学习，勤于思考，自觉完成学习和工作任务
		主动性	能主动学习，不断拓展自身的知识体系，能有目的地收集、整理、编辑并使用博物馆和其他途径获得的信息，能够提出良好的学习意见和建议
		独立性	独立思考，深入探究。善于触类旁通，连贯知识，查阅资料和进行研究
		合作意识	虚心求教，不耻下问，尊重他人，能够听取他人意见，有较强的团队意识与合作精神，能与他人合作共同完成任务
		总结反思	善于总结、反思和发现问题，能够及时改正不足并多途径解决问题
	学习心理	学习动机	有强烈的求知欲和好奇心，学习兴趣浓厚
		学习目的	学习目的明确，能够制定近期和长期的有效学习目标
		学习态度	学习态度端正，积极参与博物馆安排的各种学习和参观活动
		学习品质	有自信心，注意力集中，洞察力敏锐，思维活跃
		学习情感	能够正确对待学习中的困难和挫折，善于反思，追求成功，学习情绪积极良好
		学习交流	能与他人积极沟通和交流，共同学习，共同进步，乐于同他人分享成功的喜悦
		学习控制	有良好的自我控制和调节能力，善于化解学习中所遇到的心理问题，持之以恒

需要强调的是，对于志愿者个性品质的评价是一个很棘手的问题，博物馆可以借鉴一些心理学理论的成果，采用人格测试和心理测试等方法实施评价。如可采用享誉国际的由美国伊利诺州立大学人格及能力测验研究所卡特尔教授提出的卡特尔十六种人格因素测试法（简称16PF），该法曾被广泛应用于人格测评、人才选拔、心理咨询和职业咨询等领域，主要是通过设置相互独立和相关度较小的十六种人格因素以

及八种次级因素，并运用因素分析统计法，以约四十五分钟的时间，测量出十六种主要人格特征，综合了解、判断和评价被测对象的整体性人格特征，测试结果具有较高的信度和效度。现具体阐释如下：

案例4-4　卡特尔十六种人格因素测试法①

卡特尔测试法是由十六种人格因素和八种次级因素构成的，主要包括以下内容：

因素 A—乐群性：低分特征：缄默，孤独，冷漠。高分特征：外向，热情，乐群。

因素 B—聪慧性：低分特征：思想迟钝，学识浅薄，抽象思考能力弱。高分特征：聪明，富有才识，善于抽象思考，学习能力强，思考敏捷正确。

因素 C—稳定性：低分特征：情绪激动，易生烦恼，心神动摇不定，易受环境支配。高分特征：情绪稳定而成熟，能面对现实。

因素 E—恃强性：低分特征：谦逊，顺从，通融，恭顺。高分特征：好强固执，独立积极。

因素 F—兴奋性：低分特征：严肃，审慎，冷静，寡言。高分特征：轻松兴奋，随遇而安。

因素 G—有恒性：低分特征：苟且敷衍，缺乏奉公守法的精神。高分特征：有恒负责，做事尽职。

因素 H—敢为性：低分特征：畏怯退缩缺乏自信心。高分特征：冒险敢为，少有顾忌。

因素 I—敏感性：低分特征：理智的，着重现实，自恃其力。高分特征：敏感，感情用事。

因素 L—怀疑性：低分特征：依赖随和，易与人相处。高分特征：

① 百度百科网站资料，http：//baike. baidu. com/link？url。

怀疑，刚愎，固执己见。

因素 M—幻想性：低分特征：现实，合乎成规，力求妥善合理。高分特征：幻想的，狂放不羁。

因素 N—世故性：低分特征：坦白，直率，天真。高分特征：精明能干，世故。

因素 O—忧虑性：低分特征：安详，沉着，有自信心。高分特征：忧虑抑郁，烦恼自扰。

因素 Q1—实验性：低分特征：保守的，尊重传统观念与行为标准。高分特征：自由的，批评激进，不拘泥于现实。

因素 Q2—独立性：低分特征：依赖，随群附众。高分特征：自立自强，当机立断。

因素 Q3—自律性：低分特征：矛盾冲突，不顾大体。高分特征：知己知彼，自律谨严。

因素 Q4—紧张性：低分特征：心平气和，闲散宁静。高分特征：紧张困扰，激动挣扎。

适应与焦虑型 X1：低分特征：生活适应顺利，通常感到心满意足，能做到所期望的及自认为重要的事情。也可能对困难的工作缺乏毅力，有事事知难而退，不肯奋斗努力的倾向。高分特征：对生活上所要求的和自己意欲达成的事情常感到不满意。可能会使工作受到破坏和影响身体健康。

内向与外向型 X2：低分特征：内倾，趋于胆小，自足，在与别人接触中采取克制态度，有利于从事精细工作。高分特征：外倾，开朗，善于交际，不受拘束，有利于从事贸易工作。

感情用事与安详机警型 X4：低分特征：情感丰富而感到困扰不安，它可能是缺乏信心，颓丧的类型，对生活中的细节较为含蓄敏感，性格温和，讲究生活艺术，采取行动前再三思考，顾虑太多。高分特征：富有事业心，果断，刚毅，有进取精神，精力充沛，行动迅速，但常忽视生活上的细节，只对明显的事物注意，有时会考虑不周，不计后果，贸然行事。

怯懦与果断型 X4：低分特征：怯懦，顺从，依赖别人，纯洁，个性被动，受人驱使而不能独立，为获取别人的欢心会事事迁就。高分特征：果断，独立，露锋芒，有气魄，有攻击性的倾向，通常会主动地寻找可以施展这种行为的环境或机会，以充分表现自己的独创能力，并从中取得利益。

心理健康因素 Y1：低于 12 分者仅占人数分配的 10%，情绪不稳定的程度颇为显著。

专业有成就者的人格因素 Y2：平均分为 55，67 以上者应有其成就。

创造力强者的人格因素 Y3：标准分高于 7 者属于创造力强者的范围，应有其成就。

在新环境中有成长能力的人格因素 Y4：平均值为 22 分，不足 17 分者仅占分配人数的 10% 左右，从事专业或训练成功的可能性极小。25 分以上者，则有成功的希望。

案例分析：从评价类型看，卡特尔人格测试法属于诊断评价，简单明了，操作易行，准确率也相对较高。如果博物馆在培训志愿者时，将日常观察和使用类似的科学的评价方法相结合，准确把握志愿者的个性品质特征，正确认知其人格特征，即可以根据博物馆的工作需要和志愿者的意愿、个性，为志愿者教育和岗位工作的设置提供可参考的依据。

（3）志愿者互评。志愿者之间互评实际上也是其相互学习和沟通交流的重要方法。双方要站在公平客观和相互尊重的基础上实施评价。我们设计了志愿者学习自评互评问卷以供参考。

问卷 4-1　志愿者学习自评/互评问卷

一、准备学习

1. 我（他/她）是否确定了学习的宏观目标和微观目标？

2. 我（他/她）是否制定了学习计划？该计划是否切实可行？

3. 我（他/她）学习的重点和目标文物藏品是什么？

二、正式学习

1. 我（他/她）的学习态度是否端正？对博物馆文化是否感兴趣？

2. 我（他/她）是否具备良好的学习习惯？

3. 我（他/她）是否采用了适宜的方法进行学习？

4. 我（他/她）是否能理解博物馆教育人员传授的知识和信息？

5. 我（他/她）有哪些知识、技能和理论尚未掌握？我（他/她）是否逐一解决了这些问题？是通过何种途径解决的？

6. 我（他/她）是否能够正确调整学习与工作之间的关系并将学习成果有效转换？

三、学习效果评估

1. 我（他/她）是否能将学习的知识准确无误地运用到工作中？

2. 我（他/她）是否根据观众的文化水平、性格、特殊需要和利益调整我的学习方式和工作方式？

3. 我（他/她）是否在思想上尊重观众所有的观点？

4. 我（他/她）是否鼓励观众参与互动、进行讨论？

5. 我（他/她）是否运用语言技巧讲解并让观众观察展品？以足够的"等待时间"来等待观众的反应（如提出问题并解决问题）？

6. 我（他/她）是否实现了观众参观学习的目标？

7. 观众是否认可我（他/她）的工作？

8. 我（他/她）是否能与博物馆的管理者、工作人员、教育者以及其他志愿者和谐相处？

总之，此类评价问卷应从实际出发，以专业化和人性化原则为设计理念，以观众为本、从观众的参观需要、参观心理和个性特征出发，对志愿者的学习态度、学习质量、工作质量、讲解技巧、驾驭观众的能力、人际关系等方面，以行为透视心理，从细处进行评价，把学习内容与岗位工作有机地结合起来，评价指标与观众和展品紧密衔接，只有这样才能达到评价的有效性。

（4）观众对志愿者的评价。观众对志愿者的评价一般情况下是由博物馆设计调查问卷，由观众来填写或接受博物馆访谈等形式对志愿者的工作状况加以评价。例如可以设计如下的问卷：

问卷4-2　观众对志愿者讲解工作的评价问卷

观众姓名：_____志愿者：_____

日　　期：_____地　点：_____

展览名称：_____

1. 您认为志愿者的讲解对您而言是有价值的吗？_____

2. 志愿者是如何讲解的（包括词汇、音调、音量）？

3. 您认为志愿者的提问技巧如何？他/她使用了什么类型的问题？（是开放式的还是填空式的）：_____

举例说明使用的问题：_____

_____

_____

_____

4. 志愿者在同您交流时的语气、语速、神态和表情怎样？

_____

_____

5. 请评论志愿者是用什么样的目光与您和其他观众接触的？

_____

6. 志愿者是否营造了一次和谐愉快的参观经历并进行知识传授？您是否感到志愿者是令人愉快的？（请说明）

_____

_____

7. 志愿者是否积极参与活动，或仅仅是观察者，如果有或没有，情况是怎样的？是否运用幽默的技巧来建立融洽的关系？您觉得有效吗?

_____

_____

8. 您认为此次参观是怎样进行的?(是快,是慢,还是只是向右或向左)请解释:

_____

_____

_____

9. 志愿者在讲解过程中是否使用了任何辅助教具以增强视觉效果?您认为志愿者在将来的讲解展示中可以利用或避免哪些问题?

_____

_____

附加说明:_____

(五)教学评价的作用

博物馆通过对教育者和志愿者进行教学效果评价,有助于博物馆了解其在培训方面的具体情况,发现问题,找出原因,从而判断其教育培训的质量和水平、成效和缺陷,对教育者的教学和志愿者的学习也具有监督和检验的作用,可以使二者获取相关的准确反馈信息,以便调整教学和学习行为,不断完善教学计划,激发兴趣,进一步推进两者实现教学目标。

本章结语

对志愿者的教育管理和教学管理是博物馆将博物馆学与教育学、管理学和心理学等理论与实践成果加以整合的产物,因此它是博物馆应当常抓不懈的工作。当这一工作已经成为常态化的模式后，博物馆应在工作中不断摸索其发展规律，使之能够长善救失，更加规范化和系统化，最终实现最优化的教育教学的科学管理方法。

第五章　博物馆志愿者的教育
内容与课程开发

引　言

　　无论是正规教育还是非正规教育，教育内容与课程都是要传递给教育对象主要信息的核心所在。当然，博物馆志愿者教育的课程并非如学校教育的课程那样按部就班、循规蹈矩，但作为一种长效机制的教育工作，博物馆对志愿者的每次形式各异的培训已经形成周期性、系统性和较为稳定的模式，所以其课程可以被视作正规教育下的"隐性课程"和"潜在课程"，这一点我们后文会专门阐述。从这个意义上讲，对于志愿者教育内容和课程开发的深入研究，实际上是研究博物馆志愿者教育这一课题的关键。

第一节　博物馆对志愿者理论
知识技能的教育

　　普通教育学中的教育内容是指"构成教育过程的一个基本要素。

它是由教育目的决定的，体现着人才培养的素质结构的要求，反映着文化科学技术发展的状况，它是选择教育方法、手段和形式的重要依据，是进行教育活动、实现教育目的、任务的基本保证。"① 简而言之，在学校教育中，德、智、体、美、劳是其教育内容，旨在促进学生的全面发展，为国家和社会做出应有的贡献，并实现个人的社会价值。作为非正规教育，博物馆志愿者的教育则是博物馆为了提高志愿者的综合素质，以最短的时间、最少人员和财力的投入，获取最大的成本回报，顺利开展和不断推进工作的重要举措，依据其工作特点和性质，教育内容可以分为理论知识和实践能力的培养两方面。理论知识是博物馆通过各种教育方式向志愿者传授的文化知识，包括博物馆的通识性知识、行业守则、专业知识等；实践能力的培养是博物馆让志愿者实地操作，主要包括运用博物馆的设施、模型、设备实现教育目的的具体实践活动。

一、博物馆通识知识的教育

（一）通识知识的概念

所谓通识知识是指常识性和普通性的文化知识。博物馆是一部活态的百科全书，包罗万象，林林总总。对于宏观意义的博物馆行业而言，通识性的知识应当包括一定的自然科学和人文社会科学知识、博物馆行业的基本知识、一般意义的艺术素养和审美鉴赏能力、常识性的现代信息技术知识、应有的安全维护知识等。而对于微观层面上的某一座博物馆而言，则是要根据其类型、性质和特点而定了。

（二）通识知识的内涵

1. 自然科学知识。自然科学知识涉及自然界中的数学、物理、化

---

① 许高厚、张永祥、沈义良、时芳美主编：《普通教育学》，北京师范大学出版社 1995年版，第 84 页。

学、农业和生物等领域的知识，科技类博物馆如自然博物馆、农业博物馆、行业博物馆和科技馆等一般会将此作为教育内容。

2. 人文社会科学知识。"人文社会科学是人文科学和社会科学的总称。人文科学包括哲学、经济学、政治学、史学、法学、文艺学、伦理学、语言学等。社会科学是指以社会现象为研究对象的科学，如政治学、经济学、军事学、法学、教育学、文艺学、史学、语言学、民族学、宗教学、社会学等，其任务是研究并阐述各种社会现象及其发展规律。"① 向志愿者传授这些知识的大多是人物故居、纪念馆、专题博物馆、遗址博物馆、历史博物馆、文字馆和文学馆等。

3. 博物馆行业守则。博物馆的行业守则应包括从事博物馆业务工作应当遵守的职业道德和礼仪规范等方面的知识，包括文物保护的法律法规、藏品管理条例和规定、博物馆行业应当恪守的职业道德、使命、责任与操守等，实际上，许多博物馆在任用志愿者之后，会通过不同方式或渠道规定志愿者的工作守则；此外还有礼仪规范知识，包括社交礼仪、观众接待礼仪和讲解礼仪等内容。

4. 艺术素养与审美鉴赏能力的培养。艺术素养与审美鉴赏能力是指人们对于艺术和美的认知与评价能力。艺术馆与美术馆可以培养志愿者对馆藏品和艺术品的思维能力，即审美感受力、判断力、想象力和创造力等。

5. 现代化信息通信技术知识。现代化信息通信技术知识包括计算机、互联网的基本操作及其应用，电子邮件、微博、微信、博客、飞信、QQ 等通信工具的使用以及博物馆网站维护的基本常识等内容。

6. 安全维护知识。博物馆的安全维护知识包括博物馆的馆舍建筑、设备设施、馆内的安全秩序、基本的安全防范措施如机防、人防、犬防和联防、遇到紧急情况时的人员疏导与疏散等内容。

博物馆通过上述知识的传授，可以使志愿者初步了解博物馆的各项

---

① 百度百科网站资料，网址：http：//baike. baidu. com/link。

业务工作的性质和内容、提高志愿者对文物藏品的科学价值、艺术价值、考古价值和历史价值等方面的鉴赏力、识别能力和欣赏能力，优化志愿者的知识结构，从而提高其综合素质。

二、专业知识的教育

（一）专业知识的概念

专业知识是指博物馆行业系统化的文化知识，是志愿者开展工作必备的信息储备和前提条件，其内容主要包括博物馆的馆藏文物藏品、标本、遗址和遗存、展览陈列等方面的知识。这方面的教育内容是志愿者培训的重中之重。

（二）专业知识的内涵

1. 馆藏文物藏品、标本、遗址和遗存等知识的教育

博物馆的馆藏文物藏品、标本的知识是指博物馆自身拥有的文物、藏品、标本、遗址和遗存等方面的知识。由于博物馆的性质、类型和馆藏品各不相同，所以在对志愿者进行教育培训的时候，每个馆都会根据自身的特点和工作任务、岗位需求，有针对性地规划教育内容。

（1）文物藏品和标本

无论是在博物馆的产生阶段还是发展阶段，文物藏品是博物馆得以存续下去的物质基础或称为实物载体。文物藏品从不同的侧面反映了人类社会在不同的历史时期的社会制度、社会生活、社会关系和意识形态等方面的发展以及自然环境的发展与变迁的状况，且种类繁杂，如各种工具、器皿、建筑构建、碑帖、武器、艺术品、珠宝、名石、钱币、邮票、文献类、票券、商标类、徽章、自然界的各类标本、陶瓷、玉器等。博物馆应分门别类地向志愿者介绍这些文物藏品和标本的名称、类型、藏品定级标准、器型特点、纹饰、图案、相关的知识背景、艺术价

值、科学价值、考古价值和历史价值等，使志愿者能够深入浅出地了解和熟练掌握馆藏文物藏品和标本的文化内涵与价值，从而更好地提高博物馆的服务质量和对外宣传教育的力度。博物馆学的知识包括博物馆的发展历史、博物馆的特征、功能，文物藏品的利用、保管、修复和研究等理论知识；考古学知识包括考古的基本常识、专业术语、考古动态和应用技术等；历史学知识包括中国通史与世界通史的内容。

（2）遗址、遗存和遗物

遗址和遗存是指人类在一定区域范围内曾经进行社会活动的文化遗迹，大多是深埋地表以下的史前遗址和远古遗址，一般是反映人类社会在农业生产、城市文明、建筑等方面的成就和生活轨迹。

遗物是指古人遗留下来的各种物品、生产工具、农作物、生活用具、武器、石器、陶器、骨角器、金属器、玉石器等，还包括墓葬的随葬品和墓中的画像石、画像砖及石刻、封泥、墓志、买地券、甲骨、简牍、石经、纺织品、钱币、度量衡器等。

遗址类博物馆需要对志愿者在考古学这方面的专业知识上加强培训，让志愿者初步了解考古学的通论和基础知识。

2. 展览陈列知识的教育

众所周知，博物馆的三大功能是收藏、教育和研究，文物藏品是博物馆职能的物质载体和生命线，也是博物馆存在和延续下去的重要的物质基础。博物馆的社会教育职能主要是以此为依据，从其内涵和外延入手开展社会教育工作，从普通教育学的角度说，博物馆是凭借这些馆藏文物和展品对观众进行实物教学和直观教学。而针对这些藏品而设置的展览陈列也是博物馆志愿者教育的主要内容。

展览陈列是博物馆社会教育职能重要的表现形式，志愿者作为博物馆的主要社会力量，其工作岗位会覆盖博物馆的各项业务，他们既可能是亲自参与展览陈列的设计、制作与布展，也可能是展览陈列内容的宣传者与教育者，因此，展览陈列是博物馆对他们实施教育不可或缺的内容。由于这一论题涉及一些展览陈列的相关理论，所以，我们有必要首先厘清志愿者教育与展览陈列的概念特征和相互关系。

（1）概念的厘清

1）展览与博物馆展览的概念

在《中国百科大辞典》里，展览被定义为"运用文物或标本、产品进行宣传教育的一种方式。与陈列相比，一般具有展览周期短、规模小、内容专一、体裁广泛多样、便于组织筹备等特点。同时展出的展品也不限于馆藏品，社会生活与生产的各个方面的用品都可以用作展品。"① 博物馆展览是博物馆的设计工作者根据博物馆藏品的历史文化信息和思想内容，运用专业技术手段，在一定的空间内以展品为主体，以文字、图片和图表等为辅助形式向公众传递信息和展示展品的行为方式。

2）陈列与博物馆陈列的概念

广义的"陈列"是指将物品进行摆放供人观看。但是在博物馆领域里，陈列就不是简单意义的摆放藏品文物。在《中国大百科全书·文物博物馆》中，博物馆陈列是指"以文物、标本和辅助陈列品的科学组合，展示社会、自然历史与科学技术的综合体。"② 故此，我们可以将博物馆陈列归纳为"按照博物馆展品的艺术性与思想性所展示的人类社会与自然环境见证物的复合体"。

（2）博物馆展览与陈列的区别和联系

博物馆学前辈李文儒先生在"中国博物馆十大精品陈列的反思"一文中，曾就展览与陈列的区别如是说："展览是一个主体和客体（博物馆和公众）的关系，而陈列只是主体（博物馆）的问题。"③ 可见展览与陈列既有联系，又有区别。其联系是两者都是以博物馆为纽带，对

---

① 中国百科大辞典编委会编，袁世全、冯涛主编：《中国百科大辞典》，华夏出版社1990年版，第428页。

② 李玉棠："陈列学概说"，《文物世界》2006年第3期，第43—44页。

③ 北京博物馆协会编：《博物馆陈列构建的多元维度》，中国书籍出版社2012年版，第3页。

公众进行教育和与公众交流的手段；其区别在于展览是博物馆在本馆和其他场所举办的短期的展示活动，具有内容的多样性、应时性和形式的变换性等特点；而陈列则是博物馆自身性质、经营管理宗旨、馆藏特点、藏品主题和文化艺术观念的体现，在内容和形式上具有相对稳定性的特点。

（3）博物馆展览陈列的要素

博物馆展览陈列的要素包括空间、展品、设计者的设计理念、观众和陈列手段等几个方面。空间是"指展厅的四维空间，即展厅的长、宽、高三维以及人的行动与不同的视点、视角需要的空间。也就是说，只有人的行动，才赋予了第四空间以内容"[①]；展品是展览陈列的物的因素，严格地讲，展品应当既包括室内文物标本，也包括室外的馆舍、建筑、遗址和遗存等。设计者的理念是贯穿展览陈列始终的主题思想，体现了设计者的艺术观点、审美视角、对展品的理解及其对社会需求与观众心理、生理和需求等方面的认知程度。观众则是展览陈列的受众与评判者，更是展览陈列服务的焦点所在。陈列手段是展览陈列的介质和设计者采用的展览方式，诸如声、光、电、多媒体、展厅、空间、展具、展柜等。

（4）博物馆展览陈列的目的和作用

博物馆展览陈列的目的即是为了向公众宣传博物馆文化、增长公众的科学文化知识，培养公众的审美和艺术修养，陶冶公众的高尚情操，提高其综合素质。展陈的作用在于提升博物馆的形象，激发公众的参观兴趣，通过展陈向公众传达科学文化信息，提高公众的欣赏能力，促进博物馆文化产品的销售，增强博物馆在文化市场的竞争力，推动博物馆事业的发展。

（5）博物馆展览陈列的分类

博物馆的展览按照其展区面积和展品规模可分为大型展览、中型展

---

① 蔡莹："谈博物馆陈列设计"，广西壮族自治区博物馆网站资料，网址：http：//www. gxmuseum. com/a/science/。

览、小型展览。如国家博物馆 2011 年 4 月在四个展厅举办的大型展览《复兴之路》①，再如首都博物馆 2006 年 10 月举办的小型展览《李大钊纪念展》《一二九运动展》《吴晗纪念展》等②。按照其内容则可分为常设展览、临时展览、专题展览和精品特展等。常设展览是博物馆长期展出的、固定的展览，如北京故宫珍宝馆所设的明清帝后珍宝展；临时展览一般是非博物馆自身的藏品的外借展，如北京自然博物馆 2013 年 10 月举办的法国《水，科学的核心》巡回展览③；专题展览是博物馆针对某一领域或某一主题举办的展览，如北京中华民族博物院 2013 年 8 月举办的少数民族地区藏品的展览④；精品特展是指博物馆在具有特殊意义的时间或场合里的展览，展出的藏品大多是一级品或精品，如中国美术馆 2013 年 5 月为庆祝建馆五十周年所举办的"与时代同行"展即为精品特展⑤。

陈列按照其内容可分为社会历史类、自然历史类、科学技术类、文化艺术类等。按照其形式可分为基本陈列、辅助陈列、专题阵列。基本陈列是博物馆最主要的和最具特色的馆藏陈列，如北京市大葆台西汉墓博物馆的"黄肠题凑"葬制陈列就属于基本陈列；辅助陈列的陈列内容"应能表现基本陈列不能充分展开的方面……补充说明和深化基本陈列的内容与主题"⑥，或帮助观众进一步理解基本陈列的思想意识和文化内涵的陈列，如陕西半坡博物馆遗址大厅的一幅油画，就是对半坡陈列内容的概括与说明，有助于观众在历史氛围内加深对母系氏族社会的认识；专题陈列是博物馆基于某一学术领域和专业而设置的陈列，如首都博物馆开设的"千年宝藏·盛世重光——北京古代佛塔文物展"

① 参照国家博物馆网站资料，网址：http：//www. chnmuseum. cn/default. aspx。
② 参照首都博物馆网站资料，网址：http：//www. capitalmuseum. org. cn/。
③ 参照北京自然博物馆网站资料，网址：http：//www. bmnh. org. cn/。
④ 参照北京中华民族博物院网站资料，网址：http：//www. emuseum. org. cn/。
⑤ 参照中国美术馆网站资料，网址：http：//www. namoc. org/xwzx/xw/。
⑥ 王秀娥："试谈辅助陈列"，《文博》1984 年第 2 期，第 8 页。

就属于此类陈列。

（6）志愿者教育与展览陈列的关系

从理论上说，博物馆社会教育是其重要职能，展览陈列是社会教育的一种外化的表现形式，或者说是博物馆的教育方式之一。志愿者教育从教育内容到岗位配置，都与展览陈列存在着密不可分的联系。博物馆需要将展览陈列设置为主要的教育内容之一传授给志愿者，因为他们是参与展览陈列的主体之一，在展陈方面对他们进行系统细致的培训，将有助于他们更好地胜任和担当起展览陈列的各项岗位任务。可以说，这方面的教育内容既具有较强的专业性，又涉猎广泛庞杂。北京大学赛克勒博物馆的宋向光先生在他的"系统观的博物馆陈列设计"一文中对于展陈做出了如下阐释："当代博物馆展陈不再是环与链那样多种元素的拼合，而是由多个具有自身特色功能的子系统构成的大系统，包含着环境背景、观众、内容、说明、设计、展具、多媒体、安全、服务等子系统；当代博物馆展陈的筹展制作也是系统工程，其子系统有几个业务模块，即内容提供、技术支持、设备提供、艺术创作、制作施工、包装运输、开放运营、项目管理，还会包含一些不同的且更为具体的业务项目。如内容提供子系统中可能包括了策划、资料搜集、学术研究、展陈文本、展品选择、展品准备、观众调查、图录编写等多项工作。策划工作包括头脑风暴、策划预案、预案评估等若干环节。资料搜集涉及学术研究成果、相关物件资料、档案资料、图像资料、影视资料、资料建档、资料管理等具体工作。学术研究包括专家座谈、学术研讨、资料考据、藏品科学分析、田野考察、相关人员访谈等多种方式……将博物馆展陈视为系统，是要强调它的整体性、目的性、动态性和外部环境的交流，但也要注意到系统构成要素的特点。"[1] 而且"馆外创作人员、技术人员和施工人员参与到展览设计、制作过程中，呈现出参与主体多元

---

[1] 北京博物馆协会编：《博物馆陈列构建的多元维度》，中国书籍出版社2012年版，第6页。

化、业务模块化、人员产业化、流程协同化、目标个体化、管理项目化的态势。"① 如此看来，作为编外人员而又背景各异的志愿者，要掌握这样专业化的知识、技术和技能，没有博物馆的高质量的教育培训是难以想象的。故此，博物馆应注重在师资配备、教育内容和教育方法上下功夫，为志愿者提供高水平的展陈培训，以便于其能够顺利、高效地完成博物馆的岗位职责。

（7）博物馆对志愿者的展览陈列的教育

随着社会的发展和科技的进步，21世纪经济全球化的浪潮已经将人们的生活带入现代化、信息化和网络化的时代，在这样的形势下，博物馆也面临着新的挑战，所以在策展和办展的过程中，要与时俱进、转变观念、锐意进取、敢于创新。李文儒先生曾针对这一问题做出了一段精辟的评论："展览包括博物馆的文化价值和展览的文化价值、展品的文化价值。这三者的文化价值不在于博物馆的文化资源，而在于博物馆的展示……新的发现、新的研究、新的成果是原创，综合转化研究成果和创作也是原创，创造性的展示理念和方式、展示过程的创新，同样是原创；策展的整体性和完整性。量化知识点、说明文字和讲解服务、找回失落已久的审美概念。要为了公益而公关，为了公众而公关，要创造策展人。"② 可以说这段言论中蕴含了举办展览的真谛，将展览陈列中人与物的关联紧密地衔接起来。因此，博物馆为了更好地实现其公益性和服务性，应当十分重视展览陈列的宣传与推广工作。

博物馆依据展览陈列的知识，对志愿者开展与之相关理论知识的教育培训，包括展览陈列的策划、设计、陈列大纲的拟定、内容和说明词的编写、资料搜集、文本编辑、展品选择、展具、图录编写、展览制作、学术研究等。

---

① 北京博物馆协会编：《博物馆陈列构建的多元维度》，中国书籍出版社2012年版，第4—5页。
② 北京博物馆协会编：《博物馆陈列构建的多元维度》，中国书籍出版社2012年版，第6—7页。

1）展览陈列策划

展览陈列策划是展览陈列先期准备的基本程序，是博物馆的策展人员凭借对博物馆文化资源的解读与工作经验而进行的宏观统筹的思维活动。我国学者曾指出，"策展观念的转变：首先是主题的开掘，其次是临时展览要系列化，其次，是有效的解读手法……多媒体展示的目的、效果、制作、设置与效果评估、展示节目单体分析。"[1] 国外学者也将策展言简意赅地加以概括，如美国博物馆界的同仁就认为"策展理念和步骤可以用'3W1H'来概括，第一个 W 是 WHY，即办展宗旨、规则、指导方针和程序；第二个 W 是 WHAT，根据什么标准制定展览规划和选择展览；第三个 W 是 WHO，谁来决定该不该办这个展览以及由谁来办这个展览。一个 H 是 HOW，即如何办这个展览。"[2] 博物馆要向志愿者介绍策展的这几个步骤，让志愿者充分掌握与之岗位相关的内容，包括如何定位展览的目的、原则、主题、定名、内容框架、展品信息、展陈方案、采用的手法以及后续的活动与服务的流程等。国外的一些博物馆会组织其展陈工作人员通过参观展陈来培训其观察力、分析能力和概括能力，加深其对展陈从形式到内涵的感性认识和理性理解，从而提高其策展能力。例如，美国慕斯卡里拉艺术博物馆专门为业务人员设计了参观工作单，具体内容如下：

案例 5-1　慕斯卡里拉艺术博物馆参观安排
　　　　　工作单——探究参观主题

I. 参观的主题（如果适当的话应包括学习的标准）

---

[1] 祁庆国："博物馆展览策划及多媒体展示的应用"，北京博物馆协会编：《博物馆陈列构建的多元维度》，中国书籍出版社 2012 年版，第 263—264 页。

[2] 朱扬明："国外博物馆的策展理念和步骤"，北京博物馆协会编：《博物馆陈列构建的多元维度》，中国书籍出版社 2012 年版，第 8 页。

II. 能够清楚地表达艺术展品的主题：

1.

2.

3.

4.

5.

6.

III. 详细描述此次参观的每一件艺术展品的名单：

1. 艺术家姓名：

展品名称：

展品的媒介物：

日期：

2. 展品展出的要领是什么？

3. 这些要领与整体的主题的关系是怎样的？

4. 询问这些展品和/或活动描述的重要问题名单

5. 详细描述从这件展品到下一件展品的转换方法

IV. 详细描述此次参观的结论

观看展品

内容：该展品的艺术观点、重要性、意义、主题、功能，它所涉及的最重要的意义

外形：当我们观看展品时，会先观看它的外形。外形是艺术向我们传递其内涵的渠道。展品强调的艺术思想和形态的比率越接近平衡状态，展品也就越能揭示其所要表达的内容，如果内容与主题相悖，说明展品背离了主题，但不是没有展示主题。

组织你的问题：观看展品有许多方法，应考虑观众的学习风格和年龄特点。这些方法在逻辑上汇成了许多问题和信息，并提供了观看艺术展品的框架。一般地，这些问题开始于最基本的常识——材料、方法和内容；再进一步生成更具推论性的问题——展品的含义是什么？艺术家

们为什么要选择制作这样的展品；然后对展品的美学、价值判断和情感回应等进行总结。①

案例分析：上述案例是该馆以非常专业的视角，从展品的主题入手，由浅入深、自外及内、由表及里地将展陈的信息和细节逐层展开进行设问，要求员工以观众的参观心理和特点为基础对展陈的主题、展品的安排、转换、形式、内容、功能及其意义进行仔细的观察和深入的研究，一次参观下来，其收获是可想而知的。如果我们的博物馆借鉴国外博物馆这方面的经验来培训志愿者有关展陈策划设计的知识，势必会有利于志愿者充分了解展陈与展品之间的关系，以直观、感性的方式准确把握展陈设计和策划的脉络与结构，从而顺利地辅助博物馆完成相关的工作任务。

2）展览陈列设计

《中国大百科全书》对陈列设计的定义是："陈列设计（也称展示设计或展览设计）是一门综合性展示艺术，是接触面较为广泛和复杂的工作过程，它包含了文学、美术、音乐、摄影、雕塑、书法等学科，具有自己独特的艺术语言。它要求设计师运用各种艺术手段，把展品、版面、图片、图表、展具、模型、场景和展出场地以及环境氛围按一定的主题、序列和艺术形式科学而有效地组织结合起来，对观众进行直观的教育和信息传播。"② 而对陈列艺术设计的定义是："依据陈列主题要求，对陈列内容进行构思，确定陈列风格、总体要求，并运用各种艺术、科技手段有机地组合陈列品的工作。空间、造型、材质、色彩是构成陈列形式最基本的四个要素，也是进行陈列设计时主要考虑的四个方

---

① 资料来源：美国博物馆协会网站资料，中文内容由笔者翻译。网址：http：//muse-um-edu. org/resources/training-docents/looking-it-art/curry。

② 杨晓、王坤茜："谈博物馆展陈设计创新的几个问题"，《中国市场》2012 年第 19 期，第 36—37 页。

面。"① 博物馆的策展人和设计者对志愿者培训时，除教授其有关知识外，还应鼓励志愿者开启"头脑风暴"，为博物馆出谋划策，协助博物馆设计出独具特色的展览陈列。如安徽合肥李鸿章故居陈列馆的志愿者除为游客提供讲解、参观引导等服务外，还参与馆内的陈列展览设计、宣传活动策划等。

3）陈列大纲的拟定、内容和说明词的编写

博物馆在培训志愿者陈列大纲的拟定、内容和说明词的编写时，应使其了解这方面的基本知识，包括陈列大纲的拟定、内容和说明词的撰写标准、体例、专业术语、版面结构、各部分的字数要求、字体、符号和数字的使用、个性化语言、艺术风格、展品选择的标准、展览陈列各部分说明词的内容安排、格式等。

4）资料搜集、整理、建档、管理

资料搜集是为展览陈列占有文献、资料、图片、照片等展览信息，为后续工作做准备，这些资料一般包括"物件资料、多媒体资料、学术研究成果、档案资料、图像资料、影视资料"；整理资料是将资料分类增减，以便于其后的文本策划和编辑工作；建档是将统计、整合好的资料入档留底，作为参考依据；资料管理是指对资料档案进行长期的检查、验收和维护等工作。

5）文本策划与编辑

陆建松先生先后就有关展览陈列的文本问题撰文，他在"重视展览文本策划的前期准备"中，将展览文本定义为"展览文本策划师提供有关展览主题和内容的完整的学术研究资料、实物展品资料、展览文本策划的时间保障"②，另在"重视展览文本策划的作业流程"一文中，把展览文本的策划流程归纳为"研究展览选题、研究藏品资料、

① 百度文库网站资料，网址：http://wenku.baidu.com/view/。
② 陆建松："重视展览文本策划的前期准备"，曹兵武、崔波：《博物馆展览》，文物出版社 2005 年版，第 80—82 页。

消化学术资料、分析观众的动机和需求、确立展览传播的使命和目标、提炼展览的主题、确定展览的基本内容、思考展览的基本结构、思考展览的结构层次、凝练每部分或单元的主题、找出每部分内容的重点和亮点、选择和安排展览的素材、编写展览的文字大纲、研究展品组合、分类并科学安排展览传播的信息、提示展览的表述、与形式设计师对话"。① 可以说，陆教授的概括非常细致，也道出了文本策划与编辑的重要性。有些博物馆会启用志愿者帮助博物馆从事该项业务工作，所以这也是博物馆培训志愿者的内容之一。

6）展品选择。这里所说的展品包括主要展品与辅助展品两部分。志愿者应当了解博物馆在筹办展览、选择主要展品时，是按照博物馆类型、展览的性质、目的、特点来择取展品，主打展品应突出展览陈列的主题和结构，强调科学性、艺术性、趣味性和教育性相结合，易于操作，并符合观众的参观需求与心理，辅助展品应对主打展品具有深化说明与补充衬托的作用。

7）展具的使用。展具要使用质量优良的材质，要保证展品的牢固性和应用性，这些展具包括展架、底托、外罩、展柜、标识性的用品等，在设计展具时，应考虑到对展陈的藏品保护和技术支持，如密闭性、防虫、防潮、防腐、防碎、防尘、防震、防火等因素，展览陈列的环境背景。藏品保管部门应对志愿者开展此类知识的培训。

8）图录编写。图录编写是配合展览陈列所开发的文化创意产品工作，旨在通过精美的图录展示，对展览陈列的诸多信息，如基本信息、背景信息与历史信息等内容向观众进行介绍，强化展览陈列的效果和艺术、考古与科学价值，增强其艺术感染力。志愿者如果参与这方面的工作，就需要准确把握这些信息，只有这样才能正确输入、输出和处理信息，不会误导观众。

---

① 陆建松："重视展览文本策划的作业流程"，《中国文物报·遗产周刊》2005 年 3 月 21 日。

9）观众调查。观众是博物馆的服务对象和受益人群，博物馆在举办展览陈列时对他们进行全程调查是非常必要的，这将有利于博物馆进一步优化展览陈列的质量，提高办展水平。志愿者应当积极参与其中，如故宫博物院2011年10月举办的"兰亭序特展"，就启用志愿者对兰亭序展进行了大量的观众调查，发放和回收问卷，为故宫的展览陈列和宣传教育研究，提供了宝贵的量化依据和一手材料。我们将在后文专辟章节深入探讨这一问题。

10）学术研究

学术研究是指针对展览陈列所举办的学术研讨会、论坛、专家座谈、文献考证、实地考察和获取相关人员的口述记录与访谈录等。由于志愿者中不乏各行各业的专家学者，所以，博物馆会邀请他们参加馆内的学术研究工作，一方面培训他们有关学术知识，另一方面也汲取他们的丰富经验和专业知识，推进博物馆的业务工作。

三、实践能力的培养

（一）实践能力的内涵

马克思主义哲学认为，实践与理论是辩证的关系，实践决定理论。实践是理论的来源，是理论发展的根本动力，是理论的最终目的，是检验认识真理的最终标准。理论对实践有能动的反作用。理论产生的最终目的是为了更好地指导实践。真理和科学理论对实践有巨大的推动作用。科学的理论能够正确地指导实践，实践也会进一步完善理论，也就是毛泽东指出的，这是一个"认识—实践—再认识—再实践"的过程。因此，培养志愿者的实践能力既是博物馆志愿者教育工作的出发点，也是落脚点。

寻根溯源，"能力"一词属于心理学的研究范畴，是指个体能够顺利完成某种活动所具备的心理特质。20世纪80年代、90年代，美国著名心理学家斯腾伯格在《教授成功智力》一书中，提出了"实践智力"的概念，即实践智力是"人们将其所学在实际中加以应用时所体现的智力，它从日常经验中获得，并用以解决现实问题。"① 这样，就进一步深化了实践能力的心理学层面的概念。但事实上，实践能力既不能简单地以心理学理论加以解释，也不能等同于诸如"动手"能力、操作能力和劳动能力等肢体物质性和运动性的能力，它应当既包含客观意义上的操作能力，也应包含精神层面的能力。因此，我们认为，实践能力是个体通过对客观事物的认识、理解，运用相关的理论知识和技能解决实际问题所必备的各种综合素质的总称，这些素质是个体在参与或完成社会生产和生活中的活动时所应具备的生理素质和心理素质。博物馆志愿者的实践能力则是志愿者将博物馆传授的知识和技能应用于志愿服务工作中的外化行为。博物馆在这方面的教育直接影响到志愿者的工作效率和服务质量。

（二）实践能力教育的内容

根据博物馆各项业务工作对志愿者的岗位要求和标准，博物馆对志愿者实践能力的教育内容应包括语言表达能力、书面表达能力、动手操作能力、科研能力、组织协调能力和管理能力等方面。

1. 语言表达能力。2004 年中国演讲与口才协会常务理事、全国赛事委员会副主任、著名演讲家李易真先生提出语商（LQ）的概念，指出"语言商数，是一个人语言运用能力的总和；反映一个人在整体语用有效性方面的品质；是一个人智商、情商、逆商、美商、德商、灵商的外在体现"②。在当下的博物馆志愿者岗位中，讲解占据的比例是较高的，这就要求志愿者要有较强的语言表达能力。博物馆应培养志愿者在日常的学习过程中，善于多听、多看、多思考，不断增长新的知识，开阔视野，提高自信心和判断能力，使头脑变得更加灵活，并能够使用

① 蒋京川："斯滕伯格对实践智力的研究评述"，《徐州师范大学学报（哲学社会科学版）》2009 年 9 月，第 35 卷第 5 期，第 98 页。
② 参照百度百科网站资料，网址：http://baike.baidu.com/link。

"博物馆文化语言"与观众进行交流，所谓"博物馆文化语言"即是指博物馆专业所特有的语言，如一些专业术语的运用和特定的礼仪服务用语，并将这些语言化雅成俗，成为观众易于接受的语言，简而言之，即是以通俗易懂、简明扼要、真诚友善的语言方式为观众服务。

2. 书面表达能力。书面表达能力是指一个人的文字功底和对文字信息处理的能力。博物馆的业务工作有许多内容都会涉及这方面的能力运用，因此，在培训志愿者时，应力求在教学中有意识地培养志愿者的书面表达能力，或设置相关的课程，或鼓励志愿者自我教育，让志愿者通过日常积累、细心观察、勤于思考、沟通交流、不断创新，逐渐提高自身的书面表达能力。

3. 动手操作能力。动手操作能力是一种动作技能，应具备准确性、敏捷性、力量性、连贯性和协调性等特征，它是人的多元智能的表现形式。博物馆在许多场合都可以培训志愿者的动手操作能力，如科技类博物馆让志愿者动手操作机器、设备，制作模型，考古类博物馆组织志愿者模拟挖掘现场动手挖掘，艺术类博物馆让志愿者亲自鉴赏艺术品等。

4. 科研能力。科研能力是凭借已有的知识储备，通过论证、实验、创新和开发等方式，就某一领域的某种事物的发展及其规律进行深入探讨和研究的能力。博物馆作为文化教育机构，涉及各项业务的科研工作，如果要启用志愿者从事这方面的工作，就需要博物馆针对专业学术问题进行有效培训，通过为志愿者提供相关文献资料和实践机会，使其广泛涉猎资料，培养创新思维，加强创新能力和理论研究能力，锻炼自主探索、掌握获取知识的方法、开发自己的创造潜能。

5. 组织协调能力。"组织协调能力包括组织能力和协调能力两个方面。所谓组织能力即系统性和整体性地安排分散的人或事物的能力；所谓协调能力即把分散的人或事物之间的关系配合得当的能力。"① 博物

---

① 刘廷喜："关于青年干部提高组织协调能力的思考"，《河南税务》2000 年第 4 期，第 10 页。

馆志愿者组织协调对象包括志愿者同博物馆的管理者的关系、志愿者同工作人员的关系、志愿者同外聘专家学者的关系、志愿者之间的关系、志愿者同观众的关系等诸多方面，这就需要博物馆对志愿者进行专门的社交礼仪培训，提出馆内相关的规章制度和志愿者守则，这将有利于博物馆对志愿者的科学管理，这是志愿者教育的制度保障。

6. 管理能力。"管理能力包含两方面的含义。一方面是指从事管理工作所需要的才能。主要有综合创新能力、决策能力、组织协调能力、知人善任能力、专业技术能力等。"[1] 这方面能力是博物馆针对志愿者队伍中的管理人员进行的能力培养。这些管理人员包括志愿者管理委员会的管理者、委员和各个小组的组长等。培训的主要内容可以借鉴上文提到的部分能力：第一，综合创造能力，即要积极进取、不断创新，提出具有创新性的管理志愿者的办法和人性化的措施；第二，决策能力。即管理者应审时度势，把握时机、果断决策，具有较强的应变能力和海纳百川、博采众长的胸襟；第三，组织协调能力。即要求管理者要善于根据客观条件和现有资源，优化组织人力、物力、财力等方面的资源配置，协调各方的关系，从而实现博物馆的教育管理目标；第四，知人善任能力。即管理者能够对每一位志愿者的素质、能力、特长和个性了如指掌，知人善任，正确举荐，以利于充分发挥志愿者的才能。

对志愿者在理论知识和实践能力的教育与培养是博物馆志愿者教育培训工作的重要内容，也是教育学理论成果中"知行合一、学以致用"的具体体现，这不仅有利于志愿者提高综合素质和理论修养，增加知识，开阔视野，而且也有利于博物馆社会教育工作和志愿者教育工作的全面推进，具有十分深远的现实意义。

---

[1] 梁志燊、霍力岩主编：《中国学前教育百科全书·教育理论卷》，沈阳出版社 1995 年版，第 204 页。

第二节 博物馆志愿者教育的课程

对于正规教育而言，"有广义和狭义的课程概念。广义的课程，指为了实现确定的人才培养目标而规定的教学科目的总和或体系，或是指学生在教师指导下各种活动的总和。狭义的课程，指一门学科或教学科目，简称课，如数学课、物理课等。确定课程的依据主要是：（1）根据社会对人才的需求而制定的教育目的、培养目标和基本规格。（2）根据科学的逻辑联系和教学规律，即要适合学生身心发展的特点和认识规律，适合我国国情及学校条件等。"① "课程"一词在我国始见于唐朝孔颖达为《诗经·小雅·巧言》中"奕奕寝庙，君子作之"句作疏时所提到的"维护课程，必君子监之，乃依法制。"到了宋代，程朱理学的代表人物朱熹在《朱子全书·论学》中多次提及"宽着期限，紧着课程"、"小立课程，大作工夫"等有关"课程"的内容，但此处的课程只是单纯指学习程序，而非教学程序。到了近代，随着班级授课制的推广，"课程"的含义从最初的学习程序转变为教学程序。新中国成立后至今，"课程"在基础教育教学中的内涵逐渐拓展和丰富。在西方，课程（Curriculum）一词最早是于1859年由英国的教育家斯宾塞（H·Spencer）在《什么知识最有价值?》一文中提出的，是拉丁语"Currere"一词的衍生词，意为"跑道"（Race-course），其遵从的是建构主义的传统课程体系。

博物馆对志愿者的教育属于非正规教育，其培训课程虽然不会像基础教育那样具有常规意义的体系，但从长效发展的角度来谈，其周期性、渐进性和稳定性为其课程体系的形成提供了前提条件，有助于我们

---

① 林崇德、姜璐、王德胜主编，李春生分卷主编：《中国成人教育百科全书·心理·教育》，南海出版公司1994年版，第251页。

将其纳入到体系化和规范化的轨道上来。

一、博物馆志愿者教育课程的基础理论

（一）课程内涵

博物馆为志愿者安排的课程是博物馆志愿者教育教学活动的媒介，也是博物馆依据预定的教学目标和教学计划，任用博物馆界的专家学者，通过编制具有博物馆文化和科学知识导向性的教材、讲义和资料，周期性地将与志愿者未来工作相关的、需要掌握的知识、技能和经验传授给志愿者，使其自发获得知识，并内化和建构为志愿者自身实践能力的行为运动的过程，从而达到预期的教学成果，为志愿者管理与评价提供标准。

（二）课程特点

博物馆对志愿者开设的课程是博物馆根据社会需要和博物馆自身工作的选择而设置的，它是以科学性、逻辑性、组织性和计划性为前提条件的公共教育的一种表现形式，总体说来，它是不以教育对象即志愿者的意愿为转移的、对博物馆的志愿工作具有深刻的、内在影响力的教学活动，因此我们有必要构建其课程理论，为实践提供科学的、导向性的依据。

（三）课程的实质

博物馆对志愿者的课程是博物馆教育课程的一部分，是通过博物馆教师（课程主体）的控制和志愿者（课程客体或受众）自主学习和研究而习得的。从宏观上看，其课程实质是博物馆教育课程主体和客体实践行为的全部过程与最终结果；从微观上看，是博物馆教育教学内容的知识总和、教学组织形式与实施的进程。

（四）课程的类型

学校教育的课程类型可以按照传统的学科分类，博物馆的课程类型则没有统一划分的先例可以参照，不同类型和性质的博物馆虽然其课程类型各不相同，但是在总体上还是有共性的。我们可以在一定程度上地借鉴学校教育的课程类型，将博物馆志愿者课程分为几类，包括核心课程、外围课程、显性课程、隐性课程、研究型课程、实践型课程和馆本课程等。

1. 核心课程。这类课程是指被纳入博物馆的课程培训规划、课程标准和教材的课程，是博物馆根据其自身的馆藏资源和博物馆行业的文化资源而进行的课程开发、课程选择和课程设计，是对志愿者开设的最重要的以及志愿者必须掌握的课程，也可以称为常规课程，具有相对强制性和稳定性，是整个课程体系的核心。

2. 外围课程。这类课程是博物馆为提高志愿者知识的广博性，开阔其视野而举办的各种讲座、研讨会、交流会等内容的课程，具有一定的随机性、选择性和强化性，是对核心课程的有效补充与深化。

3. 显性课程与隐性课程。

（1）显性课程。这类课程属于正式课程，是具有明显的课程要素的、预先安排好的课程。一般地比较偏重于志愿者知识和技能取向。

（2）隐性课程。我国出版的《教育大辞典》对其下的定义是：学校政策及课程计划中未明确规定的、非正式和无意识的学校学习经验，与"显性课程"相对，又被称为隐蔽课程、潜在课程、非正规课程、未研究的课程、未预期的课程。[①] 对于博物馆志愿者教育课程而言，隐性课程的主要目标是更加强调博物馆和志愿者组织的人文环境和管理者对志愿者在情感、态度、职业操守、组织方式、社会关系和工作心理等方面的形成，提倡组织内部成员之间的相互支持、相互关爱、平等互

---

① 参照百度文库网站资料，网址：http：//baike. baidu. com/link。

助、彼此鼓励和尊重，潜在地传递正向的信息、持续性的积极态度和良好的行为习惯。所以，隐性课程具有"潜在性、内隐性、突发性、多样性和不易觉察性"等特点，而对于隐性课程的评价与研究也因其隐秘性而成为比较棘手的问题。

（3）显性课程与隐性课程的关系。显性课程具有明显的组织性、计划性和课程形态，并包含了诸多课程要素，如教材、讲义、课程安排，并通过课堂教学的形式来完成，是以知识性和学术性为主。而隐性课程则是以不易觉察的方式而表现为博物馆的文化环境、资源和文化建设，是非学术性的、无计划性的，偏重于社会生活、社会关系、价值取向、行为规范、人文环境和自然环境等，但这种课程对于志愿者的影响是深远而持久的。当然，隐性课程与显性课程之间并非存在着不可逾越的鸿沟，相反，两者是"你中有我、我中有你"、互动互补的关系，在特定条件下会相互转换，如果运用得当，可以起到相得益彰、相辅相成的作用。因此，博物馆要注意恰当掌控好显性课程与隐性课程对志愿者身心发展和自我成长的作用，为其提供良好的教育环境，激发其学习的兴趣使之享受学习的过程，帮助其形成健康向上和仁爱友善的人格特质。

4. 研究型课程。这类课程是博物馆开设的具有开放性、拓展性和综合性的课程。在知识内容、层次、结构等方面，进一步深化和延展志愿者的素质与能力，并主张志愿者在探究知识的过程中，加强学术研究意识和能力，在教学组织形式上不拘泥于程式化的形式、空间、内容和主题，而是代之以灵活的个体、小组、群体或兼而有之的方式，自由探讨、相互学习、交流与合作研究与志愿服务工作相关的课题，强调过程性学习的效果、志愿者的科学研究精神和愉悦的博物馆教育情感体验。博物馆可以根据本馆的教育教学条件、教育内容和志愿者的教育背景与整体素质，开发和设计适合本馆的、独具特色的研究型课程。

5. 实践型课程。这类课程是指在一定的时间和空间内，博物馆对志愿者在实际操作和技能训练方面所实施的课程。旨在使志愿者自觉形成和建构学习和工作的能力。如我们常见的阵地讲解、设备设施的操作、实地考察、现场讲授、模拟考古、翻译、编辑、制作、创设展览等形式的实践课程。该课程是以志愿者的兴趣、爱好、需求和能力为基础，通过博物馆的官方组织和志愿者自发地组织一系列活动而实施的课程，这种课程的特点是以活动为取向，并与社会需求紧密相联，强调志愿者在学习活动中的主动性、参与性和时效性。

6. 馆本课程。这种课程一般是指由博物馆教育工作者或业内专家学者（课程开发主体）依照本馆的具体文物藏品、科研和教育内容所编制、实施和评价的课程，旨在有效地实现馆本课程目标。

上述各种类型的课程并非相互脱节"各自为政"地孤立存在，而是可以通过博物馆与志愿者的共同作用相互转换，彼此互补，构成一个完整的、模式化的课程体系。为此，博物馆教育工作者要"授之以渔"，教授志愿者掌握知识的技巧和方法，充分发挥志愿者的主观能动性和主体作用，构建适合志愿者能力与兴趣的机遇、情景和可能性。

（五）课程与志愿者教学的关系

"教学"一词在《中国大百科全书·教育卷》中被定义为："教师的教与学生的学的共同活动。学生在教师有目的、有计划的指导下，积极主动地掌握系统的文化科学基础知识和基本技能，发展能力，增强体质，并形成一定的思想品德。"[1] 博物馆对志愿者进行的教学似应界定为："博物馆的教育工作者有目的、有计划地教授志愿者博物馆文化科学知识与技能，使志愿者自觉自愿地学习和掌握知识，提高能力与素质的实践活动。"教学是以课程为介质而实施教育活动和情景体验，而课程也同样要依托教学来完成课程目标和课程设计与开发，两者是相互依存、相辅相成、兼容并蓄的关系。

---

[1]　中国大百科全书编辑部编：《中国大百科全书·教育卷》，中国大百科全书出版社1985 年版，第 105、207 页。

（六）课程的表现形式

1. 课程计划。课程计划分为长期课程计划与短期课程计划。长期课程计划是指博物馆以周期为单位（一般是以年计）要实施的计划安排；短期课程计划是指近期要实施的工作安排。在履行课程计划时，要注意按照宏观掌控、定位目标、落实细节、书面呈现（指纸质或电子版的计划留档）等步骤行事。课程计划的内容一般包括前言、课程目标、课程设置、课程要求和岗位考核等几方面。

2. 课程标准。课程标准是能够反应博物馆教育课程理念的、规定课程目标、课程内容、教学建议和对志愿者学习要求的指导性和纲领性的要求与参考依据。

3. 教材的选取和编写。博物馆为课程设置而选取的教材是志愿者学习知识的载体，是博物馆为志愿者专门择取的成体系的馆本教材、讲义、专业资料、展品解说词、使用说明书和结构图等。教材编制一般是由博物馆的社教部门的管理者、工作人员、外聘专家学者和骨干志愿者共同编写。编制的教材应适合志愿者的智力发展水平、年龄特征、心理特征、已有的社会经验和博物馆的工作规律，既精练又具体，有利于志愿者触类旁通、解决实际问题和提高实践能力。如南京博物院志愿者礼仪培训教材就编写得颇具特色。

案例 5-2　南京博物院讲解志愿者讲解礼仪要求

1. 仪容、仪表

（1）服装要求整齐合身、大方，注意 4 长：袖至手腕，衣至虎口，裤至脚面，裙至膝盖，内衣不可超出长外衣，不挽袖卷裤，不可掉扣、衣裤炸线。领带、领结、飘带与衬衣领口的吻合要紧凑且不系歪。西服上衣两侧的两个衣袋和裤带不可装物品。女士不可穿过低领口衣服，夏天讲解服务时不可穿吊带衫。

（2）要保持衣裤的清洁，做到无污垢、油渍、异味。领口和袖口及皮鞋尤其要保持干净，不可穿拖鞋。

（3）衣裤要保持挺括，做到不起皱，穿前要烫平，穿后要挂好，做到上衣平整、裤线平整。

（4）头发梳理整齐，不能有头皮屑，发型要朴实大方，发色自然大方。长发要扎起，切忌披头散发。

（5）面部要注意卫生，男士要注意勤刮胡须，保持干净卫生。女士可适当的修饰，以淡妆为宜，不能使用气味浓烈的香水和化妆品。

（6）指甲保持清洁，不要忽略指甲缝的污垢。女士不涂色彩过艳的指甲油。佩饰要得体大方。

（7）注意个人卫生：勤洗澡，勤换袜，勤漱口，保持口腔清洁，无异味。

2. 仪态、举止

（1）站姿要正确，男士站立时抬头平视，两臂自然下垂，双脚自然分开。女士自然大方，不可双手抱胸或叉腰，也不能将手插在衣袋里。

（2）步姿要注意，走路应轻盈，忌讳大摇大摆、上颠下跛、摇头晃脑。

（3）手势要自然适度，动作不宜过多，幅度不宜过大。讲解介绍或为客人引路和指示方向时，应掌心向上，四指并拢，大拇指张开，以肘关节为轴，前臂自然上抬伸直，上体稍有前倾，面带微笑，自己的眼睛看着目标方向，并兼顾客人是否会意。切忌用手指指点点。

（4）语言服务要规范，用普通话服务，多用礼貌用语，对特殊观众可用方言来解释，做到吐字清晰。

（5）微笑服务，自然亲切，真诚友好，恰到好处。避免勉强敷衍，不得将个人不愉快情绪带到工作中。解答观众问题时，要侧对客人，距客人一米左右，目视对方，防止口沫飞溅。杜绝带着酒味讲解。

3. 讲解服务

（1）给观众讲解应致欢迎词，首先介绍南京博物院的总体概况，根据观众的要求设计参观路线。在参观途中要注意引导，步伐不易过快。进门、上下台阶时应主动提醒客人注意安全。对年老者适当地给予搀扶，或提醒乘坐电梯。

（2）讲解中，可根据不同对象和观众的兴趣、爱好展开针对性讲解。讲解力求准确、清楚，详略得当，做到生动有趣；注意讲解的技巧，耐心解答，使观众乘兴而来，满意而归。

（3）讲解中，如有需要，应给客人预留摄影时间和提问时间。不可擅自结束讲解，如遇紧急情况需要处理，在观众同意的情况下，可由另外一位志愿讲解员继续完成讲解，并向观众致歉。

（4）讲解结束时，及时听取观众意见，对不到之处，予以纠正。送走客人后，检查话筒是否需要充电，并归还到位。

（5）讲解中有关讲解接待问题和对我们的服务建议，要及时向有关部门领导汇报。①

案例分析：南京博物院对志愿者培训教材的内容非常严格细致、简明扼要又掷地有声，因为博物院深刻认识到志愿者是其形象代言人，所以要在培训的初始阶段将教学内容落实到细微之处，编写教材的宗旨即是一切从博物馆的工作和观众的利益出发，体现了博物馆科学的治馆理念和人性化的管理方法。

4. 教学课件。教学课件是博物馆旨在帮助志愿者更好地掌握和理解知识，提高志愿者的学习兴趣和求知欲望，从而顺利完成学习任务、实现学习目的的物质媒介。一般是以多媒体的手段为志愿者呈现教学所需的文字、图片、音频、视频、文献、实物、藏品、书籍和书法绘画作品等与课程相关的教学资料，主要的课件形式包括 ppt（幻灯片）课件、例图、word、pdf、flash 音频、视频、图象和网页等。

---

① 资料来源：南京博物院网站资料，网址：http://www.njmuseum.com/html/news_content。

5. 课程题库。课程题库是博物馆教育工作者和业内专家学者为志愿者搜集、设计、整理和编辑的各种有利于志愿者学习和测试学习效果的试题的复合体。题库应当具有涉猎广泛、内容丰富、图文并茂和科学命题等特点。

6. 实训项目。实训项目主要包括博物馆依据行业需求和社会热点问题而设置的各种活动项目或展览项目。博物馆除对志愿者进行项目的背景知识和所需技能的培训外，还应传授给志愿者有关观众服务技巧、人际沟通技巧、时间管理与分配、团队合作精神、实地操作演练和情景训练等方面的知识。

7. 教学案例。教学案例是教师为志愿者讲述的具有代表性的问题情景或真实的事件，是通过对中心议题、问题的性质、内容和疑点等方面的论述与分析，提出解决问题的方案，得出最终或最佳的结论，从而进一步佐证中心论题的论点。例如，教师在为志愿者讲述文物保护法时，就可以以一些具体、详实的已发生的案例加以阐述。

8. 学习指南。学习指南是博物馆教师对志愿者学习方向的指导与建议，以便于志愿者有针对性地掌握课堂教学的重点与难点，少走弯路，事半功倍。

（七）课程的作用

课程的设置有以下几方面的作用：第一，可以加强博物馆教育人员和志愿者对知识认知体系的理解，较好地应对知识经济和知识爆炸时代的知识结构的变化，强化各种知识领域之间的沟通与联系；第二，为志愿者在学习态度、思维方式和知识探究等方面提供方法论层面的目的和意义；第三，博物馆课程通过强调志愿者自我学习和社会责任感来增强课程与志愿者学习条件的趋同性；第四，课程可以明确博物馆的教授与志愿者学习的各自职责，最终达到加强博物馆与社会之间联系、满足社会与博物馆事业发展的要求和提升博物馆公众形象的目的。

博物馆志愿者教育课程的基础理论部分借鉴了普通教育学中的课程

理论和课程观，并结合博物馆及志愿者的特点。该理论能够使我们初步了解志愿者教育课程的基本特征、概念内涵和发展走向，有利于我们在实践的基础上，进一步检验理论的科学性，构建博物馆志愿者教育课程的科学化体系。

二、构建我国博物馆志愿者教育的课程体系

（一）中外博物馆志愿者教育课程现状对比

1. 国外博物馆志愿者教育课程现状

国外博物馆志愿者的教育课程在课程观、课程设置和课程实施等方面与我国博物馆的志愿者课程有所不同。究其原因，主要是由于各国在上层建筑和社会意识形态等方面的差异，造成博物馆文化体制也各有不同，这样也就导致了对志愿者的教育方式和课程安排等方面各具特色。概括地讲，国外的课程观念较为开放，人本主义思想浓厚，除考虑博物馆和社会的服务需求以外，还比较注重志愿者的学习习惯、思维方式、承受能力和个性发展等因素；课程评价的手段和渠道也相对多样化，也十分擅长采用激励机制进行评价；博物馆的教育者基本上是资历较深和具有社会影响力的公众人物；实践课程的内容丰富，不拘泥于常规，善于创新，对志愿者有很大的吸引力，有利于课程的开展和推进。兹在此列举国外博物馆志愿者培训课程的几个案例加以说明。

案例5-3 美国海滩艺术博物馆志愿者培训形式

培训课程：

公众教育部希望未来的志愿者能够处理各种公众教育的问题。因此，最初的培训课程的内容是相当广泛的，共包括两个学期的课程。本学期的课程设置是为了配合 KSU 学年，开设了白天和晚上的课程。

培训课程的设计是为了满足以下目标：

1. 培养视觉素养

2. 熟悉海滩艺术博物馆的基本陈列

3. 了解二十世纪美国通用艺术史的背景

4. 培训志愿者的学习风格和发展性学习

5. 培训志愿者有关博物馆互动式教育、旅游技术、发展观众对藏品的敏感度等方面的知识

注：博物馆会为志愿者提供一个活页夹以保存培训信息。

第一学期：

博物馆会培训志愿者艺术语汇（艺术与媒体元素），教授他们如何分析或阅读艺术作品（包括描述、分析、解释、评价和判断）。此外，还会举办二十世纪美国艺术史和海滩艺术馆藏品讲座。博物馆对志愿者的评估考核包括对专业术语和艺术史的测试，还包括阅读一幅画，写一篇短的论文来分析一件藏品的活动。

第二学期：

志愿者可以根据自己的学习风格和个性特点进行学习。通过模仿互动活动，学习如何让观众参与到与艺术作品相关的活动中。志愿者还会在学校课程中接受特殊培训，博物馆要求志愿者能够根据其基本陈列设计自己为公众展示的导览亮点，并要求志愿者评价培训的效果。

继续教育：

每次展览更新都需要对志愿者进行额外的培训，包括由策展人演讲，并由教育协调员进行专题导览的培训，以期引发志愿者的"头脑风暴"。这些培训是以月为周期，从九月份开设到来年五月份。这些培训为志愿者提供了公开陈述自己的观点和在组织内分享信息的机会。

现状：

志愿者在完成最初培训课程，并由博物馆教育总监考核为成年观众导览一次之后，可以被视为培训合格，成为正式的志愿者。志愿者不会

被视为另类，博物馆的工作人员将尽力给予志愿者荣誉，并满足其工作兴趣的偏好。例如：志愿者可以表达自己的偏好，要求在老年中心工作或为成年观众团体服务而不是为学校观众团体服务。博物馆不能保证将志愿者分配在他们的偏好的工作区工作，但是会尽力实现他们的愿望。

评价：

1. 博物馆在培训过程中会对志愿者进行评估，以测试培训的效果并查找问题的所在。

2. 志愿者每年都会同教育协调员一道参加年度人员审核。这种审核包括自我评价表，并与教育协调员进行讨论。教育协调员将在展馆里不时地巡查志愿者，了解其培训需求，为所有志愿者制作各类展览的参观评价表。

3. 博物馆也要求志愿者评估培训和教育协调员。

4. 博物馆也会要求教育人员和其他观众代表团体参与评估计划。

5. 博物馆鼓励志愿者参与同行评审，以便互相帮助成长为合格的导览员。

6. 博物馆鼓励志愿者提出对培训的意见和培训中存在的问题，表达需求。教育协调员会与志愿者共同解决问题，或为志愿者指定一名导师。

志愿者的个人文档被保存以供参考，并提供给指定负责人。这些文档包含志愿者的重要数据、绩效评价的副本、感谢信和调度信息等等。

案例 5-4 亨利美术馆志愿者展览指导培训

对志愿者导览的培训共有十次培训会议，定于 2003 年的 1 月 1 日至 3 月 18 日的每星期二 12：30—2：30pm，在亨利美术馆礼堂和画廊举行。

培训将由教育馆馆长塔玛拉·莫斯与聘请的嘉宾，包括主席馆长，陈列部和威斯康星大学的系主任等共同主讲。博物馆将呈现一个完整的调查表（包括 19 世纪美国绘画、摄影、纺织和印刷）以及当代艺术的深入培训。志愿者会阅读作品及其背景，然后研究其背景，并探索展览的策展主题。志愿者还会接受导览技巧、审美发展的阶段及如何有效地在博物馆教学等方面进行广泛的培训。同时培训也要求志愿者在亲自导览之前要观摩几次导览。由策展人教授或其他有经验的导览加以指点。新志愿者在其亲自导览之前进行两次实地导览，然后听取反馈意见，进行改进。

初步培训后，博物馆还要求志愿者接受进一步强化，时间是在每年每个月的第一个星期三的 12：30—2：30 之间。也有计划到其他博物馆实地考察。每年考核一次以便继续提高志愿者的导览技术。

在这个程序里，博物馆不收取培训费，但志愿者必须是博物馆会员并完成两年的导览计划。

在亨利美术馆的导览志愿者是一个具有真诚的奉献精神和极有才华的团队。我们非常期待您能申请该计划。如果您喜欢当代艺术，并愿意参与该计划，这将使您成为把艺术带给人们这一神奇的旅程的一部分。非常感谢您的关心。

此致

敬礼

亨利美术馆教育馆馆长

案例 5-5　帕尔默艺术博物馆志愿者教育规划指南

定义
志愿者协助博物馆实施由博物馆教育者指定的教育规划。
目标
帕尔默博物馆的志愿者是要促进个体之间的互动、教育并加强博物馆的观众与展品之间的交流。他们通过持续的培训、研究、教育和继续教育来发展的专业知识。

责任

志愿者为帕尔默博物馆教育部以及宾夕法尼亚州提供教育服务，并作为博物馆的使者为公众服务。他们为所有年龄的观众导览博物馆的基本陈列、特展和馆舍。作为帕尔默博物馆的导览的标志，志愿者有望成为博物馆及其藏品的形象代言人。

资格

有效地与别人沟通的能力；热情友好的态度；拥有足够的时间和精力；在艺术方面受过正规教育，有艺术创作经验，对艺术史和艺术教育感兴趣。

培训

志愿者候选人培训是每年的九月初到十二月底的周一早上，在帕尔马里普肯礼堂举办。培训包括深度讨论永久性收藏和建筑物的建筑、旅游技术、交际技巧、符合年龄的旅游概念和问题策略。课堂教材，包括相关展品的解释、信息和博物馆的出版物。博物馆为积极的志愿者在学术年提供特展和继续教育课程。

会员

所有志愿者都要求成为帕尔马"博物馆之友"的会员，需要遵守博物馆的职责与规定，也可以申请成为博物馆教育者。

候选人

志愿者候选人可以提交申请，旁听博物馆艺术史课程概况，并提供实习机会，由一个骨干志愿者指导，并由其他的解说员观察至少三次。博物馆大力鼓励候选人参加会议。在成功完成所有的培训需求后，候选人即可成为骨干解说员。那些没有完成课程的候选人还有一次机会。

骨干志愿者

骨干志愿者要求能够圆满地完成博物馆教育工作者设置的正式培训项目。而且每年都会为博物馆进行导览服务，在美术馆会谈，协助博物馆的教育计划，开展研究，骨干志愿者会担任志愿者委员会管理者或会员。她/他会尽可能多地参加例会，尤其会参加那些新展培训。如经博物馆教育者和导师的允许，博物馆鼓励他们旁听大学的课程，并希望他们能够不断地发展和完善自己的演讲技巧。不过，如果博物馆为其安排了特殊的岗位，即使是骨干志愿者，也不能擅自导览。[①]

从上述三个案例中不难看出，国外的博物馆志愿者课程已经达到比较成熟的阶段，并按照正规教育机构的课程设置安排内容，各有侧重，但万变不离其宗，如以学期和班级授课的学制方式开展培训，根据志愿者的年龄、经验等方面的差异，将其划分为几个层次，因材施教、因人施教，逐层递进，加大课程的难度系数，这一方面说明博物馆具有非常科学的课程理念，另一方面也反映出国外博物馆界在法律法规和志愿者的权益保障体系方面相对完善，其优势在于可以使博物馆在有法可依、有理可据的条件下，充分发挥志愿者教育课程的优势，与核心课程并列开设辅助性的课程，并利用高校这一丰富的课程资源来弥补博物馆课程资源的缺憾，为志愿者提供更多的学习机会，使志愿者也相应地"乐乎其间"，这一点是非常值得我国博物馆界借鉴和学习的。

2. 我国博物馆志愿者教育课程的现状和存在的问题

（1）现状

随着我国博物馆志愿者工作不断步入正轨，志愿者的教育培训课程也进入常态化和规范化的发展阶段。从总体上看，课程目标的设置越发体现出知识经济时代的现代化、科技化、智能化等特点；课程内容大都是从博物馆通识知识入手，以博物馆馆藏文物和藏品为核心课程；课程

---

① 资料来源：美国博物馆协会网站资料，中文内容由笔者翻译。网址：http://muse-um-edu. org/resources/training-docents/looking-it-art/curry。

形态是以核心课程和显性课程为主，实践课程和研究型课程为辅，隐性课程相对缺失；课程计划在时间上采用的是长期计划和短期计划相结合的方式，长期计划一般以年和季度为周期，短期计划以月和周为周期；在规模上采用的是宏观计划与微观计划相结合的方式。宏观计划是博物馆整体的课程安排，微观计划是具体到每一节课、每一个项目和展览的计划课程安排；课程标准并没有统一的要求，相对于学校课程标准而言要灵活得多，由各馆根据自己的发展需要来制定；教材选取和编写的内容主要包括各馆的馆藏文物和藏品介绍与相关背景资料的解说词、操作流程、注意事项、工作守则、职业道德；实训项目是以馆藏文物与藏品为基础拓展和延伸的项目。注重与学校教育的课程体系相结合，将博物馆志愿者的课程与高校的专业课程联袂，另外，也同基础教育的课程紧密衔接，相互借鉴。我们以河北博物院和中国妇女儿童博物馆为例来阐述博物馆课程的现状。

案例 5-6　河北省博物馆志愿者培训课程

为了提升志愿者的业务素质和服务水平，2014 年 2 月中旬起河北博物院对新招募的 58 名志愿者进行为期两个月的培训活动。2 月 15 日，志愿者培训班举行了开班仪式，院领导对志愿者招募和培训工作高度关注，亲临培训现场与大家交流，期待志愿者们通过培训，能尽快上岗为观众服务。

为了做好志愿者培训，社会教育部对培训内容进行了精心组织，邀请博物馆的领导、专家和相关负责人为志愿者授课。培训内容包括博物馆基础知识、展览内容解读、讲解技能及展厅实地训练等。基础知识培训包括《博物馆基础知识及河北省博物馆发展历程》《文物基础知识及河北省博物馆新馆展览》《博物馆社会教育与服务》《博物馆讲解及技巧》《博物馆志愿者服务》《河北省博物馆藏书介绍》等。展览解读主要是对目前开放的《战国雄风——古中山国》《大汉绝唱——满城汉墓》《名窑名瓷》《北朝壁画》《曲阳石雕》五个基本陈列进行深度阐释。展厅实地培训将以展厅为单位，由资深讲解员对志愿者进行现场示范及指导。培训期间，博物馆资深讲解员还将与志愿者开展经验分享活动，与志愿者进行面对面的交流。①

案例5-7　中国妇女儿童博物馆"感受志愿魅力、体味服务精神——志愿者培训"（2012年12月）

11月17日，中国妇女儿童博物馆对参与2012年度培训的志愿者进行了志愿服务精神主题培训。北京博物馆界资深志愿者、北京博物馆协会志愿者专委会秘书长、北京青联委员张鹏与我馆志愿者们进行了互动和交流。他是北京三大著名博物馆——中国国家博物馆、首都博物馆、中华世纪坛的义务讲解员，从事义务讲解工作近10年，曾获全国讲解大赛一等奖。张鹏从自己的志愿者经历谈起，与我馆志愿者们分享了他对志愿者精神、志愿讲解的理解和体会。

当天下午，志愿者们来到北京自然博物馆观摩志愿者讲解，北京十佳志愿者白兮老师极具亲和力和感染力的讲解深受志愿者的喜爱，白老师热情饱满的精神状态也深深感染了在场的每一位志愿者。白老师通过社会招募也成为了中国妇女儿童博物馆的志愿者。交流中，志愿者们深受启发，称白兮老师是自己的榜样。

中国妇女儿童博物馆副馆长曾祝也以志愿者的身份参加了全天的培训，在与志愿者们的交谈中表示，希望大家能够向张鹏和白兮老师学习，用同样的热情和态度来对待博物馆的志愿工作，将中国妇女儿童博物馆志愿者工作推上一个新台阶。②

---

① 资料来源：河北博物馆网站资料，网址：http://www.hebeimuseum.org/contents/50/543.html。

② 资料来源：中国妇女儿童博物馆网站资料，网址：http://ccwm.china.com.cn/lz/txt/2012-12/07/。

上述两个案例基本上可以作为我国现阶段博物馆志愿者课程设置的两种走向，一是以博物馆学科和实践课程为内容，二是以职业道德和志愿精神为内容。由于我国正处于改革开放的深入时期，以文化促发展成为国策与发展战略，博物馆文化与教育的结合进入空前发展阶段。博物馆对志愿者的教育培训课程主要基于博物馆的馆藏文物和教育活动项目。案例 5 中的课程安排需要基于志愿者的教育背景和知识结构来设置，换言之，从课程目标的设置到核心课程内容的实施以及实践课程的辅助功能与具体课程组织安排都是非常明确清晰的；而中国妇女儿童博物馆有关志愿精神的培训则是我国博物馆志愿课程的一大特色，要求志愿者要突出社会意识形态领域的价值取向，授课主体也是骨干型的资深志愿者。

（2）存在的问题

目前，志愿者培训课程已经呈现出普适性和模式化的特点，但也存在着一些问题：第一，在课程设置的实践方面较为正规和成熟，但对于课程理论方面的研究基本是空白。第二，博物馆在课程设置过程中很少按照志愿者的年龄特征分层次地因材施教、因人授课，课程周期缺乏科学化的安排，有时没有考虑到志愿者中在校生和在职人员的时间分配，容易造成志愿者的流失；第三，馆本培训教材的开发还有很大的提升空间；第四，提供给志愿者的学习指南的深度和广度还有待拓展；第四，课程设计的目标缺乏创新性，课程结构比较单一；第五，课程的学科内容和板块之间缺乏衔接性、有效性和系统性，有的授课内容会出现脱节现象；第六，课程评价相对滞后，博物馆和志愿者组织对于志愿者的培训效果的评估和巩固的力度欠缺；第七，有些课程存在表面化、盲目性和随机性的现象；第八，由于大多数博物馆的志愿者岗位以讲解居多，所以课程内容中涉及讲解的比重相对较大，从整体课程资源分配上有待均衡调整。

基于目前存在的这些问题，笔者认为应着力进行志愿者课程新型模式的设计和开发利用，以期构建志愿者教育的课程体系，并依此为模板和依据，对课程实践起到决定作用。

（二）构建我国博物馆志愿者培训课程体系

在普通教育学理论中，"课程体系是指同一专业不同课程门类按照门类顺序排列，是教学内容和进程的总和，课程门类排列顺序决定了学生通过学习将获得怎样的知识结构。课程体系是育人活动的指导思想，是培养目标的具体化和依托，它规定了培养目标实施的规划方案。课程体系主要由特定的课程观、课程目标、课程内容、课程结构和课程活动方式所组成，其中课程观起着主宰作用。课程体系是指在一定的教育价值理念指导下，将课程的各个构成要素加以排列组合，使各个课程要素在动态过程中统一指向课程体系目标实现的系统。课程体系是实现培养目标的载体，是保障和提高教育质量的关键。"① 博物馆志愿者的课程体系应反映博物馆宏观战略的要求、文化市场对博物馆志愿服务的岗位需求和志愿者个人需求，通过对课程的不断更新、优化与各方的差距分析，使课程逐步成为一个全面的、科学的、动态的、分层的制度体系。

1. 课程体系的构成要素

博物馆志愿者课程体系的维度是由志愿者教育课程观、课程目标、课程内容、课程结构、课程运行方式和课程评价等要素构成的，这几方面是层层递进、密切相连的关系。

（1）课程观。课程观是博物馆在为志愿者设置课程的全过程中所表现的认识与观点，包括对课程的概念、课程的编制、课程的实施、课程的评价等各个方面的认识。这种认识不是孤立于物外的，而是与社会政治、经济和文化等发展密切相关的，同时，课程观作为博物馆公共教育的出发点和归宿，都体现了博物馆的社会教育理念与服务宗旨。因此，博物馆应顺应社会的发展和时代的要求，一方面要树立知识本位的

---

① 百度百科网站资料，网址：http://baike. baidu. com/link? url03C9PxP22g19p1K4ZLl_ lguk_ 。

课程观，另一方面更要注重过程性的实践经验本位的课程观，也就是说将课程设置为开放的、动态的、多样化的，集知识性、趣味性和实践性于一体的知识复合体。

（2）课程目标。课程目标在宏观上是博物馆根据社会与志愿者的双重需求，依照博物馆教育体系的发展规律，通过课程这一媒介，为志愿者提供具有博物馆教育文化情景的、适合志愿者的兴趣、爱好、个性化发展与创新精神的氛围，使志愿者既掌握知识和技能，又可以享受学习的过程，完善自我价值，深切体验博物馆文化的魅力，激发热爱博物馆、热爱公益事业、为博物馆事业工作的热情，从而达到在整体上提高志愿者各方面的综合素质与自主学习的主观能动性，形成阶段性的、持续性、可控性的层级目标，调动志愿者的学习积极性，引导志愿者解决实际问题的能力和技巧的提升，以及学科知识的增加，激励志愿者为社会发展和博物馆事业的全面发展施展才华，贡献力量。从微观上讲，则需要博物馆在课程结构的调整、课程资源的整合、教学方式的改进、课程内容的选择和课程评价制度等方面充分发挥课程功能的优势，进行不断完善和创新。

（3）课程内容。课程内容是博物馆择取的具有行业文化特色的博物馆学科的基础知识和基本技能，涵盖了人类文化遗产、社会生产与生活等诸多方面的事实、观点、现象和本质规律等，并以课程计划、课程标准、教科书或讲义的文本形式表现出来。博物馆在设置课程内容时，可以结合教育学、心理学、传播学和学习学等交叉学科的理论知识与实践经验，按照博物馆学的内在逻辑关系和发展规律，通过由简到繁、由浅入深、循序渐进的方法组织课程内容，同时，还应兼顾教育者自身的水平、志愿者的年龄差异与心理发展特征等因素，以纵向延伸和横向排列相结合的方式，并穿插直线型和螺旋式的手法安排课程内容。例如故宫在培训珍宝馆的志愿者时，将珍宝馆六个展室的文物藏品从纵向的、逻辑的、系列性的角度进行直线型介绍，然后再以讲座和报告等螺旋式的方式，将一些重点文物的制作工艺、考古动态、天文地理、历法推算和生化鉴定等跨学科的内容传授给志愿者，最终针对相关文物形成了教育活动服务项目。此类项目如 2009 年"5·18 国际博物馆日"时，故宫在箭亭广场举办的画龙袍、绘制青花瓷盘、串制朝珠等活动，就是博物馆通过上述方法使志愿者在全面掌握文物的知识内涵的基础上进行实地操作，然后在活动中指导观众参与其中。

（4）课程结构。教育界的研究者们将课程结构定义为"课程组件之间的联系及其与知识系统之间的映射关系。"① 如果说博物馆是一本活态的百科全书，那么课程结构就是这本书的章节。它是博物馆对课程各个知识体的配置关系与框架，是将课程目标进行成果转换的途径，也是将课程从理论落实到实施活动的重要依据。课程结构以必修课与选修课、相关课程与广域课程、显性课程与隐性课程、门类课程与实践课程等为表现形态，能够体现博物馆的课程理念。这里我们需要解释一下门类课程。这一名称是笔者根据博物馆的类型、性质和发展方向而命名的。虽然博物馆不会像学校那样存在学科课程，但是博物馆的工作内容涵盖广泛，对志愿者的课程内容也是分门别类的，如遗址类博物馆的课程内容可以划分为文物类、考古类、历史类和实地操作类，而文物类又可以进一步细化为陶瓷类、青铜类、书画类、珍宝类、钟表类、用具类、遗存类，等等。当然，课程结构要符合博物馆自身的客观条件，要具有可操作性、灵活性和可变性，还要符合志愿者的生理特征和心理特征。

（5）课程资源。课程资源是指课程实施所依赖的现实的素材和必要的条件。概括地说，这些资源包括一切可能的、潜在的资源，如人力资源、物力和财力等社会和自然资源；具体的资源如智力资源、网络资源、信息技术资源、乡土资源、媒介资源。博物馆要充分开发和利用馆内外丰富的课程资源，为博物馆争取一切可能的发展空间和机遇。

----

① 杨开成："论开发取向对课程的独特理解"，《现代教育技术》2009 年 11 月，第 12 页。

（6）课程运作。西班牙学者利奥塔在《后现代状态》一书中曾提出"运作效能标准"的概念，即在运作过程中总希望以耗费最小的能量达到最大的效益。就志愿者的培训课程而言，其运作就是根据志愿者的共性与个性，创设与课程相适应的教学情境，在科学合理地处理教材的基础上，因材施教，因人施教，以不同的教法完成课程目标和任务。在这一过程中，博物馆也希望能够以低成本、高回报的运作方式达到预期的教学效果。

2. 课程分类。我们可以按照知识来源将志愿者教育课程分为学习型课程和信息型课程。学习型课程是指志愿者通过学习能够掌握必备的知识技能并完成博物馆的预期目标的课程；信息型课程是指博物馆传递给志愿者的知识信息是对志愿者的学习有所辅助的"他域"性的知识。这两类课程是相得益彰、相互整合与相互促进的关系。

3. 课程规划与组织。课程规划是博物馆对志愿者教育课程的设置、结构、实施、管理和评价等一系列工作的总体安排，旨在让志愿者与课程之间形成良性的互为作用的关系，即课程成就志愿者，志愿者也受用课程。课程组织是博物馆将课程各个环节的教育教学活动，如教育者、教学计划、课程安排和课程资源等因素紧密联系、排列组合加以贯通，使课程呈现为一个整体，以利于博物馆的宏观管理与教学，提高志愿者的学习效率。

4. 课程主题的确定。博物馆对志愿者的教育课程无论是从教学组织形式、教材的选定还是课程设置与活动安排，都不是整齐划一的，所以课程主题的确定既可以通过博物馆和志愿者组织，也可以是志愿者自主性地选定，在与组织协商和广泛征求意见之后，便能够确定下来。当然，主题的确定并非是轻率盲目的，而是需要根据博物馆的工作需要、社会热点关注的问题和志愿者的需求等几方面因素来考虑。

5. 课程设计。课程设计是博物馆为使志愿者掌握课程内容而进行的有目的、有计划的结构性和系统性的针对课程目标和课程内容的设计，旨在使志愿者获得知识的积累和迁移，促成其综合素质和能力的提升，是课程开发的前提条件。由于志愿者大多都是没有博物馆行业工作阅历和经验的社会成员，他们在培训时对于博物馆的课程资源并不了解，所以在设计课程时，博物馆是设计主体，志愿者是设计受众。博物馆可以先设计科目，让志愿者从占有资料和相关信息开始，然后再根据志愿者的兴趣、爱好、特长和要求等，鼓励志愿者采用"发现法"获得经验，得出结论，并解决实际工作中的问题。在进行课程设计时，应遵循以下原则：

首先是要坚持以人为本、以物为主的原则。这一原则要求课程的设置者考虑和认真分析社会公众的需求和志愿者的需求、差异、特征与接受能力，同时，还要以文物藏品、遗址遗存等物质为基础进行设计；其次，是要按照从简单到复杂、从特殊到普遍再到特殊的规律，从课程目标、课程形态到课程结构、课程内容等方面的设计，力求做到合理合规；再次是要遵从知识的基本逻辑性和系统性，让志愿者能够掌握各类知识体的基础知识，梳理知识体系的脉络，熟练操作相关设备和设施，以便顺利地将所学知识运用到实践中去。

6. 课程开发

（1）定义。课程开发是一项系统工程，是博物馆通过分析各方需求确定课程目标，再根据这一目标选择课程内容和相关的课程活动，通过进一步计划、组织、实施和评价，最终实现课程目标。

（2）原则。课程开发要按照一定原则进行，包括前瞻性原则、多元化原则、基础性原则、创新性原则、实践性原则与整合性原则。

1）前瞻性原则。博物馆在课程开发之前，应通过对文化市场和社会公众的需求的预测和调研，为课程开发提供具有前瞻意义的科学量化依据。

2）多元化原则。由于博物馆对志愿者的岗位需求是多方面的，可以说囊括了博物馆正式工作人员所从事的所有业务工作，这就要求志愿者要成为一专多能的"多面手"，因此，在课程开发时应注重开发适应于各个工作岗位的多层次、多元化的课程，如核心课程、辅助课程、实践课程、馆本课程等多种课程形态。

3）基础性原则。这一原则是指博物馆作为公益事业单位，应脚踏实地，不盲从追求"新、奇、特"的课程形态，而是要注重夯实志愿者的基础知识，设置能够增强志愿者基本能力和挖掘其潜力的基础性的课程。

4）创新性原则。如今，人类社会已经进入 21 世纪，时代发生了翻天覆地的变化，博物馆也应顺应潮流，不断引进新的课程理念，摆脱僵化保守的课程观，利用高科技和新技术开发产品，设置有创新性的课程，在开发的过程中，可以考虑跨学科、跨行业的对外合作课程，形成课程优势互补、资源共享的教育环境。

5）实践性原则。相对于学校课程而言，博物馆教育课程的实施方式要更加灵活，整个课程的开发过程实际上是将知识本位转换为实践本位的过程，意即博物馆的课程要最终将志愿者的知识成果进行转换，落实到实际的服务工作当中，所以，从课程设置到开发都要遵循实践性的原则，注重理论联系实际，以实际操作和模拟演练结合客观需要进行授课。

6）整合性原则。该原则是指博物馆不能将每一个知识体系割裂开来，不加任何联系。而是要善于将课程资源、课程内容和课程结构进行整合，互相借鉴、兼容并蓄。

（3）步骤。关于课程开发的步骤可以从两方面探讨。一方面是开发的组织管理层面，另一方面是开发的教育技术层面。

1）组织管理层面。这是指博物馆在课程开发之前，应建立开发团队，其成员可以是博物馆的管理人员、工作人员、志愿者代表，也可以是外聘专家学者。博物馆通过成员的集思广益，研究讨论，围绕课程目标，设置切实可行、科学有效的课程体系。另外，还要进行知识体系的管理，分析各个包括显性知识和隐性知识在内的不同知识体的特点，根据师资力量及其各自的专长和胜任能力进行系统化的课程配置。

2）教育技术层面。教育技术层面开发课程是有其自身的开发取向的。所谓开发取向是指"通过研究开发和设计的原理以及各种可重用的技术来尝试解决实际的教育教学问题，并在这个过程中体验、理解教育教学规律，以形成对教育教学规律的独特认识的研究取向。"① 博物馆开发课程的技术包含其对课程的基本理解和方法技术的掌控能力，方法技术包括对各方需求的分析技术、课程开发技术、岗位职责分析技术和评价技术。

* 各方需求的分析技术。各方需求是指社会需求、博物馆需求、志愿者需求和观众需求。我们在此可以采用需求分析技术对各方需求加以分析。目前，学界比较认同的需求分析方法共有三种，即结构化分析方法、面向对象的分析方法和面向问题域的分析方法。结构化的分析方法是传统的分析法，是在需求阶段根据工作的框架确定系统的功能范围以及处理每个功能的应对方法；面向对象的分析方法是在需求阶段以逻辑化的语言精确地描述系统，并达成与系统使用者之间的交流，从而尽早发现问题并解决问题；面向问题域的分析方法是指直接或间接地界定问题的范围，将问题分层次地分解和分类，然后提出问题的解决方案，并以此为出发点来考虑系统的需求。每一种方法都各有利弊，因此，我们可以扬长避短，利用各种方法的优势对各方需求加以分析汇总，为课程开发提供依据。

* 岗位职责分析技术。这种分析属于先验性与总结性结合的分析，即是对志愿者岗位职责的性质、内容和任职资格等方面进行结构化的分析，并充分考虑岗位的多样性、专业性和完整性。对于岗位职责可以采用专家评议法、问卷调查法、材料分析法和面谈法。专家评议法是指将行业专家学者集中起来进行评议；问卷调查法是博物馆可以针对志愿者进行有关其岗位职责的问卷调查，包括对所从事岗位的要求、工作内容、职责、知识技能、能力以及其他个性化的调查；材料分析法是博物馆根据志愿者的简历和个人资料进行分析、抽样、验收，然后再应对岗位要求配置人力资源；面谈法是博物馆通过与志愿者的面谈，了解志

---

① 杨开成："论开发取向对课程的独特理解"，《现代教育技术》2009 年 11 月，第 10 页。

愿者对岗位的需求与要求，如可以了解志愿者的如下基本信息：

1. 请问你的姓名，你服务的岗位名称是什么？

2. 请问你的工作职责或者你希望从事的岗位工作是什么？你的工作需要什么样的教育背景？应当具备何种心理素质？

3. 你对现在的课程是否满意？你理想中的课程形态、内容设置和评价机制是怎样的？

4. 你认为现有的师资力量和结构是否能够满足你的岗位需求？如果不能满足，需要配备怎样的教师进行教学？

5. 你认为培训时限和周期是否安排得当？你是否能消化和吸收教授的知识？你觉得一堂课以多长时间为宜？

6. 你认为教师使用什么样的教具比较符合你的理解水平？多媒体、实物、现场踏勘？

7. 你觉得目前的工作环境如何？是否还需要更好的环境？你希望哪些方面得到改善？

8. 请讲讲你在工作中需要哪些设施、设备或工具？其中哪些是常用的？哪些只是偶尔使用？你对目前的设备状况满意吗？

9. 你觉得该工作的价值和意义有多大？

10. 你认为怎么样才能更好地完成工作？

11. 你还有什么要补充的？

- 课程开发技术。如果说课程开发是开发主体将研究成型的课程方案或活动付诸实践，以便将课程目标转换为课程受众的学习结果并获得素养的话，可以说开发过程就是课程生成的过程。我们在此借鉴美国企业界所采用的"一号标杆课程开发技术"应用于博物馆志愿者课程开发上。"一号标杆课程开发技术"是一种运用心理学、成人教育、教学设计技术和管理学等方法进行课程开发的技术，即通过对企业骨干、内部讲师掌握的经验、技能和技术等核心知识的深度开发，来挖掘出骨干的技术，并形成具有实用性和针对性的课程产品。① 据此，博物馆志愿者教育的课程开发步骤可以分为课程目标的开发、课程内容的开发、课程实施的开发和课程评价的开发等几个方面。

● 课程目标的开发。志愿者课程的目标应当呈现出立体维度，即应包括知识技能维度、实践方法维度和职业道德维度。知识技能包括基础知识技能和专业知识技能；实践方法维度是指课程指向要有利于志愿者将知识技能外化为实践工作的方法导向，培养其具体操作和应用的能力；职业道德维度是指课程在显性课程与隐形课程中要有意识、有目的地设置培养志愿者职业道德的目标。综上，我们可以将课程目标归纳如下：

表 5-1　博物馆志愿者课程目标开发表

课程目标维度	描述	具体内容简述	备注
知识技能维度	基础知识技能	自然科学和人文科学知识技能	
	专业知识技能	博物馆学、文物考古学、收藏学等方面的知识技能	
实践方法维度	礼仪接待方法	社交礼仪方法	
	现场讲解方法	讲解艺术（手势、走势、语气、表情等）	
	陈列设计方法	陈列设计、大纲撰写、展板制作、后期服务和统计分析反馈等	
	撰写编辑方法	包括撰写编辑与博物馆出版物和说明词相关的内容	
	会议服务方法	研讨会、座谈会、交流会、联谊会等的服务	
	安全导览方法	维护馆内安全设施、设备、疏导、组织、协调等	
	动手操作方法	实地踏勘、设施、设备、工具和新媒体的操作	

① 百度百科网站资料，网址：http://baike. baidu. com/link。

续表

课程目标维度	描述	具体内容简述	备注
职业道德维度	博物馆职业道德	热爱博物馆事业，遵守规章制度和守则，维护博物馆的公众形象，提高自身的业务水平和服务观众的意识	
	文物保护道德	爱护文物，遵守文物法律法规，文物安全意识，主权意识较强	
	社会交往道德	文明礼貌，与人为善，热心服务观众，尊重博物馆工作人员，与志愿者友好相处	

● 课程内容的开发。课程内容的开发可以从核心课程入手，整合各类知识，善于改变教学模式，拓展实践课程的外延。其内容开发步骤大致可分为课程大纲描述、编写课程资料、课程内容与活动设计等。

A. 课程大纲描述。课程描述是对课程内容的整体性的提纲挈领式的概括，包括课程名称、目的、预期目标、教育对象和人数、课程周期、课程安排、教具标准、教师要求、授课计划、教材、可利用的教育资源、教学方法和手段等。

B. 编写课程资料。编写课程资料就是将课程大纲转化为课程从准备到实施的各个环节的材料，并最终形成教师手册、教学材料、志愿者指南与课后练习册等资料。

a. 教师手册。教师手册是博物馆提供给教师的参考资料，包括课程目标、实施过程、课程活动和课程教学所需要的其他资料。

b. 教学材料。教学材料是教师在实施课程的过程中所采用的各种介质的资料和演示文件等，如多媒体、直观教具、实物教具和课件等。这些材料有的是博物馆提供的，有的需要教师自己制作，如教案和课件等。教案是教师在授课前的教学预案，包括课程目标、教学步骤、内容结构、教学重点和难点、考核测评方法等。课件是教师授课时所采用的多媒体形式的资料，用以充实或说明课程内容。课件的形式要引人入胜，独具特色。

c. 志愿者指南。志愿者指南是博物馆依据教学理论、学习理论和传播理论，提供给志愿者的学习资源，包括与课程相关的所有信息、博物馆的课程目标、志愿者的学习目标和有利于志愿者顺利学习课程所必需的指导性文件、背景资料、学习方法和策略建议等。

d. 课后练习手册。这是教师为了解志愿者学习的状态、效果而编写的各类不同形式的测试题，应包括练习目标、练习清单、试题、拓展资料、练习步骤和注意事项等。

C. 课程内容与活动的设计。这一环节即是指博物馆要设计符合博物馆教育发展规律、有利于志愿者掌握课程知识和拓展其外延的课程内容与实践活动，加强志愿者的理论学习能力与岗位工作能力，提高其综合素质，培养其科学文化修养与行业道德。为此，建议博物馆与志愿者共同开发课程内容与实践活动，这样既能满足"供需"双方的要求，又有利于课程开发的实效性、民主性和科学性。在实施课程教授与实践活动的过程中，可以分解课程内容，以单元或模块的形式细化知识要点，梳理知识脉络，科学、准确、合理地划分课程结构，安排课程资源，做好考核评价工作；活动课程包括博物馆为志愿者设计和志愿者自觉进行的探究、调研、访问、讲解、编辑、翻译、操作、服务等具有文化生产特征的实践活动，要注重志愿者的年龄和心理特征、兴趣爱好和志愿者的参与性。在开展活动课程之前，要预先制定活动预案，进行跟访，保证过程监督和管理，及时反馈结果，全面、灵活地开展知识性、教育性和趣味性相结合的活动，力求开发出能够满足社会发展的需求，相对稳定、独立和可行的课程形态。

● 课程实施的开发。课程的实施的开发是一个动态的过程，这一过程包括对课程实施取向的开发、实施模式的开发和课程资源的开发。

A. 课程实施取向的开发。这是指课程要与教材和讲义保持一致，即使是有所拓展和发挥，也要尊重课程的本质和初衷，在开发的过程中，课程开发主体即博物馆的教育人员要根据具体情况及时调整课程取向，使之适应课程的发展方向。同时，还要注重生成性取向的开发，即要通过教育者的知识储备、教学经验甚至人格魅力，与志愿者共同生成创新性和创造力，激发志愿者的潜能最大化地发挥出来。

B. 课程实施模式的开发。这是指课程实施方法论层面的开发，主要包括课程资源、教学情境和关注志愿者个体差异等模式的开发。课程资源模式的开发是指教育者要对理论课程和实践课程以及潜在课程的资源配置实现最大化，即要深入挖掘课程和教材的内涵，最大程度地拓展其外延，以实现教学信息输入与产出的最优化结构。例如在教授汉代墓葬的知识时，可以将考古学通论和与知识点相关的先秦时期到汉代墓葬考古发现及最新动态等内容一并教授。教学情景模式的开发是指教育者要为志愿者创设良好的、活跃的、宽松的和民主的教学情境，善于启发和鼓励志愿者自主学习、自主探究、彼此交流观点和思想。如在教授科举制度的内容时，可以通过多媒体、阵地讲解或组织志愿者到科举匾额博物馆参观，让志愿者在实物教学的感性认识、彼此交流、各抒己见的基础上，进一步研究科举制的由来和兴衰原因，这样一方面能使志愿者深入领会知识，另一方面也营造了良好的教学氛围。关注志愿者个体差异的模式是指教育者要充分了解志愿者的个性特征、专长爱好，在教学过程中注重开发志愿者的潜能，因材施教，发挥其智力优势。

• 课程评价的开发。课程评价是对课程目标的实施状况和过程以及完成效果的价值判断。评价体现了评价主体的价值取向和评价观念，通过评价可以有助于课程设计的改善和挖掘教师的潜能，也有助于志愿者在学习和工作的过程中发挥各自的专长，为调整和完善课程提供实践依据和理论基础。

A. 评价主体与评价客体。课程评价的主体是博物馆的管理者、工作人员和业内的专家学者。他们的评价观念是否科学公正是会直接影响到评价结果；评价客体包括课程计划、参与课程实施的教师、志愿者和课程活动的结果。

B. 评价方式。课程评价的方式是多样的，包括定性评价和定量评价、自我评价和他人评价、诊断性评价、形成性评价和总结性评价。定性评价是评价主体通过观察、分析、比较、分类、归纳和演绎等方法，以文字描述的方式对评价客体的状态和表现得出定性结论的方法；定量评价是评价主体对与客体相关的数据、变量、权重等资源进行量化分析得出评价结论的方法；自我评价是志愿者对自己学习和工作的态度、状况以及个性特点的判断与评价；他人评价是评价主体与其他志愿者对该志愿者的学习和工作的态度、状况以及个性特点的判断与评价；诊断性评价是指博物馆在进行教学活动开始之前对志愿者进行的评价，旨在了解志愿者的基本学习状况及其在学习过程中存在的问题，以便采取有针对性的方法和措施开展教学活动；形成性评价即过程评价，是博物馆对其教学活动过程中志愿者学习的发展和变化情况进行的评价，从而及时检查志愿者学习的问题，随时调整教学内容、方法和策略；终结性评价即总结性评价，是博物馆阶段性地了解志愿者的学习结果而进行的评价。

C. 评价模式。模式是人们赋予事物的标准样式。在普通教育学中，评价模式有几种类型，即目标评价模式、目的游离评价模式、差距评价模式和 CIPP 评价模式。目标评价模式是美国的教育家泰勒提出的，是以目标为中心来展开的，主要步骤是确定课程目标、根据目标选择课程内容、根据目标组织课程内容、根据目标评价课程；目的游离评价模式是美国教育家和心理学家斯克里文针对目标评价模式的弊端而提出来的，即把评价的重点从"课程计划预期的结果"转向"课程计划实际的结果"上来，认为评价者在编制课程时不适合作为评价的准则；差距评价模式是由普罗佛斯提出的，旨在揭示计划的标准与实际的表现之间的差距，以此作为改进课程计划的依据。差距评价模式包括五个阶段，即设计阶段、装置阶段、过程阶段、产出阶段和成本效益分析阶段。设计阶段即要界定课程计划的标准，以此作为评价依据。装置阶段，即课程计划是否与课程目标相符。过程阶段，或称过程评价，即对课程实施中间的目标完成状况的评价。产出阶段，或称结果评价，即要评价课程计划和课程目标的达成情况。成本效益分析阶段，或称为计划比较阶段，即通过将课程实施的计划与其他各种计划作出比较来评价最经济有效的课程方式。CIPP 评价模式是美国学者斯塔弗尔比姆提出的。所谓 CIPP 即是由背景评估（context evaluation）、输入评价（input valution）、过程评价（process evaluation）、成果评价（product evaluation）这四种评价名称的英文第一个字母组成的略缩词。背景评价是在特定的环境下评定课程要素的实施条件和需求。输入评价是在背景评价的基础上，对实现课程目标所需的条件、资源和课程计划的可行性、效用性进行评价。过程评价是对课程实施过程中的连续性的评价。结果评价是通过教育技术手段对课程目标实现程度进行测量和解释。该模式强调为课程决策提供评价材料和改进方案。志愿者的课程模式评价可采用上述方法加以融合和参照进行。

D. 评价原则。评价主体在评价过程中要按照真实性、公正性、科学性和人本性等原则实施评价。

a. 真实性原则。这是指评价所搜集、整理、归纳、总结和反馈等各个环节的材料与信息要保证是真实可信的，惟其如此，才能保证评价结果的真实性。

b. 公正性原则。这是指评价主体在评价过程中，要始终保持中立的态度，摒弃主观意识和不必要的偏见，站在客观公正的立场，对志愿者的学习状况和工作绩效等进行评价。

c. 科学性原则。这是指评价的过程中要运用具有时代性与合理性的评价理念，采用科学化的评价手段与技术。

d. 人本性原则。人本主义思想并非"西风东渐"，而是在我国古代就出现了，如先秦时期孟子的"民贵君轻"的观念、明代黄宗羲、王夫之和顾炎武的民本思想等。因此，当我们在实施课程评价时，也要尊重志愿者的人格和个性发展，激励志愿者的工作积极性，开展人本性的评价。

E. 评价体系的构建。瑞士著名的教育家和心理学家皮亚杰（J. Piaget）最早创建了建构主义（constructivism）教育理论，他从唯物辩证法的角度出发，通过分析儿童认知的内因和外因之间的相互作用来建构其认知结构与个人意识并使其得到发展。基于上述各有关课程理论，并借鉴皮亚杰的建构主义理论，本着遵循博物馆教育发展规律，彰显博物馆教育人员与志愿者的个性化教学和学习的宗旨，我们通过整合多种评价手段，扬长避短、博采众长，在此自行设计了博物馆志愿者教育课程开发的评价体系，以期倡导博物馆工作人员与志愿者在评价过程中的相互合作和交流，从而解决课程实施全过程中出现的问题，最大限度地保证评价的信度和效度，推动课程的顺利实施。

a. 课程背景评价。即博物馆要了解志愿者的基本信息及其需求，并为其提供需求所具备的条件，然后判断课程目标是否满足了这些需求。

b. 课程目标评价。即对课程目标的达成度、阶段性的进度和目标成果考核进行评价检验。

c. 课程计划评价。这是指博物馆通过评价课程计划，为决策者提供和选择完成课程目标的最佳手段。

d. 课程内容评价。课程内容是知识技能、过程方法和职业道德等方面的集合体，对课程内容的评价实际上就是对其知识技能和过程方法的科学性、实用性、基础性、时代性等进行评价，是对有关职业道德的内容的真实性的价值判断。

e. 课程实施过程评价。这是指对教学实践活动和手段的评价，用以预测、确定和检验课程目标和课程计划在实施过程中的状态，发现所存在的问题。

f. 课程效果评价。这是指博物馆在收集与课程效果相关的各种信息的基础上对课程计划的实施结果如优点、缺点和价值进行解释和评判。

表 5-2 博物馆志愿者课程评价表

授课教师：_____ 课题：_____ 志愿者：_____ 日期：_____

评价项目	评价维度	评价权重（权重描述：A 为很好，B 为一般，C 为很差）			备注
课程背景	1. 课程实施是否具备相关条件，如人、财、物等方面的条件 2. 课程是否与社会热点和焦点相联系，以满足社会需要 3. 是否明确了被评价的志愿者即评价客体及其需要，课程是否为客体提供了满足其需要的资源与机会，并诊断这些需要存在的问题	A	B	C	
课程目标	1. 是否为志愿者提供了前提性和过程性的知识与能力的储备 2. 是否为志愿者提供了学习指南和必要的方法等 3. 教育人员的知识结构、专业素养是否能为课程目标的设置提供有效的保障				
课程计划	1. 制定课程培养目标的指导思想和原则是否符合博物馆的教育规律，是否考虑到志愿者的身心特点、教育背景和知识结构 2. 课程设置及其要求是否切实可行 3. 课程开设顺序和课程安排是否照顾到大多数志愿者的意愿 4. 考核标准是否依据博物馆工作的要求并在志愿者的承受范围内				

评价项目	评价维度	评价权重 （权重描述：A 为很好， B 为一般，C 为很差）			备注
课程内容	1. 教材编写是否根据循序渐进、由浅入深和由基础到专业的逻辑顺序 2. 课程内容是否兼具理论与实践活动两方面并涵盖了应有的课程类型 2. 是否反映了博物馆行业的特色和知识含量 3. 是否参照了志愿者的生理和心理特征 4. 是否在纵向系统的知识结构之外，含有横向拓展的课程内容				
课程实施过程	1. 教育人员是否真正理解了课程内容 2. 课程设计是否正确，课程资源的利用是否合理 3. 教育人员是否采用了正确的教学手段和教育技术 4. 课程的组织教学活动是否符合博物馆的"三贴近"原则，即贴近实际、贴近群众、贴近生活 5. 是否研究了志愿者的特点，激发其学习兴趣，培养其良好的学习习惯、探究合作的精神和自我教育的态度 6. 教育人员的教学是否具有特色，是否培养了志愿者积极正确的情感、态度和价值观，是否采用了科学化的实施策略，诱发课程的创生性 7. 是否考虑了影响课程实施的各方面因素，如社会因素、教育环境因素、知识因素和志愿者的个体因素 8. 布置作业的命题与内容、测试考核的要求等是否有助于教学评价				

续表

评价项目	评价维度	评价权重 （权重描述：A 为很好， B 为一般，C 为很差）			备注
课程效果	1. 课程目标是否达到 2. 志愿者的学习效果和工作业绩如何 3. 课程是否具有创新性和时效性				
定性评价					
参考建议					

4）课程开发的现实意义。博物馆对志愿者课程的开发具有深远的现实意义，大致表现为以下几点：

第一，课程开发有利于博物馆的自我完善与快速发展。

课程开发强调以博物馆和教育者为开发主体，并根据各级各类博物馆的具体特点和开发条件，充分发挥其文化教育优势，为其培养高素质的人才提供了保障，更快、更好地推动博物馆各项业务工作的实施，使博物馆以充分利用社会资源为基础，在更为广阔的空间不断完善和发展，同时，校本课程的开发，有利于改变学生的学习方式，为学生提供学习过程中的空间选择和内容选择，体现教育内容的多元性和选择性。从这两方面来看，校本课程开发有利于实施素质教育。

第二，课程开发有利于全面提高博物馆教育人员的业务能力。

博物馆教育人员是课程开发的主体、课程实施的管理者和传授者，因此，课程开发可以促使他们在教育和科研等方面进一步加强专业技能，在教学实践中提高自己的理论水平和认识水平，充分展示其专长，为其潜能的开发和创新精神的发展提供了空间，调动教育人员的从业热情和教学积极性。

第三，课程开发有利于提高志愿者的综合素质和实践能力。

志愿者是课程开发的对象，博物馆在特定的时间和空间内，通过把与课程相关的各种信息加以联系整合，为志愿者的学习行为提供方向性的指导，这样就改变了志愿者原有的知识结构，有利于发掘其个性潜能优势，促使他们在课程实施的过程中，获取相应的知识和经验，使其个性全面和谐地发展。

第四，课程开发有利于突出博物馆的教育特色。课程开发是各馆根据自己的馆情开设课程，是能够体现馆际之间差异的课程，而这种差异性正是博物馆开发课程的意义所在，因为这样会凸显博物馆的特点，更有利于整个博物馆业界的"百花齐放、百家争鸣"。

本章结语

我国古代教育家和思想家先贤孔子曾说："知之者不如好之者，好之者不如乐之者。"博物馆对志愿者实施的教育内容与课程开发是志愿者教育的核心工作，旨在点燃志愿者的智慧之光和心灵之光，这项工作的质量反映了博物馆的社会教育和其他业务工作的理念与水平，其开展的状况和发展趋势也体现了博物馆志愿者队伍的素质和水平，因此在教育实践和课程实施过程中，我们应当不断改进、创新和完善工作观念、态度和方法，使之成为志愿者教育的有利武器。

第六章　博物馆志愿者的
　　　　教育心理学理论研究

引　言

　　目前，有关博物馆志愿者教育心理学研究还是一个空白，虽然已经有一些研究者对此进行了关注，但或是单纯研究教育者或志愿者的心理，或是着重研究观众的心理，而很少有人将与之相关的诸多要素综合考察和探讨。事实上，这一理论对志愿者教育学的许多重要理论都具有深刻的影响，故此，就其学术空间的延展性而言可谓大有可为。本章拟通过对该领域在文献综述和理论构筑方面的归纳、分析和总结，并采用教育心理学的方法强化研究的深度，试图对这一年轻的课题加以初步研究，希望能够有助于对志愿者教育心理学的相关理论的理解和拓展。

第一节　博物馆志愿者教育心理学理论概述

　　教育心理学是 20 世纪初，由美国心理学家桑代克创建的，并成为一门独立的学科。博物馆教育心理学的研究应当是其中的一个分支，但是迄今为止尚未形成成熟的理论体系。不过我们仍可以运用两种学科理论的成果和共性，对该理论进行借鉴性和发展性的研究。基于此，博物馆志愿者教育心理学的基础理论似应包括志愿者教育心理学的原理和相关的理论研究现状两个部分。

一、博物馆志愿者教育心理学原理

（一）博物馆志愿者教育心理学的定义

1. 教育心理学的定义

"教育心理学是心理学的一门分支学科，其研究内容是教育和教学过程中的种种心理现象及其变化，揭示在教育、教学影响下，受教育者学习和掌握知识、技能、发展智力和个性的心理规律；研究形成道德品质的心理特点，以及教育和心理发展的相互关系等。"[1]

2. 博物馆志愿者教育心理学的定义

博物馆志愿者教育心理学是教育心理学视域下的子概念，它以博物馆学和教育心理学为基础，主要研究在博物馆教育情境下、博物馆对志愿者开展的教育活动中，志愿者组织的社会心理、教育者的教学心理、志愿者的学习心理和观众的参观心理发展过程中的心理活动现象、结构特征及其产生和变化的运动规律。这里所说的博物馆教育者包括博物馆的在编工作人员和外聘专家学者。志愿者组织、教育者、志愿者和观众这四个要素构成了相互链接、层层递进和往复循环的关系——即志愿者组织对教育者和志愿者的干预效果、教学心理会作用于志愿者的学习心理，而志愿者的学习心理既会回馈给教育者，又会影响到观众的参观学习心理。故此，妥善处理好这几者之间的关系是非常必要的。

––––––––––––

[1] 参照百度百科网站资料，网址：http://baike.baidu.com/subview/5417/10957526.htm? fr=aladdin。

（二）研究目的

博物馆志愿者教育心理学关注的是志愿者如何学习与发展，并将所学到的知识和技能正确地运用于志愿服务工作中，其研究目的是为了将该理论应用于志愿者教育的课程设计和发展、教学方法、课堂管理和组织教学等方面，从而推动志愿者的学习动机，帮助志愿者应对学习和工作中遇到的困难和挑战，实现个体和群体的全面发展，顺利完成任务，更好地为观众服务。

（三）研究对象

博物馆志愿者教育心理学的研究对象是在博物馆教育的干预和影响下，志愿者的心理活动及其发展规律。如志愿者组织对志愿者的思想、感情和行为的干预、组织凝聚力、人际关系和人文环境的培育与志愿者心理之间的关系等；再如志愿者掌握知识技能和职业道德规范的心理结构与心理活动规律、志愿者自身的生理特征与心理发展之间的关系，以及志愿者和博物馆的教育工作者、志愿者之间，志愿者与观众之间相互影响的心理动因等。

（四）研究内容

博物馆志愿者教育心理学研究的范畴主要是博物馆教育教学过程中，影响博物馆教育者的教、志愿者的学和观众的参与诸要素之间相互作用的心理过程、心理现象和心理环境以及影响其发展智力和个性的各种心理因素，如教学内容、教学环境、教育媒介等。

（五）研究任务

博物馆志愿者教育心理学兼具博物馆学、教育学与心理学的特点，故其研究具有多重任务，主要是针对博物馆教育条件下，志愿者的心理现象和心理发展规律，深入发现和掌握志愿者的心理变化和发展的规律，从而为博物馆设计培养志愿者的教育目标，择取科学的教育内容和方法，优化教育系统，提高教育效能提供心理学的依据，揭示在教育和教学的影响下，志愿者的学习性质、特点、学习过程和学习条件，了解志愿者在这一过程中所发生的生理和心理机能系统的变化与控制的规律。

（六）研究方法

博物馆志愿者教育心理学的研究方法是以博物馆学、教育学、学习学和心理学等理论作为支撑，综合心理学中的人本主义、行为主义、建构主义和认知主义等理论，通过个案法、观察法、定性和定量法、心理测量法相结合的研究方法，以期构建该理论的完整体系。

（七）研究意义

研究博物馆志愿者教育心理学具有非常积极的现实意义，主要包括以下几个方面：

1. 有助于提高博物馆各项工作的效率。

研究博物馆志愿者教育心理学，可以帮助博物馆制定科学合理的教育体系，提高教育水平和质量，培养德才兼备的、合格的志愿者，将他们投入到博物馆的各项业务工作中，提高工作效率。

2. 有助于增强志愿者组织的凝聚力，营造良好的组织氛围。

通过研究志愿者组织的社会心理现象，可以使组织了解群体与个体在心理上的相互作用，从而激发良性的组织机制，在心理层面把握激励志愿者工作和学习方面的积极性与兴趣点，使志愿者组织提升组织的凝聚力，营造宽松、民主和正向的组织氛围。

4. 有助于提高博物馆教育工作者的素质。

教育工作者在志愿者教育中占据主导地位，其素质既包括专业素质又包括教育心理学理论素质。而对志愿者的心理学进行深入探讨和研究会帮助教育工作者提高教学水平和教学艺术，能够更主动而科学地驾驭教学方法和教育手段，不断总结工作经验，这不仅有助于提高其理论素养，而且有助于其提高在教育实践中解决问题的能力。

5. 有利于提高志愿者的学习兴趣与工作积极性

如果博物馆注重对志愿者心理学的研究，博物馆教育心理学有助于志愿者的自我教育和终生学习，激发其对博物馆文化的热爱，增强其学习兴趣，提高工作积极性，更好地为博物馆和观众服务。

6. 有利于深入了解观众的心理状况，准确定位文化市场的需求和博物馆的工作方向。

观众是博物馆的服务对象，也是志愿者教育成果展示与转换的直接受益者。用科学的方法深入研究观众的参观需求、参观行为和反馈信息，会有助于博物馆正确把握社会的需求，及时调整工作的发展方向，更有效地为观众服务。

7. 为教育心理学提供新的研究方向。

就目前的研究状况而言，有关博物馆志愿者教育心理学的研究尚处于空白阶段，其理论体系的构建和应用都有待于我们进一步探索，而这也在客观上为博物馆学和教育心理学提供了一个新的研究领域，能够一定程度地丰富教育心理学的内涵，提高其运用于实践工作的价值。

二、博物馆志愿者教育心理学理论研究现状

从中外博物馆对志愿者教育心理的研究状况来看，博物馆志愿者教育心理学既包含了广义上志愿者的教育心理学研究理论，也包括博物馆行业志愿者的教育心理学理论，而后者除涉及志愿者的学习心理理论外，还涉及博物馆教育者的教授心理与观众参观的心理研究等方面的内容。

（一）国外博物馆志愿者教育心理学研究状况

西方国家对志愿者心理的早期研究是 1981 年霍顿·史密斯提出的

志愿者双因素动机模式，即将志愿者动机分为利他动机（即属于不明确的回报动机）和利己动机（即属于明确的回报动机）[①]；同年，美国的弗里德·M. B. 和葛丽德·M. 通过对全美 455 名红十字志愿者进行研究后，在《美国社会心理学期刊》上发表《利他性体系——红十字志愿者》一文，进一步细化了志愿者心理动因，即对他人的关心为利他主义动机，而对自己的关心为自我主义。[②] 在 20 世纪 80 年代后期，研究者们又总结出志愿行为三因素论，即利他、利己和社会责任动机。

20 世纪 90 年代初，对志愿者心理的研究渐趋成熟。1991 年，凯娜和格德格林在以往研究的基础上，使用 5 点量表编制了志愿者动机问卷（the Motivation to Volunteer Scale，MTV），归纳出 28 种志愿者的心理动机，发现其动机是一种杂糅体或复合体，即包含了许多不能以单一维度来界定的心理动因。1998 年，克莱瑞等人又从功能学的角度将志愿行为划分为六种功能，即表达个体价值观的价值功能（Values function）、理解世界、提高自身知识技能的理解功能（Understanding function）、获得自尊、心理发展和提升个人社会价值的增强功能（Enhancement function）、获取现实和未来职业经验的职业功能（Career function）、维系、巩固和扩展社会关系的社会功能（Social function）以及培养自我积极健康情绪的保护功能（Protective function）。此后，不少学者运用问卷调查法、FSSA（Faceted smallest space analysis）分析法从各自不同的研究角度对志愿者的社会心理动机进行探讨。

国外博物馆界专门研究志愿者的教育心理的文献资料可谓寥寥无几。与之相关的研究包括博物馆教育者的教授和志愿者的学习等文献。1990 年，安蔷、老夭在"国外博物馆人才培养历程述略"的文章中回顾了英国、美国、日本、丹麦和印度等国家博物馆人员的培养问题；

[①] 羊晓莹："国外志愿者动机研究及其启示"，《当代青年研究》2011 年 1 月版，第 17—20 页。

[②] 弗里德·M. B.，葛丽德·M. "利他性体系——红十字会志愿者"，《美国社区心理杂志》1981 年 10 月版，第 9 卷第 5 册，第 567—579 页。

2007 年，琳恩安琪在"教在科学博物馆：博物馆教育工作者的教育学和教学目标"一文中强调了博物馆教育工作者在学校的教育中发挥着重要的作用。在实地调查科学博物馆时，作者发现教师和学生对于在学生体验教育项目中的教育工作者们却认识不足。该调查通过对教育工作者的观察并同他们即时交谈，描述他们在执行指令和目标驱动时的工作状况。研究结果显示教育工作者为了满足受教育者的兴趣、需要和理解，按照操作和时间，调整了备课方案的多种方法。数据显示，科学博物馆的教育工作要摆脱说教式和演讲式的教学方法，而代之以有创造力的、综合性的、技能型的教学方式，教育者的教学行为受他们培养的受教育者对科学和学习的兴趣的影响。教育工作者不应将学校参观博物馆视为一次性的学校郊游，而是持续性地参观博物馆活动的一部分，在活动过程中，还应关注博物馆教育工作者与学校教师之间的关系[①]；2007年，琳恩阿特兰的"科学博物馆教育工作"报告中，介绍了他对英国 10 家博物馆的 24 名教育工作者的调查访谈，调查的目的是要了解他们的工作特点以及他们的工作是如何组织的。报告的分析框架借鉴了社会学专业理论。研究结果表明，博物馆教育者的工作是一个共享的概念，他们的语言技巧是一个新兴的概念。然而，进一步的研究可能会受到教育者教育背景多样性的影响。此外，作者认为将教育工作分几大模块会直接影响其工作的完整性和从业人员的专业知识结构，而这最终可能会阻碍教育者成为一名真正的专业人士[②]；同年，琳恩安琪和希瑟·金的文章"博物馆教育人员专业化——以科学博物馆为例"指出，人们对博物馆教育工作者在理论研究和实践方面的工作存在误解，作者通过对科学博物馆教育工作人员的行为进行教育学方面的调查认为，教育工作者并未进入最佳实践状态，这可能是由于缺乏专业知识储备的缘故。为了保证工作质量和专业化进程，教育工作者需要知识储备，这方面的知

---

① 琳恩安琪："教在科学博物馆：博物馆教育工作者的教育学和教学目标"，《科学与教育》2007 年第 91 期。

② 琳恩阿特兰："科学博物馆教育工作"，《博物馆管理与策展》2008 年第 23 卷（2）。

识框架由六部分组成：情景、选择、动机、目标、内容、学习理论和讨论，这些知识涉及三个领域的内容，包括博物馆本身的内容知识，博物馆教育学知识和博物馆语境知识①；2008 年，达米安斯塔默、金佰利、洛德尔和郭超等撰写的"遗产志愿者的管理：世界范围内艺术博物馆志愿者计划的探索性研究"，研究了艺术博物馆和遗产景点志愿者管理问题。作者根据对国际艺术博物馆志愿者和管理人员的访谈结果，提出三点包括志愿者活动的表现在内的可行性做法：（1）建立一个社区的志愿者组织；（2）提高志愿者的学习经验，强化其学习心理；（3）培养志愿者的自我管理。这些做法为"认真性休闲"的概念和志愿者管理理论的实践价值提供了依据。② 2010 年，吴镝在"浅谈当代美国博物馆教育——湖南省博物馆教育人员赴美考察报告"中，对美国博物馆教育特色进行了概括教育功能凸显化（接触的、适合的、最大限度地运用资源、一体化）；教育使命明确化；教育体系完善化；教育项目经典化；教育人员专业化（分为讲解员和教育员或者称为公共项目主管）；教育理念先进化（运用理论：体验式学习，杜威"做中学"、大卫"体验学习圈"，探索式教育学、多元智能理论）；教育手段现代化；网络教育普及化（即建立自己的网络系统用以介绍博物馆的知识和博物馆的信息，利用交互式网站发布教育信息，与公众建立联系和交流，与其他科研机构、公司合作建立网站，通过查阅资料、游戏等方式，对公众进行教育）；合作对象多元化；合作程度深入化。另外也介绍了华盛顿史密森尼学会的志愿服务情况，该学会已有 6500 多名志愿者，并制定了博物馆教育者和志愿者必备的《教师指南》，规定："（1）参观之前准备事宜的建议。（2）学生想了解的重要问题。（3）参观展览时的教学策略。（4）展厅地图。（5）参观展览时不同年级学生使用的工

---

① 琳恩阿陈、希瑟·金："博物馆教育人员专业化——以科学博物馆为例"，《国立科学工艺博物馆》2007 年第 22 期（2）。

② 达米安斯塔默、金佰利、洛德尔和郭超等："遗产志愿者的管理：世界范围内艺术博物馆志愿者计划的探索性研究，《遗产旅游杂志》2008 年第 3 卷（3）。

作纸。(6) 参观完回到教室后的拓展活动。(7) 有用的专业术语和概念。(8) 和课程标准之间的关联。(9) 和其他展厅之间的联系。"①

可以说国外的这些理论研究的成果为我们深入探讨志愿者教育心理学提供了方法论意义上的研究方向，便于我们有效参考、借鉴与运用这些理论成果来指导我们的工作。

（二）我国博物馆志愿者教育心理学研究

我国学者对志愿者的心理研究较之西方国家起步较晚。20 世纪 90 年代，有学者通过介绍西方有关利他行为研究，包括年龄、性别、人格因素与情景之间的联系和几种典型的研究模型，如菲失贝尔的意图和决策模型、思科瓦兹的个人准则模型、辛德志的自我监测模型等方面探讨了志愿行为的社会心理学问题，通过人与情景之间的关系研究了利他行为的心理;② 进入新世纪后，一些研究者从我国市场经济占据主导地位的社会现实出发研究志愿行为，如研究大学生志愿者的心理状况，提出了这一群体在内心冲突、社会舆论下所产生的心理压力、人际交往的困惑、理想与社会现实之间的差异造成的心理落差等方面的问题，从社会、学校、组织和大学生个人等几方面入手来提升其心理素质;③ 还有研究者探讨了志愿者的心理健康素质和状态与志愿活动之间相互影响的关系，以及其对志愿者的选拔、管理和志愿活动预期目标的重要作用。④

我国博物馆是自 20 世纪 80 年代起在一定范围内启用志愿者，当时博物馆的发展还没有完全步入正轨，志愿者工作只是在零星的几个馆开展，大多数馆的志愿者教育培训尚未形成系统化的机制，在这方面的研

---

① 吴镝："浅谈当代美国博物馆教育——湖南省博物馆教育人员赴美考察报告"，《湖南省博物馆馆刊》2010 年第七辑，第 721 页。

② 李艳："志愿者行为社会心理研究"，《青年研究》1997 年第 1 期，第 41—44 页。

③ 叶明："大学生志愿者心理素质提升研究"，《湖北成人教育学院学报》2011 年第 4 期，第 46—47 页。

④ 冯姗姗、赵久波："志愿者的心理健康与志愿活动关系"，《中国社会医学杂志》2011 年第 2 期，第 119—121、124 页。

究较为欠缺，但有关博物馆教育心理学和博物馆人员心理的研究已经出现。如 20 世纪 80 年代有学者对讲解员的讲解心理进行了探讨，像马青云在"博物馆讲解心理浅议"一文中，从讲解心理构成、观众心理出发，指出讲解员应当具备诸多心理素质，包括"高尚的施讲动机、热爱观众的情感品质、灵活敏捷的感知能力、追求理想效果的思维品质、自觉的修养意识等"①。

20 世纪 90 年代，伴随着我国改革开放政策的推进，博物馆事业的发展显露端倪，博物馆对志愿者的启用也逐渐增多，对这方面的研究也开始进入宏观和深入研究阶段。如有学者开始探索博物馆心理学，如 1991 年，马萧林在"架起博物馆学与心理学的桥梁——博物馆心理学之管见"中，界定了博物馆心理学的定义、研究内容、研究对象和研究方法。值得注意的是，作者将观众研究作为博物馆心理学的研究对象，包括对观众的认识、情感和意志等心理过程以及观众的个性倾向和个性心理特征等②，但作者并未涉及博物馆工作人员和志愿者的心理研究；其后，宋向光先生在"博物馆教育：促进观众'自我教育、自我完善'的学习"一文中，论述了博物馆教育与学校教育的异同和对两者的误解，认为学校教育属于社会强制教育，博物馆教育属于自我教育的范畴，并指陈博物馆为观众服务不能沦为观众的附庸，而是要以社会发展和社会教育目标为准，同时界定了"自我教育学习者"即博物馆观众的学习特点和博物馆教育工作者的特点是要摆脱实物教学的误区，强调博物馆要让观众成为自我教育学习者，并指陈"自我教育学习者的学习动力受到社会现实条件和发展状况的影响，是学习者本人的自身条件、对外界因素的认识和对社会因素、对个人生活、工作、社会交往的影响的认识所规定的。博物馆教育工作者组织教育活动时，不仅要考虑观众的社会条件、文化背景、生理和心理发展阶段、职业、参观目的

---

① 马青云："博物馆讲解心理浅议"，《中国博物馆》1989 年第 3 期，第 71—74 页。

② 马萧林："架起博物馆学与心理学的桥梁——博物馆心理学之管见"，《中原文物》1991 年第 2 期，第 111—113 页。

的差异对学习的影响，也要注意博物馆这一特殊的学习环境的影响，注意学习媒介、学习方式、学习目的、学习成效评价标准和教育者等因素的影响"①，并界定了教育工作者的定义，认为"从事博物馆教育工作的人员主要有博物馆教育工作组织者、讲解员、问询处工作人员、教育活动组织者"；林蔚起在"博物馆的心理学特征及其应用"一文中，以文物的美学价值为切入点，具体阐释了"心理距离"、"博物馆疲劳现象"等理论在博物馆活动中的应用方法，还特别谈到社教工作中的心理学原理的应用，包括从"认同"进入"内化"、专家的可信性、"目的"的隐蔽性和"反自我利益"以及理性宣传的持久性等观点在当今的志愿者教育方面仍然具有可借鉴性与现实意义。②

进入新世纪后，博物馆事业蓬勃发展起来，许多学者对与志愿者教育心理学有关的问题进行了探讨。2001 年，刘洪在"博物馆奖励中的几个心理学问题"中，分析了博物馆的"吃大锅饭"、职工公平、扣奖、奖励的效价和奖励的期望等问题，对博物馆领导的不正之风、奖金制度的弊端进行了批评，③ 可以使我们从侧面把握博物馆的行政领导作为教育者应当遵守的职业操守；2003 年，陈卫平在"建构主义与博物馆教育"一文中，对比了行为主义、认知主义和建构主义诸理论的优缺点，将博物馆教育划分为四种象限，即发现学习、知识传授、行为主义和建构主义等模式，并主张以建构主义中的"意义建构"作为博物馆教育的目标；④ 2009 年，蔡文卿对讲解员工作加以界定，阐述了心理素质在讲解工作中的重要性，分析了心理素质中情绪紧张对讲解员的呼吸系统、循环系统、腺体与内脏的变化所引起的消极影响，并针对出现

---

① 宋向光："博物馆教育：促进观众'自我教育、自我完善'的学习"，《中国博物馆》1995 年第 2 期，第 41—49 页。

② 林蔚起："博物馆的心理学特征及其应用"，《中国博物馆》1992 年第 3 期，第 72—78 页。

③ 刘洪："博物馆奖励中的几个心理学问题"，《中国博物馆》2001 年第 1 期，第 95—97 页。

④ 陈卫平："建构主义与博物馆教育"，《中国博物馆》2003 年第 2 期，第 23—28 页。

的问题提出一套调节紧张情绪的方法，如调节呼吸法、语言暗示法、回避目光法、心境调节法、坚定的自信心、培养自信心、对讲解内容有充分的熟知、掌握讲解的方法方式等具体做法；① 李胜男在"人本主义心理学与博物馆教育功能探析"一文中，将人本主义心理学的理论引入博物馆教育理论和实践中，分析了观众在博物馆学习的特点，指出博物馆及其教育工作者应以观众为中心，为其营造"意义学习的环境"，注重激发观众的学习兴趣，帮助和鼓励观众自我学习、自我完善；② 何琦、王军和尹雁合写的文章"博物馆教育功能的社会心理学探析——基于蔡元培的博物馆教育思想"，在蔡元培先生有关博物馆的教育思想基础上进一步阐述了博物馆发挥社会教育功能、将人继续社会化和博物馆美育教育中情感因素的培养等社会心理学范畴的主题；③ 孙璐在"浅谈博物馆志愿者的几种学习方法"一文中介绍了志愿者的四种学习方法，包括"分批次分层次的定期馆内培训、志愿者之间的相互学习、走出去学习和网络学习"，④ 可以说这是志愿者的基本学习法；李莎在"浅谈博物馆社会教育队伍构建——以国家博物馆为例"一文中，指出现在的博物馆社会教育队伍在人员构成上，形成了以讲解员为主导，其他教辅人员参与、协助的局面。要培养高素质的博物馆教育队伍，就要严把招聘关卡，明确工作职责，注重岗位培训，引导职业发展；⑤ 李瑶在"用教育心理学理论指导博物馆的社教工作"一文中，将当代教育心理学的教师角色理论应用于博物馆教育工作者，认为教育工作者也应当

---

① 蔡文卿："浅谈博物馆讲解员的心理素质及调节"，《大众文艺（理论）》2009 年第 15 期，第 234 页。

② 李胜男："人本主义心理学与博物馆教育功能探析"，《博物馆研究》2010 年第 3 期，第 31—36 页。

③ 何琦、王军、尹雁："博物馆教育功能的社会心理学探析——基于蔡元培的博物馆教育思想"，《科普研究》2010 年第 4 期，第 80—84 页。

④ 孙璐："浅谈博物馆志愿者的几种学习方法"，《科技致富向导》2011 年第 20 期，第 420 页。

⑤ 李莎："浅谈博物馆社会教育队伍构建——以国家博物馆为例"，《博物馆研究》2012 年第 4 期，第 33—37 页。

在社教工作中充当"设计者、信息源、指导者和促进者、组织者和管理者、平等中的首席、反思者与研究者、终身学习者",并指出教育工作者应具备的认知能力、操作能力、监控能力和沟通能力,提供了直接教学、探究学习、基于问题学习等教学方式,同时还探讨了观众参观博物馆的心理因素;① 郑奕撰写的"论教育工作者在博物馆策展团队中的作用"一文,引用国外博物馆在展览团队中"教育工作者与策展人的合作、引导制定阐释规划、参与规划互动展项、参与展览的文字书写、引导解决可达性等问题,对教育工作者在博物馆展览中的作用加以分析";② 李念红的"心理学理论与博物馆职工素质"一文,指出博物馆要"掌握心理规律,提升思想素质、利用从众心理,做好引导工作、帮助职工缓解职场压力,包括做好日常维护、开展心理疏导、善于倾听职工的心声,持非评判性态度,管理者要有自信并帮助员工建立自信,利用自我说服的作用让员工参与到活动中、克服晕轮效应的副作用、引导职工锻炼意志品质、培养坚强个性、利用情感规律,进行心灵的沟通",③ 这些都是从具体的微观层面进行论述对我们研究志愿者教育心理学有很大帮助;田琳的"浅谈高校博物馆志愿者心理素质教育"一文,通过分析高校志愿者的结构、管理体制和服务意识、选拔和培训体系等方面的问题,提出要对大学生志愿者进行心理素质方面的教育;④ 彭玮的硕士论文"我国博物馆志愿者管理研究——从心理契约角度谈起",从博物馆志愿者的概念出发,通过比对国内外博物馆志愿者的工作及管理状况,总结我国博物馆志愿者发展的不足之处,提出博物馆应注重维系志愿者与博物馆之间的关系的重要纽带"心理契约"的建设,只有这样才更有利于博物馆志

① 李瑶:"用教育心理学理论指导博物馆的社教工作",《科教文汇(下旬刊)》2013年第11期,第197—199页。
② 郑奕:"论教育工作者在博物馆策展团队中的作用",《东南文化》2013年第5期。
③ 李念红:"心理学理论与博物馆职工素质",《中国国家博物馆馆刊》2012年第8期,第153—159页。
④ 田琳:"浅谈高校博物馆志愿者心理素质教育",《黑龙江史志》2014年5月版,第265页。

愿者大环境的建设发展，也只有达成博物馆内部与外部的共同作用与发展，才能对未来博物馆志愿者的事业进步产生最大化的推动。①

综上可知，我国博物馆志愿者教育心理学的理论已经随着社会的发展与国际大环境的变化而逐渐趋于系统化，而由于该课题所涉及的内容比较广泛，与之密切相关的文献也对其深层次的、拓展性的研究具有触类旁通和相互促进的作用，使我们能够在更高层次的理论立意和更为广阔的理论视域下，科学准确地把握其核心内容与研究空间，将这一理论不断完善与深化。

第二节　博物馆教育者与志愿者的心理研究

在博物馆志愿者教育中涉及了三种人，一种人是博物馆教育者，一种人是志愿者，一种人是观众，这三者分别是志愿者教育的主体（教育者）、客体（志愿者）与受众（观众）。迄今为止，对于这三种人在教育心理学方面的系统研究还是一个全新的领域，鲜有问津。如果我们能够在该领域进行开创性的研究，将会有助于博物馆有效完成志愿者的教育教学任务，提高观众参与博物馆教育宣传和实践活动的兴趣和积极性，进一步推进志愿者教育实践工作的开展。本节主要探讨教育者与志愿者的心理研究。

一、博物馆教育者心理研究

（一）博物馆教育者的概念

在《简明不列颠百科全书》中对博物馆人员的定义是："博物馆的

---

① 彭玮："我国博物馆志愿者管理研究——从心理契约角度谈起"，2014 年中央美术学院艺术管理专业硕士论文。

人员可以分为科研、技术和服务三种。科研人员——馆长、管理人员（保管员、助手）及教育保护和修复方面的专家，要接受适应博物馆需要的大学教育；如有可能，还需要接受博物馆学、教育学、保护和修复的专业训练。技术人员——制图员、陈列品编目人员、文献资料编目人员、图书管理员、安全人员、中级修复员，应具有各自技艺的专业资格；陈列品编目人员原则上还应接受陈列技巧等方面的训练。服务人员包括讲解员、维修员和秘书等，也应各有一定的科学文化水平。"[①] 博物馆教育者从身份属性来看，似应涵盖了上述定义中的三种类型。简而言之，教育者包括教育管理者和教育执行者，管理者包括博物馆各层级的行政领导，主要是指博物馆的行政领导，教育执行者指博物馆的工作人员和外聘的专家学者。

（二）博物馆教育者的特征

随着我国近年来对博物馆事业的重视，博物馆的发展十分迅猛，不仅新建和扩建了许多馆，而且也非常注重加强博物馆的人才队伍建设，引进高素质人才进入业界，并通过多种途径为这些人才提供培训和进修的机会，优化博物馆人员的智力结构，为博物馆的各项工作注入了新的活力。在针对志愿者的教育中，博物馆的教育者具有主体性、专业性、示范性、权威性和社会性。主体性体现在教育者是博物馆文化及其价值取向的传播者和引领者，是博物馆教育活动的策划者、组织者和实施者，是志愿者学习博物馆文化的主导者，也是提高其自身素质的学习者；专业性是指教育者基本是业内的专职领导和与博物馆相关的各专业的专家学者，具备国家授予的学位和学历以及博物馆行业知识的储备与技能，接受过严格的职业培训，熟悉行业规则与职业道德要求；示范性是指教育者在学识、思想、情感、性格、意志、言行等方面对志愿者产

[①] 安蕾、老夭："国外博物馆人才培养历程述略"，《文物春秋》1990年第1期，第71—72页。

生的影响并受到志愿者的效仿与监督，另外其教育过程中所采用的教学手段、教材讲义和教具、在教育教学活动中的各种实践活动等也都具有示范性特征；权威性是指教育者大多是业内的知名人士或业务骨干，相对于志愿者而言具有使人信服的力量和威望；社会性是指教育者的身份具有社会性，其知识和技能的成果转换效果也具有社会性。

（三）博物馆教育者的心理研究

1. 教育者教学动机研究

教育者教学动机是行为学理论范畴的概念，它源于博物馆对志愿者教育实践的需要。在博物馆的教育活动中，教育管理者是教育教学工作的引导者和决策者，其教育理念的科学性对于教育执行者的教学动机会产生深刻影响；而教育执行者的教学动机也会直接影响到其教学的成效和志愿者的培训质量。所以，博物馆应促成教育者良性的、积极的教学动机，使他们拥有个人成就感，提高自我评价的水准。博物馆可以通过访谈、观察和问卷调查等多种方法，对教育执行者的多个反应变量的结果进行分析，并对志愿者的培训与考核结果与研究中所设置的观察和测查变量进行归纳、总结和分析。可以说，对教育者教学动机的研究是相对稳定的、内在的、深层次的研究，虽然相关变量具有主观化的特点，但是，由于教育者的教学行为与其认知行为紧密相关，不仅会作用于教育者的教学活动，而且对其自身的专业成长也具有重要意义。

2. 教育者认知能力的研究

对于教育者认知能力的研究是将认知心理学理论应用于教育实践活动中的有益尝试。从理论上讲，教育者的教学活动是一种复杂的认知系统，教育者在教学过程中的各个环节可以被看做是信息采集和加工的过程，教育者在教学准备工作、教育情景、教学环境信息、制定教学计划和实施教学活动等过程中，不断收集、输入和输出信息，整合其内在的知识结构与知识储备，再经过思维加工，完成整个教学内容，其教学绩效就是教育者的全部认知过程。这里所谓的知识结构是以博物馆行业和学科知识为支撑，以教育学的课程结构知识为依据，将其所掌握的学科知识转换为对志愿者有意义的陈述和表达方式，也就是美国教育家舒尔曼提出的"教育学推理"（Pedagogical Reasoning），即博物馆教育者将学科知识"教育学化"和"心理学化"，然后择取志愿者所能理解和接受的方式进行表述与教授。博物馆要根据教育者心理活动的复杂性和多样性，动态地关注其认知结构诸要素之间的相互联系和相互作用，鼓励教育者在认知过程中自我反思和自我评价，这样将更有利于志愿者教育工作的顺利完成。

3. 教育者心理健康的研究

心理学理论告诉我们，心理健康从广义上讲，"是指一种高效而满意的、持续的心理状态。从狭义上讲，心理健康是指人的基本心理活动的过程内容完整、协调一致，即认识、情感、意志、行为、人格完整和协调，能适应社会，与社会保持同步。①人的心理健康主要包括身体健康、内心平衡与环境和谐三个方面。身体健康是心理健康的基本前提；内心平衡是由认知、情绪和行为三个环节的和谐统一所决定的，它是心理健康的关键，人文环境是影响心理健康的客观外在因素。教育者的认知、教学情绪、工作态度和自身行为代表了博物馆的形象，因为志愿者具有双重身份——既是博物馆的工作者、支持者，又是长期的现实观众，因此，教育者的心理健康会作用于志愿者的学习心理、学习态度、志愿者与观众的关系以及观众与博物馆之间的关系。例如，一个性格偏执、心胸狭窄的教育者可能会在潜移默化中造成对志愿者负面情绪影响，引起志愿者与教育者甚至博物馆之间的矛盾，而一个性格开朗、胸怀宽阔的教育者则会在组织内部营造良好和谐的人际关系，有利于志愿者教育教学工作的顺利开展。因此，维护和提高教育者的心灵健康水平，尽可能地避免认知偏差，树立正确的教育观念，提高行业待遇，改善工作环境，尊重志愿者的人格和劳动，做好自我评价，控制消极的不

---

① 参照百度百科网站资料，网址：http://baike.baidu.com/link?。

良情绪，建立积极的心态，与志愿者建立良好的关系，培养健康乐观的性格，减少冲突、化解矛盾，主动与志愿者沟通和交流，关心志愿者的学习、工作与生活，这些举措都将有利于提高教育者的教学质量和工作成效。

（四）教育者的人才培养

博物馆的教育者队伍包括馆长、副馆长等行政领导和教育科研业务人员，建设良好的人才队伍、提高人才的综合素质与业务技能是博物馆责无旁贷的任务。博物馆近年来十分重视人才培养，吸引和任用了一批高素质人才。但目前仍然存在着一些问题。陆建松教授分析了当前博物馆人才培养过程中的短板和问题所在，包括博物馆人才总量不足、知识结构和专业结构不合理、人才队伍结构错位、高层次和创意型人才短缺。[1] 为了防止这些问题的出现，博物馆要为他们提供培训和再教育的机会，制定人才考核、绩效标准。从教育管理者的培养来看，博物馆的行政领导最终应具备组织、指挥、协调的才干和业务才干（包括马克思主义和博物馆学理论水平、专业知识水平和博物馆业务水平）以及思想政治水平[2]，要明确其使命与职责，提高自身素质与管理能力、业务能力和领导艺术才能，此外，还要勤政和廉政。而教育执行者要从整体上加强自身素质、业务能力。根据工作性质和内容，可以把教育执行者分为科研人员、讲解员和协调员等几种类型，博物馆可以为每个类型的人员设定工作标准。我们现在可以参照国外的一些做法设置标准，如美国的一些博物馆和相似的文化教育机构对教育工作者的评估都有要求。

---

[1] 陆建松："论新时期博物馆专业人才培养及其学科建设"，《东南文化》2013年第5期，第104—109页。

[2] 杜显震、王建浩："试谈博物馆馆长的作用与选任"，《中国博物馆》1985年第2期，第56—58页。

案例 6-1　惠明顿·DE·达拉威尔历史协会
博物馆教育人员观察表①

此表旨在通过指导性的观察促进学习，激励展陈中自我意识的迸发，同时跟踪并记录你所观察到的一个特定的导览的情况和次数。每一位博物馆教育工作者可以使用此表单一到两次来观察特拉华历史博物馆的展览。

观察者：＿＿＿＿＿＿＿＿＿日期：＿＿＿＿＿

受观察的导览员：＿＿＿＿＿＿＿＿＿＿＿＿＿

受观察的展览：＿＿＿＿＿＿＿＿＿＿＿＿＿＿

所观察的计划的次数：1　2　3　4　5的时间（秒）

1. 导览员如何介绍自己？

＿＿＿＿＿＿＿＿＿＿＿＿＿＿＿＿＿＿＿＿＿＿＿＿＿＿

2. 学生们感兴趣的程度，他们喜欢这个计划吗？

＿＿＿＿＿＿＿＿＿＿＿＿＿＿＿＿＿＿＿＿＿＿＿＿＿＿

3. 教育人员和监护人如何与学生互动？（如手机、纪律、专注等）

＿＿＿＿＿＿＿＿＿＿＿＿＿＿＿＿＿＿＿＿＿＿＿＿＿＿

4. 当/如果学生注意力减退时，导览员如何使他们保持注意力，或调整自己的计划？（目光接触，身体运动，说话的声音）

＿＿＿＿＿＿＿＿＿＿＿＿＿＿＿＿＿＿＿＿＿＿＿＿＿＿

以下是额外的问题：

5. 你从这位导览员提问的技巧中学到了什么？

＿＿＿＿＿＿＿＿＿＿＿＿＿＿＿＿＿＿＿＿＿＿＿＿＿＿

---

① 参照美国博物馆学会网站资料，中文内容由笔者翻译。网址：http：//museum-edu.org/resources/training-docents/looking-it-art/curry/。

6. 说明如何从这位博物馆教育人员身上受益。

_____

7. 这位导览员所展示的哪些方面是你想加入你未来的导览中的？
如果有，是什么？

_____

8. 在你的计划中有什么不同的做法？

_____

9. 请对我们今天的导览、教育人员或特殊事件进行评价：

_____

案例分析：上述案例是美国一家博物馆要求其教育工作者对导览员
的一次观察量表，虽然只有短短的九道题，但是设计者很巧妙地将教育
工作者通过肢体语言和口头语言对学生观众的心理把控作为评价标准之
一，同时，还注意到"博物馆疲劳"的心理现象，并设置了相关问题，
旨在通过教育者的行为来缓解这一现象的持续，同时对教育者之间相互
学习和相互促进提供了理论依据。

二、博物馆志愿者心理研究及其应用

在志愿者教育学范畴下，我们要探讨的是关于志愿者学习心理学、
社会心理学和文化心理学的问题。这三者是从不同的侧面对志愿者的心
理进行深入研究。其中学习心理学是志愿者教育的准备和前提条件，社
会心理学是其效果和检验，而文化心理学则是志愿者教育的人文环境。
这三者是心理学的不同分支，具有不断递进和相互作用的逻辑关系。

（一）志愿者学习心理学

学习心理学是教育心理学的一个分支学科，是主要研究学生群体学
习心理的活动及其规律的理论。该理论是对学习者的学习过程、思维方
式、行为方式、生理机制、学习类型、认知理论、信息加工、记忆原

理、学习策略、学习技巧和学习迁移等方面进行探讨①。志愿者在博物馆教育中是教育客体，其学习行为的心理因素应包括学习动机、学习需要、对学习的必要性的认识、学习兴趣、爱好和学习策略等。运用学习心理学可以有助于志愿者的不断成长和自我完善，以高效率的科学学习心理来应对博物馆的教育培训。

1. 志愿者学习动机

（1）相关概念

动机是一种具有指向性和能动性的内在力量。而学习动机是激发学习者进行学习的内驱力，是支配学习者学习行为的推动力量。

（2）学习动机的内容

学习动机的内容应包括学习者对知识价值的认识（知识价值观）、对学习的直接兴趣（学习兴趣）、对自身学习能力的认识（学习能力感）、对学习成绩的归因（成就归因）四个方面②。对于志愿者而言，其知识价值观即是对博物馆科学文化知识的价值取向与认同，其学习兴趣源自对博物馆文化的知识结构和内容的兴趣；其学习能力感是志愿者对自己学习和掌握知识的能力的认识；其成就归因则是指其对自己在学习和志愿服务工作中运用知识与技能的成就因素的总结。

（3）学习动机的分类

1）内在动机与外在动机

从动机来源来讲，学习动机可以分为内在动机和外在动机，内在动机是志愿者因自身需求而引发的内隐的动机，外部动机是指志愿者因外在客观条件而诱发的动机。两者在特定条件下可以相互转化，即外在的力量可能会转化为内在的需要，成为推动学习的力量。因此，博物馆在培训志愿者的过程中一方面要强调内部学习动机，另一方面也要善于将外部动机转化成为内部动机，如通过奖励和表扬等激励措施使志愿者持

---

① 参照百度百科网站资料，网址：http：//baike. baidu. com/link？url。

② 参照百度百科网站资料，网址：http：//baike. baidu. com/link？url。

续产生学习需求，保持良好的学习状态。

2）正确的学习动机和错误的学习动机

从动机性质来讲，又可以分为正确的动机和错误的动机。志愿者在进入博物馆接受教育培训时，其学习动机因个体差异而各有不同，总结起来不外乎有以下几个方面：

第一，通过教育培训，掌握博物馆所要求的知识与技能，从而顺利完成博物馆的各项业务工作；

第二，在教育培训过程中，通过参加博物馆组织的参观、考察和实地操作等活动，增长见识，开阔视野；

第三，满足自我发展、自我完善和求知的愿望，拓展自己的知识空间；

第四，在学习过程中，加强社会交往，拓宽人际关系的范围，享受彼此交流和相互学习的快乐；

第五，热爱公益事业和博物馆文化，希望通过学习满足自我实现的心理需求；

第六，对于青少年志愿者而言，在博物馆学习可以有利于实现他们接触社会、参加社会实践甚至获取学分等学校的硬性要求，规划职业生涯。这其中有的学习动机是出于功利性和随机性的，如出于虚荣心和随意性的学习动机就属于错误动机，而出于对公益事业和博物馆文化的热爱、回报社会和实现社会价值等动机就属于正确的、高尚的学习动机。

3）现实动机和愿景动机。从社会学角度来分，动机还可以分为现实动机和愿景动机。现实动机是指志愿者在客观现实条件下所产生的学习动机，如出于对考古类博物馆文化的兴趣而主动参加博物馆的相关知识培训和讲座，或为了完成某个博物馆运作的教育项目而产生的学习动机；愿景动机是志愿者为了将来的就业、获取学分或从事博物馆专业的工作等诱因而产生的动机。

由此可见，博物馆和志愿者双方都应了解学习动机与学习行为之间的辩证关系，保持志愿者的适当的动机强度，激发和唤醒其学习的内部驱动力。

2. 学习动机理论在志愿者心理研究中的应用

（1）自我价值理论（self-worth theory）

该理论是美国教育心理学家卡文顿（Covington）于1992年提出的。该理论以成就动机理论和成败归因理论为基础，认为自我接受的需要是人类最高的需求，而追求成功是个体实现自我价值感的内在动力。因为成功可以满足个体实现自我的成就感，提高自尊心，而取得成功又要以自身能力的提高为前提，因此，能力、成功和自我价值感三者是相辅相成、紧密联系的递进关系。能力强的个体容易成功，追求成功成为一种稳定的心态，并把自我能力视为自我价值的主要依据。因此，博物馆要鼓励志愿者为追求自我价值的成功而不断提高自身的业务水平和综合能力，使其在学习、考核、评估和工作中，以取得优良的学习成绩和观众的认可为成功的标准，并在其成功后适当表扬和奖励，从而保持其追求进一步成功的热情。

（2）自我决定理论（self-determination theory，简称SDT）

该理论是由美国心理学家德西（Deci）和瑞恩（Ryan）提出的，它是从人类的内在需要出发，研究动机产生的能量、动机行为的指向性与目标性等，认为学习动机能量与性质源于个体心理的基本需求，而这种心理需要可以分为胜任需要、归属需要和自主需要。胜任需要是指个体在通过与社会之间的交互作用中，将自己的才能用之于社会，并感到自己的社会价值能够得以实现。归属需要是指个体在与其他社会群体与个体的交往过程中，将自己类属于某个群体或多个个体，并从中获得安全感和愉悦感。自主需要是指个体对自我决定或自我调控行为的一种感知。博物馆要依据这一理论，针对每一位志愿者的专长和能力，为志愿者安排适合于其特长和能力水平的教育目标、教学内容、实践活动与工作岗位，努力促进志愿者拥有胜任需要，体现个人价值。为志愿者创设良好的教育环境与组织氛围，使其产生对博物馆及其志愿者组织的归属感和集体感，并激发培养志愿者的自我学习与工作积极性，发挥正确动机和内在动机的指向性作用，以启发式教学和采用各种形式的教育手段强化学习，控制和维护良好的动机水平，及时鼓励，适当评定，促使志愿者努力学习和工作，做好志愿者的思想工作。

（3）志愿者的认知策略

认知策略是学习者加工信息的方法和技术，其基本功能有两个方面：一是对信息进行有效的加工和整理；二是对信息进行分门别类的系统储存。志愿者通过对博物馆文化信息的输入，梳理信息的脉络，对信息内容进行加工整理，并按照自己的记忆习惯对信息进行分类，以适当的方式储存信息内容。在这个基础上，志愿者再对信息的结构加以分析和归纳，经过进一步的精加工信息，根据信息之间的逻辑性和次序性组织信息，如辨别和编辑输入的信息是文字信息还是图片信息等。值得注意的是，志愿者的个体差异和对目标与任务的认知程度会影响认知行为。我们在此运用元认知策略理论来进一步研究志愿者的学习心理。

元认知的概念是美国发展心理学家约翰·弗拉维尔（John Hurley·Flavell）于 20 世纪 70 年代提出的，该理论认为学习者"一方面进行着各种认知活动（感知、记忆、思维等），另一方面又要对自己的各种认知活动进行积极的监控和调节，这种对自己的感知、记忆、思维等认知活动本身的再感知、再记忆、再思维就称为元认知。元认知主要包括元认知知识、元认知体验、元认知监控等成分。"在实施元认知的过程中，有关学习者对学习过程的有效监控的策略是值得借鉴的。志愿者运用元认知知识（即对自己或他人的认知活动的过程、结果等方面的知识）、元认知体验（即在认知活动中产生的认知体验和情感体验）和元认知监控（即志愿者自觉监控和调节认知活动中的认知活动对象）等几方面的心理因素，通过计划策略、监控策略和调节策略三个步骤来完成元认知策略。①

---

① 陈会昌主编：《中国学前教育百科全书·心理发展卷》，沈阳出版社 1995 年版，第139 页。

1）计划策略

计划策略包括设置学习目标、自我筹划学习时间、管理时间，预习博物馆培训资料、讲义，提出相关问题、分解学习任务并选择认知策略，如学习方法和技能等。

2）监控策略

监控策略是元认知策略最重要的心理成分，对于志愿者而言，监控策略是指志愿者能够有效控制认知活动的运作，包括认同监控的必要性，集中注意力持续监控、自我反思问题、了解问题的症结所在等。

3）调节策略

调节策略是指志愿者要根据评价认知活动，检验其结果，如发现问题，则及时调整认知目标、采取相应的方案加以修正，并据此调整认知策略和操作环节。

志愿者采用元认知策略具有很重要的现实意义。元认知的过程有利于志愿者掌握正确的学习方法和技巧，客观评价自身的理解能力、学习能力，科学地筛选与整合博物馆教育信息，合理监控和指导认知策略，提高学习效率。因此，博物馆应当通过有效途径激发志愿者学习元认知策略的愿望，增强运用元认知策略的技能，为志愿者教育培训提供切实可行的学习心理学依据。下面我们就以美国杜克大学那舍尔艺术博物馆志愿者的自我反思策略为例加以分析。

案例6-2　杜克大学那舍尔艺术博物馆志愿者导览后的开放式自我反馈评估

志愿者：_____

导览主题：_____

你今天的参观在哪些方面比较特殊？你为什么认为这些方面是成功的？

这次参观是否让你遇到了什么困难？你为什么觉得这些方面是困

难的?

请列出/或描述任何你想在星期一志愿者会议上要发表的看法,以便进一步帮助你实施计划或准备未来的参观服务/准备未来的导览? 你是否有什么不同的想法? 可以在下次导览时进行一些尝试或补充。

是否有什么事件或评论让你特别高兴或难忘?

志愿者_____

导览日期_____

团体

(年龄/年级) _____

展览_____

导览后的反馈	志愿者: _____
	参观日期: _____
	团体: _____
	年龄/年级: _____
	展览: _____

请圈出表中能够最佳描述你对今天参观感觉的单词

我在导览过程中是对观众表示欢迎、友善、有礼貌的	是	否	一般	很好
我向观众解释了不许触摸、不许拍照,即在 12 英寸的空间内不允许触摸拍照等规定	是	否	一般	很好
我遵守适当的博物馆行为,即在 12 英寸内远离所有藏品	是	否	一般	很好
我站着不使展品模糊或背对着观众	是	否	一般	很好
我用眼神与团队的每一个成员交流	是	否	一般	很好
我组织的参观包括介绍、肢体语言和结论	是	否	一般	很好
我导览的主题是 [请填空]				
我清楚地为我的观众阐释了主题	是	否	一般	很好
我自然地用转换的方式将导览进行联系并顺利地衔接起来	是	否	一般	很好

续表

我向观众讲述的内容和使用的词汇是适合其年龄特征的	是	否	一般	很好
我设置了开放式的问题来鼓励观众观看、参与和反应	是	否	一般	很好
我使用了视觉分析（颜色、线条、形状、纹理和外形等）	是	否	一般	很好
我采用的展品或艺术家的资料是真实信息	是	否	一般	很好
我把展品与观众的个人生活经历相联系	是	否	一般	很好
我为观众提供了足够的"等待时间"	是	否	一般	很好
我对观众的反应进行释义	是	否	一般	很好
我合理分配了时间并在规定时间内完成了导览	是	否	一般	很好

案例分析：上述量表非常具有参考价值，它将志愿者自我评价、博物馆的教育、博物馆的行业规则、展陈效果、展品和观众进行开放式的设问，按照志愿者导览的逻辑关系，循序渐进且详实、细致地从志愿者的服务细节、观众的参观行为与参观心理出发，让志愿者得以在科学化和专业化的基础上，顺利完成志愿者的自我反思策略，可以说这样高质量的评价量表既体现出博物馆的管理水平，也有利于推动博物馆的志愿者教育工作，更有利于志愿者的自我认知和成长，可谓一举数得。

（4）志愿者的学习需要

学习需要是指学习者目前的学习状况与所期望达到的状况之间的差距。志愿者的学习和工作需要是常态化的，这是由博物馆的教学需要和志愿者自身心理发展的需要所决定的。博物馆要鉴别其教育和教学的问题所在，志愿者也要定位其当前的学习能力、素质状况和预期的目标状况，在博物馆与志愿者相互协调与合作的基础上，归纳和分析两者之间所产生差距的原因及性质，找出解决问题的优势资源和制约条件，共同选择并确定最佳的解决方案。

（5）志愿者的学习/工作态度和学习情绪

常言道："态度决定高度"，志愿者的学习态度也同样决定了其学习效果。一个具有积极学习态度的志愿者，必然是一个积极进取的个体，他/她会充满热情和求知欲，认真参与博物馆组织的各项教育培训活动和课程，在学习和工作实践中不断挖掘和拓展自己知识的深度和广度，不放过每一个增长知识和技能的机会，力求成为一名优秀的志愿者；而一个学习态度十分消极的志愿者，则会对博物馆的知识不太感兴趣，不会太注重自我完善和自我价值的实现，对博物馆举办的教育活动很少参加，认为博物馆的教育是非正式教育，没有必要参加每次教育培训，而只是一时心血来潮，完成博物馆的工时就可以了，没有端正学习态度，没有正确地将自己放置在博物馆和观众的位置，换位思考，所以这样的志愿者不能称为合格的志愿者，博物馆也应根据具体情况，对这类志愿者实施劝退政策，以避免他们影响博物馆的公众形象和志愿团体的声誉。

（6）志愿者的学习兴趣和爱好

志愿者的学习兴趣和爱好存在着个体差异，由于每一位志愿者的教育背景、生活环境、经济条件、性格特征和家庭条件各不相同，所以其兴趣和爱好也不尽相同。例如，有些志愿者喜欢历史和考古，所以他们会选择这类的博物馆或展厅从事志愿者工作，有些喜欢科学技术，他们愿意在科技馆展示才华，而有些志愿者的兴趣是自然界的生物演变和植物的生长，那么他们当然就会倾向于自然类的博物馆。因此，博物馆应根据他们的兴趣点和不同的爱好，充分满足他们的兴趣爱好，鼓励他们从事适合于他们兴趣的学习和工作。

（二）志愿者社会心理学研究及其应用

1908 年，英国心理学家麦独孤和美国社会学家罗斯分别出版了社会心理学专著，这标志着社会心理学已成为一门独立的学科。该理论是研究社会个体和群体在社会环境下的心理活动、心理现象及其发展规律的理论。"个体社会心理现象指受他人和群体制约的个人的思想、感情和行为，如人际知觉、人际吸引、社会促进和社会抑制、顺从等。群体社会心理现象指群体本身特有的心理特征，如群体凝聚力、社会心理气氛、群体决策等。"① 志愿者社会心理学的一些理论可以应用于志愿者教育学中，兹列举以下几种理论：

1. 自我知觉理论

自我知觉理论是 D. J. 比姆（D. J. Bem）于 1972 年提出的，主要研究个体行为对态度的影响和作用。·

（1）概念

自我知觉（self-perception 即自我认识）是指个体对自身从事的社会行为活动和心理活动的自我认识与有效控制。

（2）表现特征

自我知觉的表现特征包括自我的社会制约性、自我的个别差异性、自我的意识性和自我的同一性。自我的社会制约性是指个体的社会化属性，即个体不能脱离社会而孤立存在；自我的个别差异性是指个体在心理、生理、个性特点、社会背景等方面各具差异，致使个体的自我以及对自我的认识各不相同；自我的意识性是指个体对自我心理活动的自觉的感受与认识；自我的同一性是指自我在心理和生理以及客体和主体等方面具有同一性。

（3）自我知觉的形成途径

自我知觉形成的途径有两个，一是自我评价，即个体通过对自己心理活动、心理状态的观察与分析，来实现自我知觉和自我评价；二是他人评价法，即个体通过社会和他人对自己的评价而形成的自我认识。其中社会评价是指社会道德对个体的社会关系、背景、地位、社会责任、义务、道德、社会作用和社会价值的自我认知。

在运用该理论时，博物馆需要了解志愿者的个体差异，准确定位志愿者的社会职责与义务以及应当享有的权益，积极促成志愿者自我知觉的良性发展，形成科学的志愿者心理自评与他评机制，有效推动志愿服务工作的进程。

---

① 参照百度百科网站资料，网址：http：//baike. baidu. com/link？url。

2. 角色理论

角色理论是从社会角色的角度研究个体的社会行为活动。角色理论主要包括角色的认知、角色的学习和角色的期待等内容。角色的认知是个体对其在社会活动中所扮演的各种角色的定位、作用、社会价值和行为规范及其同社会其他角色之间关系的认识。角色的学习是个体在不同的社会语境和社会组织活动中，为了完成不同角色所赋予的权利和义务而学习符合各种角色的社会行为，角色的学习一方面要学习角色的权利和义务，另一方面要学习角色的情感与态度；角色的期待就是人们对于社会组织成员所扮演的角色应当具备的行为期望。期待值越高，个体要达到期待值所付出的行为就越积极。

在博物馆志愿者教育过程中，志愿者要明确其社会角色，勇于担当博物馆赋予其的社会责任和义务，秉持其应享有的权益，以积极的态度和热烈的情感投入到学习和工作中，博物馆对其角色的期望也同样会影响到志愿者的行为，因此博物馆应让志愿者认知其角色、了解博物馆的期望值，增强志愿者的角色意识与角色完成观念。

3. 人际关系三维理论

该理论是由社会心理学家舒茨（W. Schutz）于1958年提出的，该理论认为社会成员之间的人际关系的形成、取向类型以及群体聚散过程是以人际需要为基础的，个体在人际互动过程中，都有三种基本的需要，即包容需要、支配需要和情感需要。"包容需要指个体在与人交往的过程中形成的隶属于某个群体，与他人建立并维持一种满意的相互关系的需要；支配需要是指个体控制别人或被别人控制的需要，是个体在权力关系上与他人建立或维持满意人际关系的需要。情感需要指个体爱别人或被别人爱的需要，是个体在人际交往中建立并维持与他人亲密的情感联系的需要。"①

志愿者在接受博物馆的教育培训的过程中，在与博物馆的管理者、

---

① 参照百度百科网站资料，网址：http：//baike. baidu. com/link? url。

教育者、工作人员和观众的人际交往中，同样体现了上述三种需要，即志愿者隶属于博物馆及其志愿者组织群体，并与这一群体之间形成了支配与被支配的关系，然而这种关系的创建与维系还需要建立在两者之间的资源共享（包括物质资源、智力资源与人力资源的共享与整合）、相互包容、相互沟通和不断交流情感的基础上，只有这样，才能保持这一群体得到长期、有效的控制，组织氛围融洽，组织的生命力不断发展和壮大。否则，会导致组织不良循环的产生、两者之间感情不和、关系破裂甚至组织解体等情况发生。

（三）志愿者文化心理学研究

广义的文化心理学是"研究心理和文化之间相互影响关系，它的主要目的在于揭示文化和心理之间的相互整合的机制。具体地说即是研究文化传统与社会活动的调整、表达、传递以及渗透与影响人类心理生活方式的学科，它涉及主观与客观、自我与他人、心理和文化、个人与生活环境等诸多领域的内容。其最基本的前提是人类的生活受制于自身所生活的社会文化情境；文化本身又是人类创造性活动的结果。"① 在志愿者教育的前提下，其文化心理学特指博物馆文化与志愿文化，因此，其研究对象即是这两种文化与志愿者之间相互作用的机制，包括志愿者的思维方式、行为方式和组织文化环境等方面的内容。

1. 文化与志愿者的思维方式

思维方式是人们看待事物的方式和方法，它对人们的言行具有导向性的作用。博物馆文化与志愿文化既包括物质文化，也包括精神文化，还包括以志愿者组织为基础的制度文化、行为文化和交际文化。物质文化是指博物馆的物质设施和设备、博物馆对志愿者进行适当的物质奖励等；精神文化包括这两种文化所蕴含的精神内涵、志愿者的观念形态

---

① 参照百度百科网站资料，网址：http：//baike. baidu. com/link? url＝si7m_ 。

等；制度文化是指博物馆和志愿者组织为了其发展的需要而创制出来的组织规范体系，主要包括博物馆和志愿者组织的管理体制、志愿者的培养选拔与考核制度以及相关规定等内容；交际文化是指博物馆、志愿者组织、教育者、志愿者和观众之间在交际过程中所形成的社会关系；行为文化是博物馆、志愿者组织、教育者、志愿者和观众之间在交际过程中所形成的社会活动的总和。

2. 文化与志愿者的行为方式

从行为的功能属性讲，社会行为方式可以分为经济行为、政治行为和文化行为；从行为的关系属性讲，可分为从众行为、服从行为、互惠行为、侵犯行为；从行为的观念形态属性讲，可划分为理性行为和非理性行为。我们在此探讨的是志愿者的文化行为、服从行为、互惠行为和侵犯行为。

（1）文化行为。文化行为是人在人类社会文化传统和习俗的影响下的一种普遍存在的社会行为。志愿者既受到社会文化的影响，也受制于博物馆和志愿者文化，在这一特定的文化环境下，志愿者在传播博物馆的文化教育活动中所表现出的认识、情感、态度、意志、性格等相对稳定的心理倾向或个性特征都属于文化行为，而由于每一名志愿者的个性特征不同，因而也形成了不同的文化心理特征。例如在讲解过程中会形成讲解心理。有学者专门研究了这一理论，认为讲解心理应包括"高尚的施讲动机、热爱观众的情感品质、灵活敏捷的感知能力、追求理想效果的思维品质、自觉的修养意识等"。[①] 故此，博物馆在评价志愿者的学习与工作状态时，要考虑到其心理因素。

（2）服从行为。服从行为是个体按照某个特定群体的要求与规范，放弃自己的利益和意愿而采取的与群体利益相一致的行为。志愿者组织是志愿者的团体，团体的组织纪律和规章制度是博物馆为了维护其支配地位和公众形象而设置的，志愿者虽然不是编内人员，但是为了保持志

---

① 马青云："博物馆讲解心理浅议"，《中国博物馆》1989 年第 3 期，第 71—74 页。

愿者的身份，完成自我价值实现的愿望，志愿者需要服从组织的规范和命令。

（3）互惠行为。互惠行为是行为双方回报对方曾给予的好处或方便的行为。博物馆与志愿者之间的关系可以用互利互惠来概括。博物馆为志愿者提供其施展才华的平台，为其提供教育培训和增长知识与技能的机会；而志愿者则是借助博物馆的资源，以实现社会价值的方式来实现个人价值，满足自我教育、自我成长、为博物馆事业和公益文化事业贡献力量的愿望。因此，博物馆要做好志愿者的心理工作，在根本上获取志愿者的支持，尽可能地为志愿者提供机遇，从而达到互惠双赢的目的。

（4）侵犯行为。侵犯行为是行为者对他人的利益和身心健康进行有意识的侵犯和伤害的行为。博物馆与志愿者之间、志愿者之间以及志愿者与观众之间都可能会发生类似行为，这是人际关系冲突的产物。博物馆与志愿者要从源头杜绝此类事件的发生，就需要双方共同努力，相互包容、相互理解、相互支持，尽量避免侵犯行为给双方与观众带来的负面影响。

3. 文化与组织文化环境。组织文化环境是指组织所持有的价值取向、行为规范、心理习惯、道德准则和教育等文化条件的总和。志愿者组织文化环境就是博物馆志愿者组织在组织志愿者相关教育培训和文化活动、履行各项规章制度时所形成的氛围，也包括组织之外的社会环境。博物馆要为志愿者营造良好的文化环境，使之成为具有人文性、系统性和发展性的文化环境。

（1）人文性。人文性是指志愿者组织在管理和教育志愿者的过程中，要以人为本，注重志愿者在人格、知识、情感和个性品质等方面的全面提高，提高志愿者的人文素养，培养志愿者的人文精神，创造优质、宽松、民主的人文环境。

（2）系统性。系统性是指志愿者组织的环境是一个由与之相关的内部环境与外部环境组成的有机系统，具有整体性和结构性的特征。在这样的环境下，博物馆对志愿者实施的管理活动与志愿者的自治活动应当有序地运转和不断地协调，从而构成了多层面、多元化的和谐的组织环境体系。

（3）发展性。发展性是指志愿者组织的文化环境不是永恒不变、停滞不前的，其环境因素、结构特征、信息输入与输出是随着社会对博物馆和志愿服务活动的需要不断变化发展的，因此，博物馆和志愿者组织必须及时调整计划和方案，以适应不断变化的环境，使组织环境更加有序化，只有这样才能有利于组织系统的生存和发展。

教育者与志愿者是博物馆志愿者教育不可分割的两个组成部分，即是教育的主体与客体，二者相互作用、相互联系、相互促进，是一对共生共荣的矛盾统一体。在整个教育教学过程中，这两者所表现出来的心理活动、心理习惯、心理现象能够反映和影响志愿者教育的质量和水平，因此，在理论上科学准确地把握这两者的心理活动和发展状态有助于博物馆、志愿者组织和志愿者三方的共同发展与完善。

第三节　观众心理研究

观众是博物馆和志愿者的服务对象，也是志愿者教育理论在方法论层面上的成果转换的验证者，博物馆、志愿者同观众之间形成了双向循环的关系（如图 6-1 所示），即博物馆培训志愿者为观众服务，志愿者在为观众服务的同时，也在为博物馆服务，而观众再反馈给志愿者和博物馆的信息与行为反应即是博物馆志愿者教育效果的体现。志愿者是博物馆与观众之间的桥梁和纽带，也是观众的一个组成部分，三者是密不可分、彼此促进、你中有我、我中有你的关系。因此，研究观众心理对于推进博物馆志愿者的教育工作大有裨益。

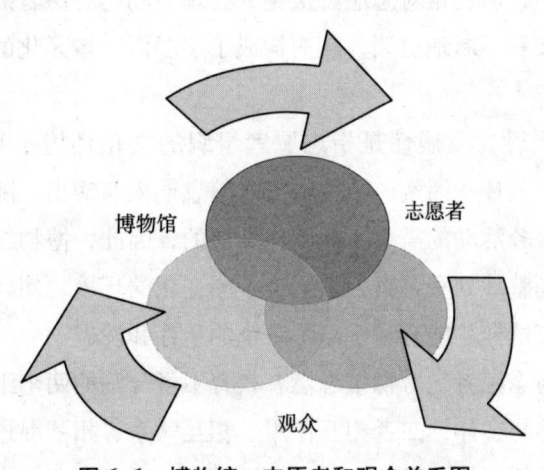

图6-1 博物馆、志愿者和观众关系图

一、观众心理研究文献综述

（一）西方博物馆观众研究文献概览

有研究者认为世界上最早的观众研究是 1884 年英国利物浦博物馆（the Liverpool Museum）的希金斯（Higgins）对到该馆参观的观众流量、观众生理、心理、动态与展陈诸要素之间的关系进行的研究①；1897 年德国实验心理学家弗贺奈尔（G. T. Fechner）以观众调查问卷的形式，了解观众对博物馆艺术品的研究；1908 年，欧洲博物馆与学校联合开展主题为"博物馆在观众的文化生活中扮演着什么样的角色"研究；英国博物馆工作者本杰明·艾夫斯·吉尔曼（Benjamin Ives Gilman）通过研究观众对展陈说明牌的关注程度，改进了博物馆的展陈设计②；1909 年，美国波士顿艺术馆出版《博物馆学概论》，专辟章节提

---

① 安来顺："博物馆与公众——21 世纪博物馆的核心问题之一"，《中国博物馆》1997 年第 4 期，第 23 页。

② 沙朗·麦当娜：《博物馆研究指南》，布莱克威尔出版社 2006 年版，第 362 页。

出以实地考察法研究观众的博物馆疲劳现象①；1933 年，梅尔顿对美国博物馆观众的研究是世界上首次真正意义上的博物馆观众研究，他也第一次提出"博物馆疲劳"的概念②（一说为 1928 年，美国心理学家罗宾逊提出这一概念③）；20 世纪 40 年代后期，英国学者惠特灵（Alma Wittlin）以观众问卷调查的形式获取观众参观行为的反馈信息；1969 年，布尔迪厄（Pierre Bo urieu）在《艺术之爱》一书中提供了观众参观动机的调查数据；20 世纪 70 年代初，英国自然历史博物馆的罗杰·米尔斯（Roger Mills）提出了有关观众兴趣点与博物馆教学点的专业性的"新展览方式"。

　　20 世纪 80 年代和 90 年代，科学技术迅猛发展，经济全球化和政治多元化的趋势愈加显著，随着商品流动和生产要素的国际化程度不断加深，文化的冲突与交融也日益增加，国际博物馆界受到新的挑战；1986 年，英国的罗杰·S. 迈尔斯把观众分为实际观众、潜观众、目标观众或期待观众。其观众行为研究包括对观众的习惯性行为（观察和行走）的研究。观众心理是要考察环境和陈列的各种因素与观众的情绪、心理状态的关系，以及这种情绪和心理状态对认知活动的影响，另外还提及了博物馆感觉、参观心理障碍、参观心理错觉和博物馆疲劳等心理学现象，并提出了解决方案。观众活动研究包括对观众数量和质量研究，并提出了一些博物馆采用以完形心理学原则为基础的"填充测验法"和"雾障法"等研究方法。④ 1988 年，比特古德提出了"吸引力指数"和"持续力指数"的概念。英国巴思大学的高级讲师肯尼思·赫德森著有《博物馆社会史》一书，该书共分为五个章节：进入

① 陈红京："对博物馆观众研究的课题和方法"，《中国博物馆》1986 年第 1 期，第62—65 页。

② 严建强："'博物馆疲劳'及其对策"，《中国博物馆》1992 年第 2 期，第 85 页。

③ 王建国："国外博物馆观众心理学研究及其对观赏环境设计的启示"，《中国博物馆》1985 年第 4 期，第 22 页。

④ Roger S Miles，"Museum Audiences ［J］"，*The International Journal of Museum Management and Curatorship*，Vol. 5 Num，1，March 1986，p. 73.

博物馆是一种特权；进入博物馆是一种权利；作为教育机构的博物馆；管理与交流；市场调查时代的博物馆。该书是从观众的角度剖析了博物馆的发展历史。① 此时，市场营销的观念被引入博物馆界，如英国博物馆就对观众心理进行了研究，包括其价值取向和"非观众"的参观诉求。1992 年，威尔斯贝克出版社的《博物馆体验》（*The Museum Experience*）一书是第一部研究博物馆观众的专著，作者介绍了对美国、印度和英国等国的美术馆、科学博物馆、自然史博物馆、植物园、动物园、水族馆、历史博物馆两千位观众的访谈记录，从心理学、博物馆学、教育学方面深入了解观众的需求。② 此外，美国博物馆界专门成立了博物馆观众研究协会，澳大利亚也成立了澳洲博物馆考量与观众研究小组。1993 年 9 月，由桑德拉·贝克奈尔（Sandra Bicknell）和格雷厄姆·法麦楼（Graham Farmelo）共同编写的《90 年代的博物馆观众研究》（*Museum Visitor Studies in the* 90*s*）一书问世，并于 1998 年再版。该书的内容主要包括困扰观众调查的因素、评估方法、观众的看法、研究者的看法、高质量展览的概念和标准等几部分。本书是关于这一课题的调查报告，它将会对博物馆专业人员、遗产管理、观众定位以及社会科学家有所帮助。

进入 21 世纪后，人类社会发生了天翻地覆的变化，互联网、信息化、智能化和数字化的浪潮彻底改变了人们的生活方式、价值取向和文化诉求，志愿服务成为国际化和社会文明的一道靓丽的风景线，博物馆事业也呈现出前所未有的繁荣景象，博物馆对志愿者的运行管理机制也日趋成熟。2005 年，英国博物馆同仁针对观众撰文，许多学者认为，数字技术，特别是世界范围内的互联网技术，已经潜在地缓解了博物馆所面临的挑战，包括维系和培育现实观众与和目标观众。作者从政策语

① 严建强："博物馆与观众——介绍肯尼思·赫德森的《博物馆社会史》"，《中国博物馆》1987 年第 1 期，第 55 页。
② 史吉祥："博物馆观众研究是博物馆教育研究的基本点——对博物馆观众定义的新探讨"，《东南文化》2009 年第 6 期，第 95—99 页。

境方面，以案例分析的方式，探讨了博物馆应充分利用这种潜在的优势采取行之有效的策略和措施、紧密联系核心观众并吸引目标观众、观众应如何回应博物馆的努力等方面的内容①。2006 年，萨乌德·曼吉纽斯撰写的文章"克林瓦克斯多米尼克科学博物馆和心理学：互动性、实验和语境"，界定了博物馆体验的概念，并从一个科学和技术博物馆观众的角度，依据交互性原理，探讨儿童和青少年观众的心理状况和参观行为，强调博物馆体验的主体与客体之间的相互作用，最终得出结论：博物馆一方面要考虑观众参与、询问和体验的能力，另一方面也要考虑到博物馆设置的用以激发和促进观众参与、询问和体验的特定语境也可能会限制观众在这些方面的能力。② 同年，北京市文物局出版了博物馆学翻译丛书，其中的《博物馆战略与市场营销》一书论及博物馆的四种类型，包括以藏品为中心的传统博物馆，修正的传统博物馆，以社区为中心的博物馆和以讲故事、体验为中心的博物馆。作者阐释了博物馆的使命、观众与资金之间的战略关系③。2009 年和 2010 年，美国观众研究协会分别召开了两届年会，其主题是探讨博物馆价值与社会和公众的关系问题。④

可以说，西方博物馆观众研究从目的到模式是从最初单纯调查观众的参观行为发展为采用一些教育学、心理学、社会学和人类学等理论，对观众的心理进行不同侧面的研究，如 20 世纪 70 年代采用的"自然式评估"（Naturalistic Evaluation）的方法、克朗（Koran）等运用认知取向（Cognitive Approach）原理开展研究、戴蒙德（Diamond）等采用动物行为学（Ethological Approach）的研究方法等。这极大丰富了观众研

---

① 玛格丽特·罗兰："利用网站增加访问和发展，观众在博物馆：英国国家博物馆的经验"，《Digithum》2005 年第 7 期。

② 萨乌德·曼吉纽斯："克林瓦克斯多米尼克科学博物馆和心理学：互动性、实验和语境"，《历史科学》2006 年第 12 期（增刊），第 79—91 页。

③ ［美］尼尔·科特勒、菲利浦·科特勒著，潘守永等译：《博物馆战略与市场营销·当代博物馆学前沿丛书》，北京燕山出版社 2006 年版。

④ 上述外文资料参考中国知网外文资料，网址：http：//d. scholar. cnki. net/detail/refdetail？tablename＝SJWD_ U&filename＝SJWD。

究的理论内涵，拓展了研究的外延。

（二）我国博物馆观众研究文献综述

1. 大陆地区博物馆观众研究状况

我国在 20 世纪 30 年代即有学者关注博物馆观众的问题。如 1936 年 6 月，由上海研究者陈端志所著的《博物馆学通论》、50 年代傅振伦的《博物馆学概论》和 60 年代由文化学院文物博物馆干部学习班编写的《博物馆工作概论》（初稿），对观众之于博物馆展陈、教育方面的重要性都有专门论述①。而真正意义上的博物馆观众研究是始于 20 世纪 80 年代。上海自然博物馆撰写的题为《海洋和它的居民》的观众调研报告是我国博物馆观众研究的肇始。② 1985 年，《中国博物馆》刊登了王建国的"国外博物馆观众心理学研究及其对观赏环境设计的启示"一文，作者通过介绍国外博物馆在展陈、展厅的设计、人工采光、通风、建筑构造和室内环境等方面的特点，探讨博物馆如何利用其资源和"实物语言"与观众的参观心理相互协调，减缓观众的"博物馆疲劳"心理，且以图文并茂的形式，生动详尽地阐述了观众心理与陈列展厅环境设计之间的相互作用，并上升到博物馆的人与物之间的关系高度③。1986 年，贾旭敏在《中国博物馆》发表"非博物馆观众浅析"一文，指出博物馆陈列水平、社会教育的不完善、科研工作的落后、信息传播不足、博物馆品种单调、缺乏个性和社会文化水平的偏低等是造成非观众的原因，因此，博物馆要在这些方面加强改进工作，争取非观众转换成为现实观众。④ 陈红京的"对博物馆观众研究的课题和方法"一文具有较高的参考价值，作者提出要用普通心理学和社会心理学研究观众的

---

① 参照百度文库网站资料，网址：http：//wenku. baidu. com/link？url。
② 何宏："博物馆服务与观众调查"，《文博》2012 年第 2 期，第 50 页。
③ 王建国："国外博物馆观众心理学研究及其对观赏环境设计的启示"，《中国博物馆》1985 年第 4 期，第 24—27 页。
④ 贾旭敏："非博物馆观众浅析"，《中国博物馆》1986 年第 2 期，第 14—17 页。

参观动机、参观兴趣和参观的思维过程，在方法论方面作者建议采用实地观察法、观众调查法和社会调查法等方式进行研究，为我们全面研究志愿者教育心理学提供了理论方向。① 1987 年，南开大学的吴卫国撰写的《京津地区博物馆观众调查报告》被视为我国博物馆采用科学量化的方法进行观众调研的开端。该报告论据详实、数据充足、列表周密，将调研的步骤、日志、统计过程、分析结果阐述清晰，② 对于我们以更加科学的态度和方法研究观众心理具有借鉴意义。同年，严建强先生发表"博物馆观众研究述略"一文，文章把博物馆观众调查研究的内容大体分为三个方面：观众类型以地域、年龄、教育、动机、兴趣为指标—特征研究；观众行为—心理研究；观众活动—反应研究。该文详细地阐释了观众研究的几种现在都非常实用的方法：即以地域为分类指标，可以把观众分为基本观众、旅游观众和国外观众；以教育状况为分类指标，可以把观众分为普通观众、学生观众和专家观众；从博物馆材料的利用状态来看，可以分为隐观众和显观众；以观众对陈列所表达的内容及其方式的兴趣为依据，荷兰来登国立民族博物馆波特馆长确定了三类不同动机的观众：以审美为动机、以浪漫主义和躲避现实为动机以及以学习和求知为动机③。1988 年，军事博物馆的王克撰写了"观众增减趋势的预测及研究"一文，通过量化观众参观统计数据的方法，指出影响观众参观动机的几方面因素，包括展陈内容、宣传报道、气候变化、参观环境和节假日效应等，同时阐释了观众数量变动规律对博物馆各项工作的作用。④ 1989 年，许忆先的"博物馆与观众"一文，将生理学与心理学有机地结合起来，对博物馆如何利用观众的生理特点和

---

① 陈红京："对博物馆观众研究的课题和方法"，《中国博物馆》1986 年第 1 期，第 62—65 页。
② 吴卫国："京津地区博物馆观众调查报告"，《中国博物馆》1987 年第 2 期，第 28—43 页。
③ 严建强："博物馆观众研究述略"，《中国博物馆》1987 年第 3 期，第 17—21 页。
④ 王克："观众增减趋势的预测及研究"，《中国博物馆》1988 年第 3 期，第 71—77 页。

求新求异的心理，通过改变宣传策略、展陈内容、陈列形式、发挥临展的作用等方式，引起观众的参观注意，满足观众的参观情趣。①

20 世纪 90 年代，观众研究的理论日新月异，理论成果也层出不穷。1990 年，黄卫国发表的"博物馆视觉思维学初探"研究了观众的视觉对变化、色彩、光照的选择性，对陈列画面的范围、对文物的并置陈列、观众视觉思维差异性和馆标的确立价值等问题，视角独特，观点新颖，论据详实，迄今仍具有很高的学术价值。② 1991 年，殷晓实在"陈列艺术设计与观众心理浅探"中，深入阐释了陈列艺术的真实性、形象性、空间处理和材质的运用与观众心理的内在联系和作用。③ 1992年，严建强先生发表的"'博物馆疲劳'及其对策"堪称高水平的论文，作者在将博物馆疲劳释义的基础上，指出产生博物馆疲劳的因素，包括环境因素、建筑因素和陈列因素，认为要解决这一问题就需要遵循节能、恢复、诱导和参与四项原则。④ 1995 年，刘炳元的"博物馆观众市场论"一文，分析了观众市场的特殊性和制约观众市场的因素以及博物馆面临的诸多挑战，提出博物馆要为经济建设服务、要树立起市场观念、搞好展陈工作、引导观众综合消费、提高博物馆的公众形象、加大自身的推销力度、走向社会营造观众市场、力争旅游经营权等颇具新意的解决方案。1999 年，卢冬撰写的"博物馆观众学浅析"一文分析了观众参观的动机、兴趣、重要性和类型，对观众流量稀少的原因加以概括并提出改进措施。⑤

21 世纪后，研究者的视域变得更为广阔，研究成果也更加具有时代感和代表性。2003 年，黄晓宏的"博物馆观众心理学浅析"一文对

---

① 许忆先："博物馆与观众"，《文博》1989 年第 3 期，第 76—81 页。
② 黄卫国："博物馆视觉思维学初探"，《文物春秋》1990 年第 1 期，第 54—59 页。
③ 殷晓实："陈列艺术设计与观众心理浅探"，《北方文物》1991 年第 3 期，第 102—104 页。
④ 严建强："'博物馆疲劳'及其对策"，《中国博物馆》1992 年第 2 期，第 85—89 页。
⑤ 卢冬："博物馆观众学浅析"，《丝绸之路》1999 年第 1 期，第 93—96 页。

观众的参观动机、参观兴趣指向、参观思维方式等心理学因素进行了研究，对于我们挖掘观众心理学的方法具有借鉴参考作用。[1] 2006 年，吉林大学的金和天在其硕士论文"博物馆观众心理与行为研究"中，从直接和间接的角度来研究观众的参观心理和行为。作者先后运用了问卷调查法、观察法研究观众心理活动与行为的特点。在分析方法上，引入了统计学的分析方法和 SPSS 统计软件，对资料作卡方检验、方差分析、线形回归等统计学上的分析，揭示不同性别、年龄、受教育程度、职业的观众在心理和行为上的不同特征，从而找出影响观众心理和行为的因素，并分析其背后产生的原因、掌握其规律。[2] 2009 年，复旦大学的李林在他的硕士论文"博物馆展览观众评估研究"中，详细阐释了博物馆展览观众评估的内涵、基本方法、评估指标体系的构建、评估数据的分析与处理和观众评估对于博物馆展览策划的作用、意义以及对未来观众评估的构想。[3] 2010 年，陈杨在题为"博物馆展示设计中的环境心理学研究"的硕士论文中首先概括了 21 世纪博物馆展示的一系列特性，包括设计制作的高质量化、高科技介入、全新的生态意识、优美的视觉环境、展示的审美质量、舒适的展示空间以及施工制作的工业化、现代化、社会化等现代化特点。作者认为现代博物馆展示设计是融合社会学、传播学、心理学、美学、人体工程学等多学科的知识和技能于一体，把内容与形式、理性与情感、主题陈述与文化传播完美地结合起来的有效途径。由于其功能的复杂性，博物馆展示设计更强调展示的永久性、展品的文物保护性以及对文化和文明的诠释等等。作者以环境心理学理论作为理论依据，运用该理论对博物馆内部环境的基本陈列方式进行解析，得出不同要素对观众的心理产生的不同影响，并分析了展示陈列与环境心理学之间相互运用的关系，在对东北地区的博物馆、纪念馆所做的相关调查的基础上，通过分析观众回馈信息发现，现在的展

---

[1] 黄晓宏："博物馆观众心理学浅析"，《中国博物馆》2003 年第 4 期，第 51—53 页。

[2] 金和天："博物馆观众心理与行为研究"，2006 年吉林大学硕士论文。

[3] 李林："博物馆展览观众评估研究"，2009 年复旦大学硕士论文。

示设计基本已经脱离了简单的物品陈列，大部分的展馆运用多种技术手段来达到预期展出效果，指出不同的设计环境对观众的参观心理会产生不同的影响。① 2011 年，张行的"博物馆陈列展览和社会教育研究的几点思考——以甘肃博物馆为例"一文中认为博物馆社会教育有三种功能：直观功能、引导功能和感化功能，并对观众进行分类研究："首先，对观众的社会分析和博物馆在人们文化生活中的地位的研究、探索，可以对政府的文化政策产生影响，二是对观众反映与评价的反馈信息和收集……这里的信息有两层意思：一是总体反应，是指陈列的形式和内容留给观众的整体印象，包括陈列的内容的适应性，易接受性；陈列内容与形式的关系以及陈列的感染力等；二是观众对各个陈列要素与技术的反映，包括展品、文字和辅助材料的设计和安排。"② 同年，郭文钠所撰的"论博物馆青年观众研究"一文中，将青年观众作为独立的研究对象，分析其心理特征和行为特点，概述了理论与实践层面上的青年观众研究及其现实意义。③ 2012 年，何宏在"博物馆服务与观众调查"一文中指出，博物馆工作重心向公众服务意识的强化，告诉我们博物馆服务时代已经到来。由此，对博物馆服务的对象——观众的调查研究工作得到了越来越多的关注。中国的博物馆只有真正重视观众、研究观众，综合运用相关学科研究方法和成果，对博物馆观众的需求、心理、行为、学习模式等进行认真、细致、多角度的调查研究，科学地分析调查数据，以不同形式和特点的教育活动来满足不同观众群体的自我完善和发展需要，才能了解观众、服务观众、吸引更多观众，达到融入现代社会，走上可持续发展的道路。④ 2013 年，周婧景在《中国文

---

① 陈杨："博物馆展示设计中的环境心理学研究"，2010 年东北林业大学硕士论文。
② 张行："博物馆陈列展览和社会教育研究的几点思考——以甘肃博物馆为例"，《丝绸之路》2011 年第 6 期，第 93 页。
③ 郭文钠："论博物馆青年观众研究"，《浙江旅游职业学院学报》2011 年 12 月版。
④ 何宏："博物馆服务与观众调查"，《文博》2012 年第 2 期，第 50—53 页。

物报》上发文"教育心理学与博物馆儿童教育"①，借用行为主义的"小步子原则"理论、认知主义有关儿童思维阶段的学习理论、建构主义的"环境创设、会话协作和意义构建"的理论和人本主义的学习潜能发展理论，阐述了博物馆对儿童观众进行社会教育的过程中可以"为我所用"的方法。同年，邢致远、李晨发表"博物馆社会教育与服务的分众化研究"一文，作者将博物馆教育项目进行了分类，并提出在当前形势下，博物馆应将观众从"大众传播"转向"分众传播"，把观众分为未成年人、成年人和特殊观众与弱势群体，采用"定制专享服务和个性化菜单、虚拟远程型"的教育方式。② 北京宣南博物馆的王娜对新媒体对博物馆观众的影响进行阐述，引用其他学者对新媒体概念的界定，即"从共性上看，多数学者同意'新媒体'具有传播行为的高度互动性、传播方式的非线性、传播手段的多样化、传播方式的个性化、传播内容的多样性等特征。其中中国人民大学新闻学教授匡文波在《新媒体概念辨析》一文中界定新媒体的本质特征是技术上的数字化、传播上的互动性。还指出新媒体技术环境下观众的变化：观众数量的变化：从稳定到激增；观众身份的变化：从被动的接受者转变为主动的参与者；观众组织的变化：从个体单独参观向群体互动发展；观众地位的变化：从"以物为主"变为"以人为本"。传统的观众调查方法多从参观人数、观众年龄、职业、地域、教育状况等分析，这些多是观众自身属性。新媒体技术下，博物馆与观众之间的互动成为新的聚焦点，对博物馆的认识和思想观念成为分析博物馆观众的新的元素，增加了主观元素，同时博物馆观众的横向联系反映了人与人之间的互相作用、观众及观众群对博物馆的反作用。③

---

① 周婧景："教育心理学与博物馆儿童教育"，《中国文物报》2013 年 10 月 16 日。

② 邢致远、李晨："博物馆社会教育与服务的分众化研究"，《中国博物馆》2013 年第 3 期，第 57—63 页。

③ 王娜："浅析新媒体技术带来的博物馆观众变化"，《融合・创新・发展——数字博物馆推动文化强国建设——2013 年北京数字博物馆研讨会论文集》2013 年版，第 297 页。

郭秀媚发表的"博物馆的社会教育功能：陈列、宣教和新媒体谈"，认为网络博物馆具有很多优势，诸如"网络媒体给予了博物馆更大的自我宣传的自主权。通过网络博物馆的知识和文化信息得到了更广泛的传播，同时获得了更多的观众……一些网民成为了博物馆的潜在观众和目标观众"①，"博物馆开设博客应注意：博物馆开设博客和微博最好以群体的面目出现，也就是博物馆不注册官方博客，而让博物馆研究、文物、宣教等部门的职工以及社会热心人士分别注册同主题博客和微博，以形成一个互补性的网络博客团队，通过团队的运作来拓展博物馆在商业门户网站乃至整个网络的影响力，让博物馆博客团队成为网络中持续的热点；博客团队中每一个博客的发布需要有一定的策略，要以博物馆知识和文化信息为主体，以片段式的方式发布内容；博客和微博主持人应与网民建立联系；要有诚信；建立线下互动机制。"②

除了数量众多的论文脱颖而出外，这一时期不少博物馆还纷纷出版这一课题的专著，如 2003 年史吉祥、郭富纯编写的《2002：博物馆公众研究——以旅顺日俄监狱旧址博物馆为例》，是我国博物馆公众研究领域的第一部以个案法进行实证性研究的专著。该书共二十一章，从观众人口学入手，对博物馆的各方面工作进行了系统深入的分析研究，包括对旅游团观众和零散观众的参观行为及其特征等方面进行多角度的统计与分析，以及导游、旅游业、社区、传媒、网民、科研组织、高等院校、其他博物馆、志愿者、讲解员等相关因素的研究，是一部学术价值很高的著作。③ 2008 年，国家博物馆的黄琛、郝国胜撰写的《2003—

① 郭秀媚："博物馆的社会教育功能：陈列、宣教和新媒体谈"，《福建文博》2013 年第 3 期，第 71 页。
② 郭秀媚："博物馆的社会教育功能：陈列、宣教和新媒体谈"，《福建文博》2013 年第 3 期，第 72 页。
③ 史吉祥、郭富纯编：《2002：博物馆公众研究——以旅顺日俄监狱旧址博物馆为例》，吉林人民出版社 2003 年版。

2006 中国国家博物馆观众研究》，内容主要涉及国家博物馆的观众调查研究、观众数据比较研究、博物馆对观众社会教育功能研究、青少年素质教育工作研究、新闻推介的选择与发展研究和博物馆事业发展的分析与构想等。① 还有故宫博物院编写的《故宫博物院观众结构调查》，该书共有五个章节，以故宫博物院学生、残疾人和行动不便者以及旅游团队几类观众展开调查，并阐述了观众调查背景、调查设计与实施、调查结果、参观者流量计数调查、关于本次故宫博物院调查的讨论、调查的结论。② 2011 年陕西历史博物馆编写的《2010 年度陕西历史博物馆观众调查报告》，该馆采取调查问卷的方式与观众互动，对在不同时段、不同展点的观众人数、观众的参观时间、人员结构、参观目的、参观行为、参观兴趣、参观态度等心理变化以及对展览、讲解、票务、环境、纪念品、治安等方面的需求进行了调查，为博物馆开展和推进各项工作提供了重要依据。③

2. 台湾地区博物馆观众调查回顾

台湾地区博物馆的观众调查工作起步较早。20 世纪 60 年代，台湾历史博物馆馆长包遵彭在其专著《博物馆学》一书中专辟"博物馆与其观众"的章节论述这一问题，从近代博物馆展览学和组织学的角度研究了展览和组织与观众的关系。1978 年，台湾女博物馆学家陈国宁著《博物馆的演进和管理现代化方法之探讨》一书，论及博物馆教育服务与观众的关系。④ 1985 年，刘思量发表台湾地区博物馆第一篇观众调查问卷"台湾省立美术馆推广服务研究"。⑤ 1987

---

① 黄琛、郝国胜：《2003—2006 中国国家博物馆观众研究》，中国大百科全书出版社 2008 年版。
② 故宫博物院编：《故宫博物院观众结构调查》，紫禁城出版社 2008 年版。
③ 陕西历史博物馆编：《2010 年度陕西历史博物馆观众调查报告》，三秦出版社 2011 年版。
④ 刘汉娥："对博物馆观众研究的再研究"，2012 年中央美术学院硕士论文。
⑤ 参照史吉祥："对台湾地区博物馆观众研究的历史考察"，《中国博物馆》2003 年第 1 期，第 79—82 页。

年，台湾自然科学博物馆创办《博物馆学季刊》，一些学者翻译了不少西方该领域的文献，如程延年翻译的"博物馆观众心理学"、刘和义翻译的"预测观众的行为"①、王维梅翻译的"如何处理博物馆观众的询问"、黄坤炜翻译的"如何记录博物馆观众的询问"等文章。1992年，刘天课的"台北市立美术馆八十年度观众调查"、刘幸真的"国立自然科学博物馆观众意见调查报告"等文章，研究了博物馆一般观众的问卷调查情况。1993年，台湾师范大学美术研究所罗美兰的硕士论文"美术馆观众特性与艺术鉴赏能力关系之研究"是高校中较早涉及博物馆观众研究领域的文献。1994年，张晓东的硕士论文"博物馆交互式多媒体导览系统之使用现况与观众研究"是采用了观察法与问卷调查的方式对博物馆展示手段与观众的关系进行了探讨。张誉腾、黄淑芳发表"台湾省立博物馆教育活动整体发展之规划研究（第一期报告：涵省立博物馆教育活动现况之调查与评量）"，以抽样问卷调查的方法对台湾省立博物馆教育活动的一般观众进行了调研。1996年，黄庆源在"非营利组织行销研究——以国立科学工艺博物馆为例"一文中，以博物馆馆员、民意代表、专家学者和大众媒体为对象开展抽样问卷调查及访谈。1999年，吕秀玉的"博物馆行销与学校团体——以'张大千、毕加索东西艺术联展'参观为例"一文，是针对学生观众与特展之间的关系加以阐释。2000年，王玉丰发表的"博物馆观众意见回馈机制的探讨与展望——以科工馆观众服务卡反映之展示意见为例"，是专门针对观众服务卡这一项目进行的观众调查。② 2003年4月，台湾王启祥在"国内博物馆观众研究知多少"一文中，把博物馆观众研究分为三类：观众研究的调查（观众基本资料）、评估（特定决策与行动）和研究（概念

---

① 史吉祥："博物馆观众研究是博物馆教育研究的基本点——对博物馆观众定义的新探讨"，《东南文化》2009年第6期，总第212期，第97页。
② 参照史吉祥："对台湾地区博物馆观众研究的历史考察"，《中国博物馆》2003年第1期，第79—82页。

或理论建构）。①

　　台湾地区博物馆的观众调查给了我们很大的启示，由于受西方博物馆学思潮的影响，台湾博物馆界从最初的"西学东渐"、"拿来主义"式的翻译观众调查文献，到后来从博物馆拓展到高校这样的学术机构的共同参与，以至于能够达到比较"形而上"的层面。在深度上，研究理论的立意较高，如台湾著名博物馆学学者张誉腾先生于1993年就将观众研究的范畴划定在"观众投入、观众参观过程和参观结果"这三个层面，而这一观点在今天仍然具有非常现实的理论价值；在广度上，对观众调研在方法论层面上的诸多方面都有涉猎，包括面向不同类型的博物馆、不同视角和采用多种形式的科学方法进行研究，为我们拓宽了这一课题的研究方向和研究视野。

　　随着社会的发展和时代的进步，我国博物馆以人为本的经营管理理念渐入人心，观众心理研究的理论建设也日益受到重视，相关的论著论文不可胜记。在不断的摸索和探究过程中，这一课题愈发体现出鲜明的时代性、社会性和人文性，发展至今，可谓"长风破浪会有时，直挂云帆济沧海"。在新的形势下，许多博物馆都在依托本馆的自身资源、人才的智力优势和现代化、科学化的调研手段使之日渐成熟，日臻完善，为博物馆的进一步发展和志愿者教育提供了可靠的量化依据。

二、观众心理学理论构建

（一）相关概念

1. 观众的定义

有关观众的定义，中外学界对其的界定各不相同。在《中国大百

----

① 王启祥："国内博物馆观众研究知多少"，《博物馆学季刊》2004年4月，18卷02期。

科全书·文物博物馆》中，将观众划分为显在观众和潜在观众。我国博物馆学学者史吉祥对观众的定义是"观众是博物馆环境的直接体验行为人的集合体"①。艾赖文认为观众应具备"作为人、作为观众的一个类别和作为博物馆的服务对象三重身份"，并对《中国大百科全书·文物博物馆》卷中将观众划分为显在观众和潜在观众的划分持赞同意见，同时也认可严建强先生在"博物馆观众研究述略"中有关"显在观众"的定义，即"实际到博物馆参观的人"。② 但对于其"潜在观众"的定义表示质疑，他指出"潜在观众"不应当是百科全书中所界定的"本人并未到馆，而通过信函、出版物、广播或影视渠道，获得来自博物馆的知识与信息的那些人"③。而应当是指"全体社会成员"。④ 王宏钧在《中国博物馆学基础》中对观众的定义是"从客观上看，凡是参观过博物馆陈列展览或者巡回展览、参加过博物馆各种教育服务活动的社会公众都是博物馆观众。那些还没有参加过以上各种博物馆活动的社会公众应视为潜在的观众、明天的观众，需要努力争取的观众。从微观上看，在观众统计中，那些仅仅为公私事务来博物馆的人不能记在观众之内。"史吉祥教授对王宏钧先生的定义在语义和语法方面表示异议，认为不够严谨，并提出自己的观点，界定"博物馆观众为博物馆环境的直接体验行为人的集合体"⑤。上海大学的刘阳在其硕士论文"基于博物馆观众调研下的展示设计新理念"中，认为博物馆观众是"凡参观过博物馆陈列展览和巡回展览、参加过博物馆各种教育服务活动的社会公众都是博物馆观众。那些还没有参加过博物馆上述活动的社会公众应被视为潜在的观众和明天的观

---

① 史吉祥："博物馆观众研究是博物馆教育研究的基本点——对博物馆观众定义的新探讨"，《东南文化》2009 年第 6 期，总第 212 期，第 97 页。

② 严建强："博物馆观众研究述略"，《中国博物馆》1987 年第 3 期，第 18 页。

③ 《中国大百科全书·文物博物馆》，中国大百科全书出版社 1993 年版，第 43 页。

④ 艾赖文："论博物馆观众的特征"，《中国博物馆》1997 年第 3 期，第 36—41 页。

⑤ 史吉祥："博物馆观众研究是博物馆教育研究的基本点——对博物馆观众定义的新探讨"，《东南文化》2009 年第 6 期，总第 212 期，第 97 页。

众，是需要积极争取的人群……那些仅仅为公私事务来博物馆的人不能统计在观众。"①

西方的学者也对观众的概念界定各抒己见。英国博物馆学学者维基·伍拉德认为，"要成为以观众为导向的博物馆，必须先注意到目前所服务的观众范围（现有的观众），以及你希望在未来吸引的观众（潜在的观众）。如果你所在的博物馆有网站的话，那也需考虑虚拟观众。潜在的观众是那些不太可能造访博物馆的观众，例如残障人士，低龄幼儿以及婴儿的家庭、低收入户、少数民族或新移民……实际观众即那些登门参观的人……虚拟观众是通过网络或邮件使用博物馆、博物馆设备以及信息的人。"② 2010 年，丝黛莲娜·兰伯特在《博物馆观众研究》中重新界定博物馆观众为："力量、活动和责任"，文章在理论上回顾了 50 年来对观众界定的内容，并提供了多重视角的观众研究：如文化研究、社会学研究、心理学研究、艺术哲学研究、教育学研究、市场营销，每次对于观众研究不同阶段的转换都促使博物馆专业、角色和与观众之间互动方式等的变化，最近对观众概念的界定是：观众是基于其个人经历、观点、身份属性、社会交往等因素而创建有意义的、积极的博物馆文化解读者。博物馆文化是由观众完成的开放式工作。但也有观点认为这样的界定低估了观众参与的审美浪漫情怀和责任感。③

笔者认为，博物馆观众首先应突出观众的生命体征和社会特质，即观众应当是生物的有机体这样一个"自然人"的概念，同时还应是参加社会生活的个体或群体这样的"社会人"。从辞源学的角度讲，"观

---

① 刘阳："基于博物馆观众调研下的展示设计新理念"，2009 年上海大学硕士论文，第 13 页。

② ［英］罗杰·迈尔斯、劳拉·扎瓦拉：《面向未来的博物馆——欧洲的新视野》，北京燕山出版社 2007 年版，第 159 页。

③ ［美］丝黛莲娜·兰伯特："博物馆观众研究"，《理论家》2010 年版，第 130—144 页。

众"一词是在"博物馆"这样的形容词作定语的条件下所修饰的名词称谓，所以观众还应当具备博物馆的基本特征、状态和性质，即是在博物馆的场域空间范围内（包括现实的场域空间和虚拟的博物馆网络空间）实施与博物馆文化教育性质相关的各种活动、符合博物馆特征的参观和学习行为的社会成员。

2. 观众心理的定义

吉林大学的金和天在其硕士论文"博物馆观众心理与行为研究"中，阐述了观众心理的定义，即"观众在参观博物馆的过程中，受博物馆内各项的影响产生的心理活动，称为博物馆观众心理，简称观众心理。观众心理包括参观前的心理活动、参观过程中的心理活动和参观后的心理活动……博物馆心理活动基础是指观众从事参观活动的基本心理要素及其作用方式，包括参观博物馆的一般过程、观众的参观需要、兴趣和动机、态度等"[1]。甘肃博物馆的黄晓宏认为"观众心理学应解决如下几个方面的问题：一是揭示观众心理现象的本质，即观众的心理活动是怎样产生的？观众心理活动对参观内容与参观相关的活动及脑的依存性；二是探讨观众对博物馆提供的外部自然环境、内部硬件设施、陈列和展览、讲解和相应服务等的认可程度、情绪变化、兴趣指向等心理过程，即实事求是，按事物的本来面目反映事物，而不能凭主观臆测，只有这样的研究才是客观的和科学的；其次是发展性原则，即不仅关注观众已有的心理现象，而且要关照尚处于萌芽状态的、不明显的但可能预示着新的发展方向的心理活动；再次是普遍联系的原则，即观众心理学的研究必须从心理活动的整体出发客观刺激的影响、观众自身已有的知识和经验对客观刺激产生的反应活动、个性特点和心理状态等多种因素，不孤立地进行"[2]。可以说，上述定义较为全面地概括了观众的心理，笔者在此基础上加以补充，将观众心理定义为"观众在博物馆的

---

[1] 金和天："博物馆观众心理与行为研究"，2006年吉林大学硕士论文，第3—4页。
[2] 黄晓宏："博物馆观众心理学浅析"，《中国博物馆》2003年第4期，第50页。

文化环境下，参观博物馆全部过程中产生的心理活动的外在表象和内隐特征"。研究观众心理就是研究这一行为过程的发展、演变及其规律。

3. 观众服务的定义

观众服务是博物馆工作在方法论层面的研究范畴，一些学者也对这方面的理论进行了探讨。北大文博与考古学院的宋向光教授曾对观众服务做如下解释："博物馆观众服务是为使观众获得满意的参观、学习效果而做的工作。博物馆观众服务是博物馆实现其社会职责的系统工作中的有机环节，反映着博物馆'为社会和社会发展服务'公益机构的性质，是博物馆与博物馆观众沟通联络的主要渠道，更是推动当代博物馆发展的基本手段。"[1] 国外也有学者指陈："观众服务应是博物馆为民众所预备的具体的、智力的及社会性的服务，从而使民众获得富有信息的、愉快而舒适的参观经验，好的观众服务能减少沮丧情绪、不适感及疲劳度，更能帮助观众享受展览与活动。若缺少了优质的观众服务，观众享受与学习的机会将大大减低，回访人数也会下降。"[2] 可见观众服务对博物馆各项工作的意义之重要。基于上述定义，我们似可以将观众服务定义为"博物馆全体工作团队为观众提供的各项硬件服务和软件服务，硬件服务包括各种文化教育活动、展览、陈列等服务，软件服务包括博物馆的各项建筑设施、使用设备、展览环境、展线安排、工作人员的服务态度、教育和展览的设计理念、布置方法和技术手段等。"

（二）观众类型及其特征

对于观众类型的研究，学界从不同的视角阐明各自的观点。王宏钧

① 宋向光："谈完善博物馆观众服务工作"，《北京博物馆学会第二届学术会议论文集》1998 年版，第 304—314 页。

② ［英］罗杰·迈尔斯、劳拉·扎瓦拉：《面向未来的博物馆——欧洲的新视野》，北京燕山出版社 2007 年版，第 155 页。

指出"观众的构成一般包括：为学习知识而来、为学术研究而来、为艺术鉴赏而来、为休闲娱乐而来、为旅游观光而来、国外学者交流、国家元首访问。"[1] 王毅则将观众分为四种类型，即"社会型、知识型、情感型与精神型。社会型观众是指具有社会性需求的观众；知识型观众是指希望通过展览增长自己或孩子某方面的兴趣或知识的观众；情感型观众是希望寻求展览与本人的某种联系的人；精神型观众是指将参观博物馆视为一种精神享受和寄托的观众[2]；也有学者从观众生理学角度划分其类型，即"少年儿童观众、青年观众、中年观众和老年观众，从参观需求则可划分为学习知识型、学术研究型、接受爱国主义和革命传统教育型和休闲娱乐型。"[3] 有关观众分类的方法有很多，笔者认为可以从以下几方面划分：

按照观众年龄划分，观众可以分为成人观众与未成年人观众；

按照观众所属地域划分，观众可以分为国内观众（本地区观众和外省市观众）、国外观众；

按照观众流量划分，可以分为个人观众和团体观众；

按照参观目的划分，可以分为一般目的的观众和特殊目的的观众；

按照观众性质划分，可以分为现实观众与目标观众，也有研究者称之为实际观众、潜在观众，在互联网时代潜在观众中也包括虚拟观众；

按照观众形态划分，可以划分为显性观众和隐性观众。

基于上述划分方法，笔者将观众类型及其特征和参观心理以及方法对策归纳如下：

---

① 王宏钧：《博物馆学基础》，上海古籍出版社 2001 年版，第 304—306 页。
② 王毅："新时代博物馆观众类型浅析"，《消费导刊》2009 年第 19 期，第 187、220 页。
③ 初旦："博物馆观众的特点和心理分析"，《黑河学刊》2014 年 6 月版，第 133—134 页。

表 6-1　观众类型、特征和参观心理需求及其对策

观众类型归属	观众类型	观众生理特征	观众心理特征	观众参观的心理需求	对策
年龄归属	成年观众（25到80岁这段时期）	青壮年期（20—50岁）：生理器官成熟，精力和体力旺盛，工作能力强，效率高，记忆、反应力等方面有所减弱，但知识经验和智力水平都处在高峰期，容易取得成就 老年期（50—80岁）：体力和精力发展状况呈缓慢下降趋势，生活阅历和经验越来越丰富，知识也日益广博	具有较强的自我控制和评价能力，知觉、注意力控制等能力加强。识记能力开始减弱，特别是"机械识记"能力明显下降，但成人借助丰富的社会生活经验，通过联想和符号连接进行理解识记	增长知识、开阔视野、休闲娱乐、热爱博物馆文化	分析不同年龄段观众的需求和特征，采取因人服务的原则，提高展陈和教育活动的知识性、教育性、趣味性，寓教于乐，提供生动形象、便于记忆的说明牌、讲解和展陈手段
	未成年观众	身体的各种器官处于发育期，青春期时发育加快，并渐趋成熟，但情绪不稳定，好奇心重，兴趣广泛，容易冲动，注意力不会长时期地集中，对物质、精神上需求较强。这种生理特征使他们在适应社会方面常遇到困惑与不安，所以要积极引导，有效保护，否则容易在性格和人格方面出现问题	童年期对成年人的依赖性较强，喜欢以自我为中心；青春期时心理上渐趋成熟，独立意识产生，对成年人的依赖性减弱，求新求异心理强烈，逆反心理较强，容易冲动，心理矛盾性明显，人生观、价值观、世界观等思想体系正处在形成之中	寻求安全感、满足游乐兴趣、增长知识、喜欢亲身参与和触摸展品	调整开放时间，充分利用节假日和各类纪念日；保护参观时的安全与秩序；以丰富多彩、形式新颖的教育活动和展览吸引其注意力、提高其参观兴趣；采用新奇有趣的教育手段和讲解风格；最大限度地开放展品的触摸度

续表

观众类型归属	观众类型	观众生理特征	观众心理特征	观众参观的心理需求	对策
属地归属	国内观众（本地和外地观众）	本地观众体力和精力较为旺盛，情绪较为稳定；外地观众可能会出现旅途劳顿，体力和精力不支的情况		本地观众与博物馆之间的心理距离较近，参观心理会比较悠闲和放松；外地观众逗留时间较短，参观心理是希望在最短的时间内，最大限度地浏览完展品和参加活动，容易走马观花	从观众的认知规律出发，设计、策划和布置展览、展线和展览环境，配备业务能力强、具有亲和力、口齿清楚的社教人员为观众进行讲解，人工导览与语音导览并举，尽量避免"博物馆疲劳"的现象发生
	国外观众			对中国的历史和文化感兴趣，情绪较为兴奋，具有新奇感	认识到博物馆代表国家形象，与当地的旅游部门和导游搞好关系，配备多语种讲解服务，提供翻译人员，多推出高质量的精品展以吸引国外观众，提高我国博物馆的国际声誉和地位；还可以利用近因效果将国外观众本国的博物馆文化与我国博物

续表

观众类型归属	观众类型	观众生理特征	观众心理特征	观众参观的心理需求	对策
					馆文化有机地契合，增强观众的亲切感，减少对异国文化的陌生感，拉近博物馆与观众之间的距离；开发博物馆的文化产品和纪念品等
参观流量归属	个人观众			为了满足自我参观的需要，达到某一特定的目的，容易提出较为细致和晦涩的问题	耐心解答个人观众的问题，为其参观提供方便，减少参观环节，如个人观众无需预约即可参观等，适当按要求提供舒适环境等
	团体观众（可分为教育团体、家庭团体、散客团体和弱势人群）			1. 教育团体观众求知的心理和功利性的心理兼而有之 2. 家庭团体参观一是为了增进家庭成员之间的感情，进行亲子教育，二是为了休闲娱乐的目的	1. 与团体事先做好预约事宜，商讨和制定活动计划，培训博物馆社教人员、学校教师或导游，按照观众的年龄特征和心理特征安排教育活动和展览内容、教育手段和教具，商洽参观空间和场地、展区和基础设施

观众类型归属	观众类型	观众生理特征	观众心理特征	观众参观的心理需求	对策
				3. 散客团体是出于社交、审美和休闲娱乐的心理需求到博物馆参观 4. 为了享有与正常人同等的参观权利，了解博物馆文化	2. 提供适合家庭团体的展览主题，为老人或儿童安排舒适的座椅或娱乐设施 3. 为散客团体提供相关的社交功能区，如休息厅、咖啡厅、艺术展品等 4. 为残障人士设置特殊通道；为视觉障碍者提供盲道、盲文说明词、触摸导览；为听觉障碍者提供手语服务
参观目的归属	一般目的观众			为了休闲、娱乐、社交等心理	为观众提供基础或扫盲性的讲解、展览、教育活动以及提供相关设施方面的服务
	特殊目的观众			为了满足博物馆历史、文化、考古艺术和科技等专业研究心理	为观众提供专业性的讲解、资料、图书、报纸、报告等支持

观众类型归属	观众类型	观众生理特征	观众心理特征	观众参观的心理需求	对策
性质归属	现实观众			希望能得到博物馆文化体验，愉悦心灵，陶冶情操，获得美感	做好每一次展览和教育工作，不断更新展览、活动，引导观众常态化地参观博物馆
	目标观众			对博物馆文化感兴趣或了解甚少，但出于客观原因或主观因素还在博物馆围墙之外徘徊	利用一切行之有效的手段，吸引观众从虚拟观众和目标观众状态进入现实观众的行列

（三）观众心理学研究方法

从身份属性而言，志愿者也是观众，他们不属于博物馆的编制内人员，但是，他们又是经过专业教育培训的、以博物馆工作人员身份从事观众服务的观众，他们造访博物馆的频率和他们超越普通观众的参观视角铸就了他们较为特殊的观众身份，他们的作用就是架起博物馆与观众之间的桥梁，既代表博物馆进行文化传播和推广工作，又代表观众为博物馆建言献策。从心理学角度来谈，志愿者更容易与观众之间建立心理上的联系，拉近与观众之间的心理距离，所以，志愿者也要学会掌握观众心理学的理论，在实践中适当运用这一理论开展工作。

心理学家认为，人的心理现象是心理活动的表现形式，由两个方面——心理过程和个性心理特征组成的。心理过程是指人的心理活动过程，包括人的认知过程、情绪和情感过程、意志过程。认知过程是一个人在认识、反映客观事物时的心理活动过程，包括感觉、知觉、记忆、想象、情感、意志和思维过程。个性心理主要包括个性倾向性和个性心理特征两个方面，具体地说就是人的能力、气质和性格等。① 有鉴于此，博物馆作为观众心理反映的客观存在物，其各项服务的内容和效果都会对观众心理造成直接性或间接性的影响。而志愿服务作为博物馆推出的一项服务也不例外，从这个意义上讲，博物馆把握好观众的心理和志愿者的心理，就会从另一个侧面促进工作的顺利开展。下面我们就采用问卷法、调查法、观察法和访谈法等几种心理学方法来解析博物馆所安排的志愿者工作与观众的预参观心理、参观心理和参观后心理之间的关系。

1. 问卷法

（1）定义和特点

问卷法是一种标准化程度较高的研究方法，其优势在于从问卷设计、发放、填写、回收、整理、归纳、统计和数据分析的整个过程是严格按程序进行，且运行周期短，见效快，信息量丰富，能够在一定程度上杜绝或避免设计者自身的主观性及盲目性，具有相对客观性、准确性和科学性，得出的结论信度和效度都比较高。

（2）问卷的类型

从广义上讲，问卷的类型有很多。根据其用途与实现目的的不同，一般常用的问卷类型可以划分为自填式问卷、访谈式问卷、留置问卷、邮寄式问卷、报刊式问卷、面访式问卷、电话访问式问卷、网上访问式问卷、主体问卷、过滤问卷和结构型的问卷。② 每一种问卷形式都各有千秋和不足之处，例如自填式问卷的结果较为客观，但费时长，成本高；访谈式问卷时效性强，回收率高；网上访问式问卷覆盖面广，回收率较高；邮寄式问卷周期长，不好掌控，回收率低。博物馆可以根据本

---

① 参照百度百科网站资料，网址：http://baike.baidu.com/link? url。

② 参照百度百科网站资料，网址：http://baike.baidu.com/link? url。

馆工作的需要，择取适合自己的展览项目和教育活动的问卷类型，既可以采用一种，也可以兼而有之。一份问卷通常包括封面（用以说明实施该项调查组织机构）、问卷的基本信息（如问卷名称、编号、问卷发放和回收日期、调查者与被调查者）、调查目的、作用、方式和相关承诺）、填表说明（即对被调查者填写问卷的方式、方法及注意事项等所作的解释和说明）、调查的问题等。

案例6-3　美国丹佛自然科学博物馆明星志愿者
导览礼仪观众参观问卷

志愿者解读展览的技巧

观众姓名：_____ 日期：_____

志愿者导览员的姓名：_____

成年观众：_____

住址：_____

地区：_____

邮编：_____

学生观众：_____

年级：_____

电子邮箱：_____

电话：_____

请您评价今天的参观，这对于我们未来的策展是十分重要的。

请回答下列问题并在临行前反馈给您的导览员或 E-mail 给我们。博物馆接受并申请了许多政府资助，所以我们需要不同种族和残疾人观众评价我们的工作。

您的身份：

_____非洲裔美国人_____西班牙人

_____美国本土人　　_____盎格鲁人

_____亚洲/太平洋岛民

_____听力障碍者

_____视力障碍者

_____残疾人

_____其他（请解释）

1. 请评估您今天的参观

导览员的知识、创造力、交际技巧、使用立体模型和独特的教育经验与手段

很差　1　2　3　4　5　优秀

2. 您在参观时最喜欢什么？

3. 我们为您提供的参与和互动的机会怎么样？

根本不好　1　2　3　4　5　非常好

4. 对于您这个年龄的人来说，如何评价这次参观与您年龄的适当性？

不适合　1　2　3　4　5　非常适合

5. 这次参观是否适合您所学习的经验和阅历？

根本不适合　1　2　3　4　5　非常适合

6. 如果您是导览员的话，您如何规划这次参观以更好地适合您的需求？

7. 您是否接到了电话，询问你的参观导览员的情况？你回答问题了吗？

_____是　_____否

这对于您来说是否有帮助？

_____是　_____否

8. 您今天的参观团队是否准时到达了？（请记住我们要求在参观前至少20分钟到达参观地）

_____是　_____否

如果没有，迟到的原因是什么？

9. 您是如何获悉博物馆的参观活动信息的？

宣传手册　《教师之夜》杂志　"教师工作坊"　"使者活动"

"飞行员"口碑　其他途径_____

10. 请写出你的评论和感受，这将有利于我们提高服务质量。

丹佛自然科学博物馆已经我允许，在公开的出版物和推广资料中使用了我对该馆的评论。

签名：_____日期：_____①

案例分析：上述案例是一份自填式和访谈式相结合的问卷，问卷虽然很简单，但是内容充实，而且中间穿插着量化等级标准，对观众对志愿者导览员的评估命题设置在语气上也比较亲切、自然、周到，在专业评估方面也涉及博物馆的教育传播方式、观众的心理、志愿者的教育方法和礼仪细节，另外，在人性化和法制化方面还考虑到人种的问题，在这方面也是值得借鉴的。

（3）问卷设计

问卷设计是在概率与统计学原理的基础上，根据调查目的而呈现的具有逻辑性和可操作性的书面材料。博物馆在设计问卷时，要明确目标，突出博物馆的特色，遵循观众的心理规律，设计出能够满足调查要求的、信息准确的、适合被调查者应答的和具有前瞻性的调查问卷，其结论能够为博物馆的管理者提供决策依据。

设计问卷时应当遵从以下几条原则：

1）主题明确原则。即是指问卷必须紧密围绕调查主题展开提问。否则就背离了调查的目的与宗旨，所以在问卷设计之初要找出与调查主题相关的要素。

---

① 参照美国博物馆学会网站资料，中文内容由笔者翻译。网址：http://museum-edu.org/resources/training-docents/looking-it-art/curry/。

2）普适性原则。即是指问卷要符合普遍意义上的问卷难度系数，能够让大多数观众理解问题的内涵和调查目的，问题具有典型性、代表性和相对全面性。

3）逻辑性原则。即是指在设计问卷时要考虑到每个问题之间、文字和图片或图表之间在构成语义上和顺序上的系统性与逻辑性，构成问卷的整体感。

4）规范性原则。即是指在设计问题时，要确保命题的科学性和准确性，便于被调查者回答。

5）非诱导性原则。即是指问题设置要保持客观中立，不掺杂个人情绪或主观臆断，不刻意诱导被调查者，使其有独立思考的权利。

6）调查结果的可操作性原则。即是指设计问卷时要一定程度地预测调查结果的可行性，即其结果要有利于调查者整理、统计、归纳和分析相关数据。

2. 观察法

观察法是指研究者在自然条件下，通过有目的、有计划地观察被观察对象的表情、动作、言谈、举止等，来研究观察对象的心理活动变化和发展的规律的方法，通常情况下，研究者会制定观察表，借助自己的感官、笔头记录、录音、录像和照相器材等辅助手段。观察法具有时效性、真实性、科学性和快捷性等优点，能够将现场捕捉到的生动、客观的信息直接记录下来，为理论研究提供原始的一手材料。但也具有过往性（即不复返性，观察者只能在特定的时间和空间内观察）、观察者自身素质局限性（观察者容易主观臆断或持有偏见）、被观察对象的隐秘性、伪装性以及一定程度的表象性（即不容易涉及事物的深层结构，如被观察对象真实的想法、思想品质）等缺点。不过，我们可以趋利避害、扬长避短，选取有利于我们的观察方法，并将其应用于对志愿者和观众心理的研究上，以期获得突破性的进展。

（1）常见的观察方法

常见的观察方法主要有两种，即自然观察法和参与观察法，这两者都可以用于志愿者对观众的观察上。

1）自然观察法

自然观察法是比较符合观察法本质属性的一种在自然情境中不为观察对象所知的、用以观察被观察对象行为的方法。这样做的优势是观察者可以获取被观察对象相对真实的信息，避免出现偏差，博物馆可以安排志愿者对观众参观的自然状态进行观察。

2）参与观察法

观察者参与到被观察对象的活动中，并与之保持互动关系，在维持这一关系的同时所采用的观察叫做参与观察。换言之，观察者作为被观察对象群体的一员进行的观察。这种方法可以在志愿者进行服务的过程中使用。比如，在志愿者为观众讲解时，他/她对观众的反应、问题的提出和回答、听讲解的表情和态度等进行观察，得出更为直观的结论。

（2）运用观察法的原则

志愿者在运用观察法时，应当注意遵循下列原则：

1）实事求是原则。志愿者要如实记录观察信息，做好观察记录，按照实际数据进行分析，实事求是地反应观察状态和内容。

2）公正性原则。志愿者在观察的过程中，要努力做到公正客观，对观众不带有任何看法或偏见。

3）透过现象看本质原则。志愿者应注意选择具有代表性的、典型的观众，以满足博物馆对某一项目或展览的观众心理的研究要求，能够从表面现象挖掘本质特征。

4）多元化原则。志愿者应尽可能地从多种视角、多个层次和多种渠道对观众的参观行为进行观察，搜集资料。

5）理论联系实际原则。志愿者要将观众心理学理论适当地应用于观察法，通过对观众的表情、话语和行为等方面的表现观察观众的情绪、态度和认知状态。

6）注重细节原则。志愿者要从观众的细微动作，如眼神、手势、走路姿势等，观察观众对博物馆的展览环境、讲解内容、展品和活动等的直觉反应。

（3）具体步骤

1）准备阶段。志愿者应当按照博物馆的要求制定观察提纲或任务清单或卡片。提纲内容应包括志愿者姓名、观察的起止时间、观察地点、观察内容和被观察的观众。

2）实施观察。按照观察提纲的项目实行观察，认真作好详细记录，最后整理、分析、概括观察结果，得出结论。

3）进行面谈。选取具有代表性的观众，如国外观众、专业和同行观众等，进行面谈。

4）核实观察结果。志愿者要在结束面谈后检验观察提纲，确保每一项都已经被回答或确认。

5）向博物馆汇报观察情况。把所收集到的各种信息以书面材料的形式上报博物馆的管理者或工作人员。其内容应包括对观众参观行为（如语言、态度、表现）的观察记录、对不确定信息的标识和注释、反馈意见表、观察结论。

案例6-4　印第安纳珀莉丝艺术博物馆观众参观观察表

1. 描述观众走进博物馆时的心情。

2. 请尽可能具体地描述观众在参观过程中的如下表现：

- 注意作品（观众注意作品并专注于作品）

- 参与（观众的精力是否集中在讨论艺术作品上？是否有不同的观众会员参与讨论？请描述观众评论的类型和非言语反应——例如指点，眼睛看着部分展品，兴奋，寂静，汲取知识，尤其是在寻找反面的例子并引用例子时的表现）。

- 彼此交流意见（参与者要以其他人的想法为基础，并举例引用）

- 同意/不同意（参与者表达同意或不同意其他人的意见，并举

例说明）

　　● 反思讲解（有证据显示，在讨论的过程中，对作品的讲解过程也在反思和修订，请举例说明）

　　3. 请描述观众结束参观时的心情。

　　4.（这部分是通过观察志愿者来完成的）

　　观察志愿者＿＿＿＿＿＿专家志愿者＿＿＿＿＿＿

　　参观日期＿＿＿＿＿＿＿参观重点＿＿＿＿＿＿

　　观众年龄范围＿＿＿＿＿＿＿＿＿＿＿＿＿＿＿

　　案例分析：上述观察表从观众的年龄、性别、参观全过程的心理反应、肢体语言、讨论内容、讲解技巧和反思过程，虽然只有短短的四道题，但每道题都设计得十分精炼准确、细致到位，非常有利于志愿者了解观众的心理动态，摸索观众的参观心理，切实把握观众对展品反应的细微变化以及观众与展览之间的内在联系，从而不断改善工作，更好地完成博物馆的任务。

　　3. 访谈法

　　（1）概念

　　访谈法是研究者通过与研究对象通过口头交谈来获取信息、收集资料的方法。

　　（2）特点

　　访谈法可以帮助博物馆在最短的时间内收集资料，较为深入、具体而准确地了解到观众的参观动机、态度，周期短，见效快；有助于博物馆及时发现问题，具有较好的灵活性、适应性和直观性。但是访谈法也有一定的局限性，需要教育人员和志愿者具备较高的沟通和交往素质与技巧，且容易受到操作者主观因素的干扰，投入的成本较高，有一定的随机性和不易记录全部访谈内容等缺点。

　　（3）类型

　　访谈法有许多类型，如正式访谈、非正式访谈、个别访谈、团体访谈、座谈会、指导性访谈、非指导性访谈、导出访谈（即博物馆从观众那里导引出其对博物馆的意见和建议）、注入访谈（即博物馆教育人员或志愿者把情况和意见告知观众）以及既有导出又有注入的商讨访谈、深层访谈、访谈检测法和访谈调查法。博物馆通常采用的是访谈检测法（即边访谈边观察观众的反应）、个别访谈和团体访谈相结合、注入访谈与商讨访谈相结合或座谈会等方式。

（4）具体步骤

博物馆一般会采用常规的步骤，即准备阶段、访谈过程和结果分析阶段三部曲。

1）准备阶段。这一阶段实际上是访谈前的培训和设计阶段，博物馆要培训工作人员和志愿者的访谈技巧，使之了解访谈的重要性和艺术性，然后几方共同设计访谈提纲，包括访谈项目名称、访谈者、访谈目的、访谈对象及其背景资料和基本信息、访谈内容和相关权重等。

2）访谈过程。这是访谈的主体部分，主要是以访谈者提问和受访者回答问题的方式进行，两者既可以是直接接触，也可以是间接接触，如通过网络、电话或第三方等媒介进行访谈；在这一过程中，访谈者要准确收集相关资料和信息，运用适当的访谈技巧，借助录音、录像或拍照等方法，及时作好访谈记录。访谈者一般收集的资料和信息应包括观众的姓名、性别、年龄、教育背景、职业、工作经历、个性特点、兴趣爱好等方面的内容；要善于选择合适的观众作为被访人，在尊重观众、博取观众信任和愉快的条件下，平等友善地与观众沟通和交流，恰到好处、有礼有节地提问和引导观众作答，问题范围要符合观众的知识结构、欣赏水平甚至语言习惯，积极倾听观众的观点、看法和意见，善于洞察观众在访谈中的心理变化，快速搜集信息、消化理解信息，以便获取有价值的材料。

3）结果分析阶段。在访谈结束后，博物馆应当及时召集管理者、工作人员和志愿者进行座谈，对访谈结果进行统计、归纳、总结与分析。

（5）访谈的技巧。

如前所述，访谈时，访谈者应热情饱满地对观众进行访谈，创设一种轻松愉快和恰当适度的访谈环境，消除与观众之间的陌生感、隔阂、紧张和压力，因此，访谈者应认真、谦虚、谨慎、细致、耐心、富有责任感，不凭主观印象行事或提问，不诱导、暗示和曲解观众的态度、观点和看法，实事求是地记录资料和信息并加以适当分类，准备备选方案以备不时之需。下面我们以北京大葆台西汉墓博物馆针对其教育项目所进行的观众访谈加以阐释。

大葆台西汉墓博物馆是中小型遗址类博物馆，受地理位置和馆舍面积的限制，年观众流量较小，大多数情况是接待学生团体观众，教育项目包括基本陈列、模拟考古、投壶礼仪和书写竹简等，图6-2是2009年参加该馆的学生观众人数统计图和各项目人数及所占比例。

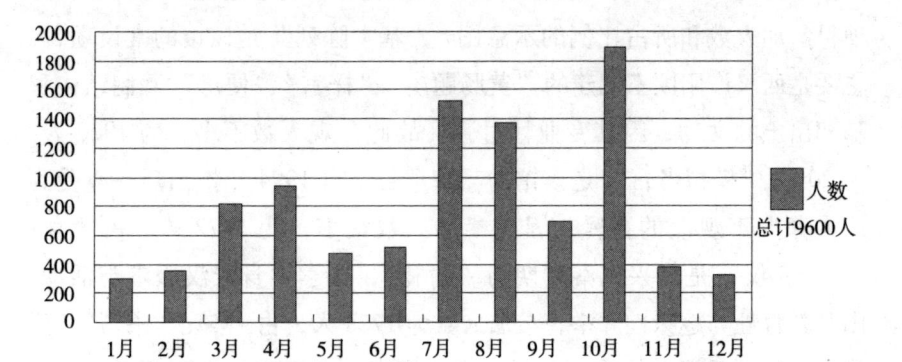

图6-2　2009年度北京市大葆台西汉墓博物馆学生观众人数统计图

分析说明：依据图6-2的统计数据，该馆2009年学生观众接待量为9600人，这些学生既有团体观众也有散客，其中1月份和2月份因是学生考试和寒假阶段，人数较少，而且该馆的模拟考古活动为户外活动，一般在气候回暖时开展，天气寒冷时不易开展；3月份和4月份受学校春游影响，人数略有回升；5月份和6月份再次受学生考试的影响而进入淡季；7月份和8月份是学生暑期时间，数字直线攀升；9月份学生开学后人数下降；10 月份，北京市社会大课堂轰轰烈烈开展后，该馆亦创下年度接待学生最高纪录；11 月份和 12 月份的人数与 1 月份和 2 月份基本持平。

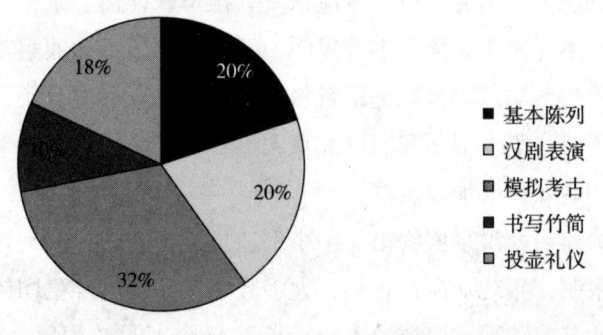

图 6-3　2009 年大葆台西汉墓博物馆教育项目学生观众人数及比例示意图

分析说明：图 6-3 是在 2009 年观众统计图的基础上，对各项教育项目参加人数和所占比例的示意图，"基本陈列"是该馆的常设项目，主要是西汉广阳顷王刘建的"黄肠题凑"、"梓宫"、"便房"葬制结构和随葬出土的文物，因其专业性过强，故此参观人数不多，为 1920 人，占 20%；"模拟考古"是该馆的品牌项目，自 1994 年推出后一直受到广大青少年观众的喜爱，因此参加人数最多，为 3072 人，占 32%；"投壶礼仪"是复兴先秦时期的"射礼"，让学生身着汉服参与活动，因其教育性与趣味性并举，参加人数为 1728 人，占 18%；"书写竹简"是让学生用毛笔在竹简上书写诗词或格言的"汉字传承"活动，有一定的难度，人数为 960 人，占 10%；"汉剧表演"是根据东方朔晋见汉武帝的故事编排的历史短剧，融合艺术性与历史情节，也很受欢迎，参加人数为 1920 人，占 20%。

针对上述观众参与情况，该馆进行了相关的观众访谈工作，访谈问卷如下：

案例6-5　北京大葆台西汉墓博物馆教育项目观众访谈问卷

访谈者：＿＿＿＿＿＿＿＿＿＿　日期：＿＿＿＿＿＿

被访谈观众姓名：＿＿＿＿＿＿＿　性别：＿＿＿＿＿

访谈内容：

1. 您认为博物馆的教育项目如何？您最喜欢哪个项目？请说明原因：

2. 积极参与我们的活动，或仅仅是旁观者，如果有或没有，情况是怎样的？

3. 您认为讲解员的讲解是否有助于您完成这些项目？如果有/没有，请您说明理由：

4. 讲解员是如何讲解的（包括词汇、音调、音量）？

5. 您认为讲解员的提问技巧如何：讲解员使用了什么类型的问题？（是开放式的还是填空式的）是否运用幽默的技巧来建立融洽的关系？您觉得有效吗？

＿＿＿＿＿＿＿＿＿＿＿＿＿＿＿＿＿＿＿＿＿＿＿＿＿＿＿＿＿＿

6. 讲解员是用什么样的目光与您接触的？讲解员是否营造了一个积极愉快的参观经历并使您获得相关知识？（请说明）

＿＿＿＿＿＿＿＿＿＿＿＿＿＿＿＿＿＿＿＿＿＿＿＿＿＿＿＿＿＿

讲解员员是否使用了任何辅助教具？你是否想参与其中？如果是这样，请说明情况：

您觉得参观和活动过程是怎样进行的（是快，是慢）？参观和活动过程中您的视觉效果如何？展厅和展品的采光是否适宜？展厅温度是否合适？请解释：

9. 请评论导览员讲解的有效性，您有无不理解的知识？请解释：

＿＿＿＿＿＿＿＿＿＿＿＿＿＿＿＿＿＿＿＿＿＿＿＿＿＿＿＿＿＿

＿＿＿＿＿＿＿＿＿＿＿＿＿＿＿＿＿＿＿＿＿＿＿＿＿＿＿＿＿＿

11. 附加说明：

＿＿＿＿＿＿＿＿＿＿＿＿＿＿＿＿＿＿＿＿＿＿＿＿＿＿＿＿＿＿

案例分析：上述案例是大葆台西汉墓博物馆在分析年度观众参观和活动人数百分比的基础上，对博物馆的展陈与教育项目可能存在的问题进行的观众访谈，访谈的对象是北京丰台十二中高一年级的学生，共320人，发放问卷320份，回收问卷300份，问卷有效率为93.75%，访谈的问题涉及博物馆的展陈布置、展览和项目的效果、讲解员的专业水平和技巧以及观众心理，对博物馆改进展陈手段、教育方法、讲解员的工作方法，进一步提高博物馆的知名度和开展各项业务工作都是很有帮助的。

观众研究是博物馆教育的永恒话题，志愿者应准确把握观众的心理、有针对性地根据其心理反应，不失时机地做好观众服务工作，例如怎样在观众已经出现"博物馆疲劳现象"的时候，适当地减缓观众的参观速度和频度，在语气和态度上关心观众的身体状况，帮助观众及时调节消极参观心理，增强积极的心理暗示；如何从小处体现出博物馆对观众的人文关怀；如何在了解老年观众和青年观众不同的生理和心理特征的基础上，按照其心理发展规律开展工作等等。只有这样，才能秉持博物馆"以物为基础"和"以人为本"的办馆宗旨，为博物馆培育更加广阔的观众市场，使博物馆文化切实做到深入民心。

本章结语

志愿者教育心理学作为一个新兴的课题还有许多未尽的领域有待我们进一步开发和研究。博物馆需要站在宏观的层面上，总揽全局，正确处理好与志愿者、教育者和观众这几方面关乎博物馆生存和发展的重要因素之间的关系，而要做到这一点就必须了解、认知和准确定位其心理运动、变化及其原因，用科学的理论武装博物馆管理者的头脑，并付诸实践，为博物馆事业锦上添花，再创辉煌。

参 考 文 献

论著：

1.《博物馆研究》丛书编委会编：《博物馆学论文集》，陕西人民出版社 2006 年版。

2. ［英］罗杰·迈尔斯、劳拉·扎瓦拉：《面向未来的博物馆——欧洲的新视野》，北京燕山出版社 2007 年版。

3. 王学敏：《博物馆实用讲解艺术》，河南大学出版社 2009 年版。

4. 杨丹丹、阎宏斌主编：《博物馆教育新视阈》，文物出版社 2009 年版。

5. 黄琛、郝国胜：《2003—2006 中国国家博物馆观众研究》，中国大百科全书出版社 2008 年版。

6. ［英］苏珊·麦克劳德编，王晓蕊译：《重塑博物馆空间——建筑、设计、展览》，北京燕山出版社 2012 年版。

7. 北京博物馆学会编写：《博物馆社会教育》，北京燕山出版社 2006 年版。

8. 孙喜亭：《教育原理》，北京师范大学出版社 2003 年版。

9. 许高厚、张永祥、沈义良、时芳美主编：《普通教育学》，北京师范大学出版社 1995 年版。

10. 阎宏斌、郑智：《社会视野下的博物馆教育》，文物出版社

2006 年版。

11. 王策三：《教学论稿》，人民教育出版社 1985 年版。

12. ［美］乔治 E·海因：《学在博物馆》，李中、隋荷译，北京燕山出版社 2010 年版。

13. 包遵彭：《博物馆学》，台北正中书局 1970 年版。

14. 黄淑芳：《现代博物馆教育理念与实务》，台湾省立博物馆 1997 年版。

15. 王宏钧：《中国博物馆学基础》，上海古籍出版社 2001 年版。

16. 曹兵武、崔波主编：《博物馆展览策划设计与实施》，学苑出版社 2005 年版。

17. 马立伟：《博物馆志愿行为的理论与实践研究》，星球地图出版社 2011 年版。

18. 金和天："博物馆观众心理与行为研究"，2006 年吉林大学硕士论文。

19. 萨卢瓦著，汤延英、狄荷花译：《法国博物馆》，商务印书馆 2000 年版。

20. 余源培主编：《邓小平理论辞典》，上海辞书出版社 2004 年版。

21. 彭克宏主编：《社会科学大词典》，中国国际广播出版社 1989 年版。

22. 刘建明主编：《宣传舆论学大辞典》，经济日报出版社 1993 年版。

23. ［美］玛格特·A. 华莱士：《博物馆品牌形象的塑造——如何创立并保持形象、忠诚度和支持》，北京燕山出版社 2012 年版。

24. 周志强主编：《关于历史时空的解码与代言——中国国家博物馆职员讲解工作五周年纪念文集》，知识出版社 2007 年版。

25. 中国国家博物馆志愿者协会编写：《中国国家博物馆志愿服务工作十周年纪念文集》，安徽人民出版社 2012 年版。

26. 国家博物馆宣教部编：《博物馆宣教服务岗位从业人员培训教

程》，中国劳动社会保障出版社 2010 年版。

27. 北京博物馆学会编写：《博物馆陈列构建的多元维度》，中国书籍出版社 2012 年版，第 3 页。

28. 李明珠主编：《博物馆专业人员教育与人力资源管理学术研讨会论文集》，2004 年版。

29. 孟宪鹏主编：《现代学科大辞典》，海洋出版社 1990 年版。

30. 邱沛篁、吴信训、向纯武等主编：《新闻传播百科全书》，四川人民出版社 1998 年版。

31. 甄朔南：《溯南博物馆学文集》，中国大百科全书出版社 2004年版，第 275 页。

32. 北京博物馆学会主编：《北京博物馆年鉴》（1995—1998 年卷），北京燕山出版社 2000 年版。

33. 台湾自然科学博物馆编：《实施志愿服务工作示范观摩会展出手册》1997 年版。

34. 辽宁省博物馆编：《辽宁省博物馆志愿者文集》，辽宁人民出版社 2011 年版。

35. 陈佳贵主编：《企业管理学大辞典》，经济科学出版社 2000 年版，第 45 页。

36. 秦玉琴主编：《新世纪领导干部百科全书》第 3 卷，中国言实出版社 1999 年版。

37. 中国百科大辞典编委会编，袁世全、冯涛主编：《中国百科大辞典》，华夏出版社 1990 年版。

38. 林崇德、姜璐、王德胜主编，李春生分卷主编：《中国成人教育百科全书·心理·教育》，海口南海出版公司 1994 年版。

39. 梁志燊、霍力岩主编：《中国学前教育百科全书·教育理论卷》，沈阳出版社 1995 年版。

40. 中国大百科全书编辑部编：《中国大百科全书·教育卷》，中国大百科全书出版社 1985 年版。

41. 史吉祥、郭富纯编：《2002：博物馆公众研究——以旅顺日俄监狱旧址博物馆为例》，吉林人民出版社 2003 年版。

42. 中国大百科全书编辑部编：《中国大百科全书·文物博物馆》，中国大百科全书出版社 1993 年版。

43. 故宫博物院编：《故宫博物院观众结构调查》，紫禁城出版社 2008 年版。

44. 陕西历史博物馆编：《2010 年度陕西历史博物馆观众调查报告》，三秦出版社 2011 年版。

论文：

1. 冯惠先："素质教育是一场深刻的教育变革"，《医教研究》2001 年 9 月第 19 卷，第 42—43 页。

2. 何琦、王军、尹彦："博物馆教育的社会心理学探析——基于蔡元培的博物馆教育思想"，《科普研究》2010 年第 4 期，第 80—84 页。

3. 安来顺："当代博物馆教育理念辨析"，北京博物馆学会编：《北京博物馆学会第四届学术会议论文集》，北京燕山出版社 2004 年版，第 32—39 页。

4. ［美］艾琳·胡珀-格林希尔著，杨扬译："当代博物馆教育理念辨析"，北京博物馆学会编：《北京博物馆学会第四届学术会议论文集》，北京燕山出版社 2004 年版，第 59—608 页。

5. 史吉祥："博物馆观众研究是博物馆教育研究的基本点——对博物馆观众定义的新探讨"，《东南文化》2009 年第 6 期，第 97 页。

6. 陆建松、厉樱姿："我国博物馆展示教育和开放服务现状、问题和对策思考"，《东南文化》2011 年第 1 期，第 9—15 页。

7. 张曦："当代英国博物馆教育的初步研究"，2008 年吉林大学硕士论文。

8. 宋向光："谈完善博物馆观众服务工作"，《北京博物馆学会第二届学术会议论文集》1998 年版，第 304—314 页。

9. 张誉腾："台湾的生态博物馆：发展背景与现况"，《中国博物馆》2005 年第 3 期，第 68—72 页。

10. 叶俊之："香港地区博物馆的运作"，《东南文化》2004 年第 5 期，总第 181 期，第 79—81 页。

11. 苏东海："当代世界博物馆的大发展的剖析"，《中国博物馆》1991 年第 2 期，第 4—10 页。

12. 梁吉生："90 年代博物馆发展刍议"，《中国博物馆》1992 年第 3 期，第 2—6 页。

13. 傅玉兰："澳门博物馆业的蓬勃发展"，《中国文化遗产》2005 年第 4 期，第 67—70 页。

14. 王欣："论博物馆志愿者队伍建设的改革与创新"，《科学大众（科学教育）》2012 年第 7 期，第 168 页。

15. 蒋菡："构建博物馆志愿者管理的长效机制——以苏州博物馆为例"，《中国博物馆》2012 年第 3 期，第 38—42 页。

16. ［英］埃尼兹·沃伦斯："导览教师——博物馆的志愿者"，《博物馆研究》1995 年第 4 期，第 27—29 页。

17. 宋向光译："博物馆的促进学习的新责任"，《博物馆研究》1996 年第 4 期，第 24 页。

18. 李宏坤编译："培训——英国博物馆管理不变的主题"，《中国文物报》2007 年 6 月 22 日。

19. ［英］帕特里克·博伊兰著，侯雁译："博物馆职业培训现状：从博物馆策展到博物馆管理"，《湖南省博物馆馆刊》2010 年第七辑，第 696—703 页。

20. 徐艳红："让博物馆成为公众的朋友——日本博物馆考察启示"，《文物春秋》2004 年第 4 期，第 51—53 页。

21. 张平一："一个博物馆工作者眼中的日本博物馆——日本博物馆见闻"，《文物春秋》1999 年第 1 期，第 29—31、49 页。

22. 中国博物馆学会代表团："英国博物馆见闻"，《瞭望周刊》

1984 年第 17 期，第 39—40 页。

23. 王新毅："新时代博物馆观众类型浅析"，《消费导刊》2009 年第 19 期，第 187、220 页。

24. 高翠："英国博物馆的社会教育"，《中国文物报》2012 年 2 月 3 日。

25. 梁吉生："旧中国博物馆历史述略"，《中国博物馆》1986 年第 7 期，第 71—85 页。

26. 张国超："法英美三国博物馆发展模式考察"，《信阳师范学院学报（哲学社会科学版）》2010 年第 2 期，第 86—90、96 页。

27. 郑志海："论北京博物馆的社会教育工作"，《北京博物馆学会首届学术讨论会文集》1987 年版，第 35—37 页。

28. 沈庆林："博物馆专业队伍培训的几点思考"，《中国博物馆》1989 年第 3 期，第 9—13、96 页。

29. 陈惠珍："论博物馆志愿者培训在博物馆志愿者队伍建设中的地位与作用"，《福建文博》2009 年第 3 期，第 89、93—97 页。

30. 孙璐："浅谈博物馆志愿者学习的几种方法"，《科技致富向导》2011 年第 20 期，第 420 页。

31. 程军："1842—1900 年间中国博物馆发展状况"，《博物馆研究》2007 年第 1 期，总第 97 期。

32. 王光宇："试谈博物馆志愿者网络学习平台的构建"，《中国文物科学研究》2011 年 9 月版，第 1—5 页。

33. 张姝："我国志愿者培训体系研究"，《中国优秀硕士学位论文全文数据库》2011 年版。

34. 王丽娟："浅析博物馆志愿者服务管理"，《职业时空》2011 年第 6 期，第 18—19 页。

35. 张鹏："把握组织使命和责任推动博物馆志愿服务工作发展"，《北京青年工作研究》2011 年第 7 期，第 41—42 页。

36. 卢永琇："博物馆志愿者的岗位设置与培训（上篇）"，《中国文化报》2012 年 7 月 26 日。

37. 姜惠梅："浅谈博物馆志愿者培训体系建设"，《中国博物馆》2012 年第 3 期，第 23—25 页。

38. 李敏行、齐维京："台湾地区博物馆志愿者培训制度探析"，《中国博物馆》2012 年第 3 期，第 41—45 页。

39. 王建华："中国博物馆志愿者培训和激励机制的探索"，《博物馆研究》2012 年第 1 期（总第 117 期），第 27—31 页。

40. 卢永琇："天津博物馆志愿者的管理培训实践与思考"，《中国文化报》2012 年 8 月 2 日。

41. 王裕昌："西部地区博物馆志愿者工作的发展方向及相关问题探讨——以甘肃省博物馆志愿者实践活动为例"，《中国博物馆》2012 年第 3 期，第 103—104、106 页。

42. 隋永琦："博物馆志愿者管理的实践与思考——以青岛博物馆为例"，《中国文物报》2013 年 1 月 9 日。

43. 李楚芬："浅谈博物馆的志愿者服务——以可园博物馆为例"，《东方企业文化》2013 年 7 月 23 日，第 220—221 页。

44. 楼航燕："博物馆志愿者队伍建设的探索与实践——以中国丝绸博物馆为例"，《青年与社会》2013 年第 1 期，第 203—205 页。

45. 李曼："博物馆志愿者注册机制初探——以良渚博物院志愿者服务社为例"，《重庆与世界（学术版）》2013 年 5 月，第 107—109、114 页。

46. 陈春梅："活跃在美国博物馆的志愿者"，《北京日报》2007 年 7 月 17 日。

47. 老朵："博物馆人才培养的历史回顾"，《中国博物馆》1989 年第 3 期，第 14—20 页。

48. 史吉祥："对台湾地区博物馆观众研究的历史考察"，《东南文化》2009 年第 6 期，总第 212 期，第 95—99 页。

49. 范芳："博物馆校本课程——探宝在首都博物馆"，《教育观察》第 1 卷第 10 期，2012 年 12 月，第 90—91 页。

50. 王敏勤："课程与教学的关系与整合"，《中国教育学刊》2003 年第 8 期，第 26—28、50 页。

51. 李君、隗峰："博物馆课程资源开发利用的现状研究"，《教学与管理》2011 年第 3 期，第 94—95 页。

52. 果美侠："方式决定成效：情境创设下的博物馆儿童教育"，《东南文化》2012 年第 5 期，总第 229 期，第 115—121 页。

53. 陈文、赵晨："对博物馆人才资源的探讨"，《博物馆研究》2006 年第 3 期，第 33—36 页。

54. 黄晓宏："博物馆观众心理学浅析"，《中国博物馆》2003 年第 4 期，第 50—52 页。

55. 毕鹏："博物馆'志愿'品牌的新途径探索"，《大庆社会科学》2014 年第 1 期，第 110—112 页。

56. 高岚、李资渝、张莉："当代教育心理学的研究和发展"，《心理学探新》2001 年第 1 期，第 36—40、51 页。

57. 李海燕、马超："教育心理学综述"，《内蒙古师范大学学报（教育科学版）》2011 年第 4 期，第 72—74 页。

58. 安廷山："全国文博人才培养情况调查报告"，《中国博物馆》1997 年第 4 期，第 31—39 页。

59. 陆建松："论新时期博物馆专业人才培养及其学科建设"，《东南文化》2013 年第 5 期，第 104—109 页。

60. 项朝晖："博物馆人才队伍结构刍议"，《北京博物馆学会第四届学术会议论文集》2004 年第 6 期，第 234—241 页。

61. 曹兵武："博物馆热·博物馆学·博物馆文化——博物馆发展的关键是博物馆人"，《中国博物馆》2008 年第 3 期，第 9—15 页。

62. 何宏："博物馆服务与观众调查"，《文博》2012 年第 2 期，第 50—53 页。

63. 钟萍："浅论博物馆人才管理"，《古今农业》2002 年第 3 期，第 91—93 页。

64. 孙霄："从文博人才调查报告所引发的几点思考"，《中国博物馆》1999 年第 2 期，第 89—92 页。

65. 杜显震、王建浩："试谈博物馆馆长的作用与选任"，《中国博物馆》1985 年第 2 期，第 56—58 页。

66. 杨何生："论提高博物馆馆长的领导水平"，《北方文物》1994年第 4 期，第 138—141 页。

67. 董丹："日本博物馆的公众教育"，《故宫学刊》2012 年第 2 期，第 355—368 页。

68. 续颜、杨利军、刘亚东、韩兆宽著：《科普志愿者队伍现状及对策研究》，吉林科技出版社 2006 年版，第 25 页。

69. 刘晓晖："博物馆教育源流新探——兼谈东西方文化观念差异"，《北方文物》1990 年第 3 期，第 105—110、112 页。

70. 李喜娥："博物馆社会化进程中的博物馆定义与演变"，《牡丹江大学学报》2013 年第 22 卷第 11 期，第 135—137 页。

71. 王建平、王瑞芬："博物馆与生态环境教育"，《中国博物馆》1997 年第 4 期，第 40—43 页。

72. 严建强："信息论与博物馆"，《中国博物馆》1986 年第 2 期，第 1—6 页。

73. 张妮佳、张剑平："现代大教育观下的数字博物馆"，《中国博物馆》2006 年第 2 期，第 71 页—77 页。

74. 邹慧玲："论博物馆教育与学校教育的关系"，《南昌高专学报》2001 年第 2 期，第 29—31 页。

75. ［墨西哥］雅尼·赫瑞曼著，宋向光译："博物馆与旅游：文化和消费"，《中国博物馆》2001 年第 2 期，第 44—48 页。

76. 澳门艺术博物馆："全球化下的无形遗产保护与博物馆教育"，《国际博物馆协会亚太地区第七次大会中方主题发言及论文集》，《中国博物馆》2002 年第 4 期，第 52—59 页。

77. 刘文求："博物馆教育目的之探讨",《中国博物馆》1996 年第 1 期, 第 46 页。

78. 陈为："20 世纪初期中国博物馆志愿者及会员制度初探",《中国博物馆》2012 年第 3 期, 第 28—32 页。

79. 纪河、麦秀纹："成人学习者的学习心理及基本特性",《学术论坛》2006 年 1 月版, 第 21 页。

80. 姜凌："博物馆志愿者工作的开展与创新——抗战馆志愿者工作经验介绍",《新世纪博物馆的实践与思考——北京博物馆学会第五届学术会议论文集》, 2007 年 11 月 29 日版。

81. 项贤明："教育与人的发展新论",《教育研究》2005 年第 5 期, 第 9—14 页。

82. 刘卫清："博物馆观众定位与陈列设计研究",《科技致富向导》2011 年第 5 期, 第 154—159 页。

83. 项朝晖："博物馆人才队伍结构刍议",《北京博物馆学会第四届学术会议论文集》2004 年第 6 期, 第 234—241 页。。

84. 陆建松："论新时期博物馆专业人才培养及其学科建设",《东南文化》2013 年第 5 期, 第 104—109 页。

85. 艾赖文："论博物馆观众的特征",《中国博物馆》1997 年第 3 期, 第 36—41 页。

86. 刘阳："基于博物馆观众调研下的展示设计新理念", 上海大学 2009 年硕士论文, 第 13 页。

87. 刘汉娥："对博物馆观众研究的再研究", 中央美术学院 2012 年硕士论文。

88. 张行："博物馆陈列展览和社会教育研究的几点思考——以甘肃博物馆为例",《丝绸之路》2011 年第 6 期, 第 91—94 页。

89. 徐步云、贺荟中："西方志愿者行为的研究综述",《中国青年研究》2009 年第 4 期, 第 75—80 页。

90. 杨芳平、余明阳、李启庚："大型活动志愿者培训课程开发研究——以 2010 年上海世博会园区志愿者培训为例",第 72—74 页。

91. 史吉祥:《对台湾地区博物馆观众研究的历史考察》,《中国博物馆》2003 年第 1 期,第 79 页。

92. 兰维:"工业革命的见证者——伦敦科学博物馆",《百科知识》2012 年第 7 期,第 57 页。

93. 安来顺:"二十世纪博物馆的回顾与展望",《中国博物馆》2001 年第 1 期,第 6 页。

94. [澳] W. D. L. 莱德著,苑克俪译:"澳大利亚的博物馆人员培训",《中国博物馆》1989 年第 2 期,第 27—29 页。

95. [英] 帕特里克·博伊兰著,侯雁译:"博物馆职业培训现状:从博物馆策展到博物馆管理",《湖南省博物馆馆刊》2010 年第七辑,第 696—703 页。

96. 张巍:"博物馆志愿者与未成年人教育",《中国文物报》2006 年 9 月 20 日。

97. 凌林:"博物馆人员的专业教育与终身学习",《新世纪博物馆的实践与思考——北京博物馆学会第五届学术会议论文集》,2007 年 11 月版,第 352—357 页。

98. 陈惠珍:"论博物馆志愿者培训在博物馆志愿者队伍建设中的地位与作用",《福建文博》2009 年第 3 期,第 89、93—97 页。

99. 楼锡祜:"博物馆志愿者中的义工和志工",《中国文物报》2010 年 1 月 13 日。

100. 复旦大学文物与博物馆学系:《博物馆高级管理人员培训探索》,《中国文物报》2010 年 10 月 29 日。

101. 吴镝:"浅谈我国博物馆小志愿者",《中国校外教育》2011 年第 6 期,第 43—44 页。

102. 孙璐:"浅谈博物馆志愿者学习的几种方法",《科技致富向导》2011 年第 20 期,第 420 页。

103. 丁新豹:"格物致知:香港公共博物馆的百年发展",《中国文化遗产》2005 年第 4 期，第 62—66 页。

104. 林冠男："研究观众·吸引观众·接纳观众——有感于港澳博物馆"，《中国博物馆》2007 年第 2 期，第 69 页。

105. 叶黎："香港地区公共博物馆导赏服务工作体系探析"，《武汉文博》2011 年第 3 期，第 52—56 页。

106. 澳门博物馆："澳门的博物馆——传承历史　希翼未来"，《时代经贸》2010 年第 7 期，第 32—34 页。

107. 赵来春："故宫博物院导览义工的特色与培训"，《博物馆学季刊》2001 年第 15 卷第 1 期，第 41—47 页。

108. 周慧玲："文建会之文化义工政策与实施业务概况"，《博物馆学季刊》2001 年第 15 卷第 1 期，第 5—13 页。

109. 林宜秋："美术馆义工的角色与功能——以高雄市立美术馆为例"，《博物馆学季刊》第 15 卷第 1 期，第 33—40 页。

110. 郭成："试论课堂教学环境及其设计的策略"，《西南师范大学学报·人文社会科学版》2001 年第 2 期，第 75—80 页。

111. 黄鹂、吴廷俊："教育传播学新探"，《现代传播》2003 年第 1 期。

112. 李军、于洁："关于应用写作课计算机辅助教学的几点思考"，《山东行政学院　山东省经济管理干部学院学报》2004 年第 3 期，第 109—110 页。

113. 宿富连："欧洲博物馆业发展的特点和启示"，《中共桂林市委党校学报》2003 年第 1 期。

114. 展玉成："美国博物馆事业是怎样发展起来的"，《中外文化交流》1995 年第 1 期，第 55 页。

115. "美国市民社会与博物馆座谈会"，《博物馆通讯》1985 年 2 月，第 38 页。

116. 张国超："法英美三国博物馆发展模式考察"，《信阳师范学院学报·哲学社会科学版》2012 年 3 月，第 30 卷，第 2 期，第 81—

85 页。

117. 高翠："英国博物馆的社会教育"，《中国文物报》2012 年 2 月 3 日。

118. 王启祥："国内博物馆观众研究知多少"，《博物馆学季刊》2004 年 18 卷 02 期。

119. 彭士芬："发展博物馆　法国快步跑"，《台湾立报》2006 年 11 月 3 日。

120. 教莹："法国政府如何促进博物馆均衡发展——试析法国发展地区博物馆举措"，《中国文物报》2011 年 6 月 22 日。

121. 黄磊："法国博物馆管理体制、发展现状的启示"，《中国文物报》2005 年 7 月 22 日。

122. 沈坚："法国人怎样管理博物馆"，《中国旅游报》2004 年 11 月 5 日。

123. 吴均燮："吸引社会人士参加博物馆工作"，《文物参考资料》1952 年第 2 期。

124. 吕济民："苏联博物馆事业发展史略"，《中国博物馆》1991 年第 2 期，第 61 页。

125. 安来顺："中日韩博物馆政策环境与博物馆发展的初步检视"，《东南文化》2013 年第 12 期，第 9 页。

126. 李永连："日本近代社会教育事业的发展及对我们的启示"，《外国教育研究》1990 年第 4 期。

127. 黄汉青："日本博物馆的兴旺：工作人员中有大量志愿者"，《北京日报》2009 年 5 月 15 日。

128. ［日］矢野牧夫："志愿者活动和朋友会活动——回顾学制改革时代的博物馆工作"，《博物馆研究》1997 年第 2 期，第 33—39 页。

129. 朴京花："对中韩两国博物馆社会教育现况的比较考察——以中国山东省和韩国庆尚北道为比较对象"，《学理论》2013 年第 5 期，第 151—152 页。

130. 赵冠男、俞文婧："博物馆的源流与发展概览"，《城市环境设计》2011 年第 Z2 期，第 65—67 页。

131. "北京博物馆数量已成为世界第二"，《北京青年报》2014 年 12 月 3 日。

132. 中国历史博物馆群工部："谈博物馆与学校教学"，《中国博物馆》1985 年第 1 期，第 53 页。

133. 唐娟、王心："澳门博物馆发展刍议——基于社会资本的探讨"，《北京第二外国语学院学报》2011 年第 5 期，第 46—52 页。

134. 邹海燕："教育管理学理论范畴和理论逻辑的新探索——评孙绵涛教授的新作《教育管理学》"，《教育研究》，人民教育出版社 2007 年版，第 97—98 页。

135. 台湾自然科学博物馆编：《台湾自然科学博物馆义工手册》。

136. 李玉棠："陈列学概说"，《文物世界》2006 年第 3 期，第 43—44 页。

137. 王秀娥："试谈辅助陈列"，《文博》1984 年第 2 期，第 8、106—107 页。

138. 祁庆国："博物馆展览策划及多媒体展示的应用"，北京博物馆协会编：《博物馆陈列构建的多元维度》，中国书籍出版社 2012 年版，第 263—264 页。

139. 朱扬明："国外博物馆的策展理念和步骤"，北京博物馆协会编：《博物馆陈列构建的多元维度》，中国书籍出版社 2012 年版，第 8 页。

140. 陆建松："重视展览文本策划的前期准备"，曹兵武、崔波：《博物馆展览》，文物出版社 2005 年版，第 80—82 页。

141. 陆建松："重视展览文本策划的作业流程"，《中国文物报·遗产周刊》2005 年 3 月 21 日。

142. 蒋京川："斯滕伯格对实践智力的研究评述"，《徐州师范大学学报·哲学社会科学版》2009 年第 35 卷第 5 期，第 98 页。

143. 刘廷喜："关于青年干部提高组织协调能力的思考"，《河南税务》2000 年第 4 期，第 10—12 页。

144. 杨开成："论开发取向对课程的独特理解"，《现代教育技术》2009 年第 11 期，第 12 页。

145. 羊晓莹："国外志愿者动机研究及其启示"，《当代青年研究》2011 年第 1 期，第 17—20 页。

146. 李艳："志愿者行为社会心理研究"，《青年研究》1997 年第 1 期，第 41—44 页。

147. 叶明："大学生志愿者心理素质提升研究"，《湖北成人教育学院学报》2011 年第 4 期，第 46—47 页。

148. 冯姗姗、赵久波："志愿者的心理健康与志愿活动关系"，《中国社会医学杂志》2011 年第 2 期，第 119—121、124 页。

149. 马青云："博物馆讲解心理浅议"，《中国博物馆》1989 年第 3 期，第 71—74 页。

150. 马萧林："架起博物馆学与心理学的桥梁——博物馆心理学之管见"，《中原文物》1991 年第 2 期，第 111—113 页。

151. 宋向光："博物馆教育：促进观众'自我教育、自我完善'的学习"，《中国博物馆》1995 年第 2 期，第 41—49 页。

152. 林蔚起："博物馆的心理学特征及其应用"，《中国博物馆》1992 年第 3 期，第 72—78 页。

153. 刘洪："博物馆奖励中的几个心理学问题"，《中国博物馆》2001 年第 1 期，第 95—97 页。

154. 陈卫平："建构主义与博物馆教育"，《中国博物馆》2003 年第 2 期，第 23—28 页。

155. 蔡文卿："浅谈博物馆讲解员的心理素质及调节"，《大众文艺（理论）》2009 年第 15 期，第 234 页。

156. 李胜男："人本主义心理学与博物馆教育功能探析"，《博物馆研究》2010 年第 3 期，第 31—36 页。

157. 孙璐："浅谈博物馆志愿者的几种学习方法"，《科技致富向导》2011 年第 20 期，第 420 页。

158. 李莎："浅谈博物馆社会教育队伍构建——以国家博物馆为例"，《博物馆研究》2012 年第 4 期，第 33—37 页。

159. 李瑶："用教育心理学理论指导博物馆的社教工作"，《科教文汇（下旬刊)》2013 年第 11 期，第 197—199 页。

160. 郑奕："论教育工作者在博物馆策展团队中的作用"，《东南文化》2013 年第 5 期。

161. 李念红："心理学理论与博物馆职工素质"，《中国国家博物馆馆刊》2012 年第 8 期，第 153—159 页。

162. 田琳："浅谈高校博物馆志愿者心理素质教育"，《黑龙江史志》2014 年第 9 期，第 265 页。

163. 彭玮："我国博物馆志愿者管理研究——从心理契约角度谈起"，2014 年中央美术学院艺术管理专业硕士论文。

164. 安蔷、老夭："国外博物馆人才培养历程述略"，《文物春秋》1990 年第 1 期，第 71—74 页。

165. 陆建松："论新时期博物馆专业人才培养及其学科建设"，《东南文化》2013 年第 5 期，第 104—109 页。

166. ［英］丝黛莲娜·兰伯特："博物馆观众研究"，《理论家》2010 年第 10 期，第 130—144 页。

167. 严建强："'博物馆疲劳'及其对策"，《中国博物馆》1992 年第 2 期，第 85 页。

168. 严建强："博物馆与观众——介绍肯尼思·赫德森的《博物馆社会史》"，《中国博物馆》1987 年第 1 期，第 55 页。

169. ［英］玛格丽特·罗兰："利用网站增加访问和发展，观众在博物馆：英国国家博物馆的经验"，《Digithum》2005 年第 7 期。

170. 何宏："博物馆服务与观众调查"，《文博》2012 年第 2 期，第 50 页。

171. 贾旭敏："非博物馆观众浅析"，《中国博物馆》1986 年第 2 期，第 14—17 页。

172. 陈红京："对博物馆观众研究的课题和方法"，《中国博物馆》1986 年第 1 期，第 62—65 页。

173. 吴卫国："京津地区博物馆观众调查报告"，《中国博物馆》1987 年第 2 期，第 28—43 页。

174. 严建强："博物馆观众研究述略"，《中国博物馆》1987 年第 3 期，第 17—21 页。

175. 王克："观众增减趋势的预测及研究"，《中国博物馆》1988 年第 3 期，第 71—77 页。

176. 许忆先："博物馆与观众"，《文博》1989 年第 3 期，第 76—81 页。

177. 黄卫国："博物馆视觉思维学初探"，《文物春秋》1990 年第 1 期，第 54—59 页。

178. 殷晓实："陈列艺术设计与观众心理浅探"，《北方文物》1991 年第 3 期，第 102—104 页。

179. 卢冬："博物馆观众学浅析"，《丝绸之路》1999 年第 1 期，第 93—96 页。

180. 黄晓宏："博物馆观众心理学浅析"，《中国博物馆》2003 年第 4 期，第 51—53 页。

181. 金和天："博物馆观众心理与行为研究"，2006 年吉林大学硕士论文。

182. 李林："博物馆展览观众评估研究"，2009 年复旦大学硕士论文。

183. 陈杨："博物馆展示设计中的环境心理学研究"，东北林业大学 2010 年硕士论文。

184. 郭秀媚："博物馆的社会教育功能：陈列、宣教和新媒体谈"，《福建文博》2013 年第 3 期，第 71 页。

185. 郭文钠："论博物馆青年观众研究"，《浙江旅游职业学院学报》2011 年 12 月。

186. 何宏："博物馆服务与观众调查"，《文博》2012 年第 2 期，第 50—53 页。

187. 周婧景："教育心理学与博物馆儿童教育"，《中国文物报》2013 年 10 月 16 日。

188. 邢致远、李晨："博物馆社会教育与服务的分众化研究"，《中国博物馆》2013 年第 3 期，第 57—63 页。

189. 王娜："浅析新媒休技术带来的博物馆观众变化"，《融合·创新·发展——数字博物馆推动文化强国建设——2013 年北京数字博物馆研讨会论文集》2013 年版，第 295—297 页。

190. 王秀娥："试谈辅助陈列"，《文博》1984 年第 2 期，第 8、106—107 页。

外文文献：

1. Penner, L. A. ,Dovidio, J. F. ,Piliavin, J. A. ,Schroeder, D. A. , "Prosocial behavior", *Annual Review of Psychology*, 2005, Vol. 56：14. 1-14. 28.

2. Wilson J. , "Volunteering", *Annual Review of Sociology*, 2000, Vol. 26：215-240.

3. Penner, L. A. , "Dispositional and organizational influences on Sustained volunteerism：An Interactionist Perspective", *Journal of Social Issues*, 2002, Vol. 58 (3)：447-467.

4. Omoto A. M., Snyder M., "Sustained helping without obligation：Motivation, longevity of service, and perceived attitude change among AIDS volunteers", *Journal of Personality and Social Psychology*, 1995, Vol. 68：671-686.

5. Frisch M. B., Gerrard M., "Natural helping systems：Red-cross

volunteers", *American Journal of Community Psychology*, 1981, Vol. 9: 567-579.

6. Cnaan R. A, Goldberg-GlenR. S, Measuring Motivation to Volunteer in human Services, Jo Margarida Loran. "Use of Websites to Increase Access and Develop Audiences in Museums: Experiences in British National Museums", Measuring Motivation to Volunteer in Human Services, *The Journal of Applied Behavioral Science*, Sage Publications, 1991, Vol. 27 (3).

7. Colinvaux Dominique, "Science museums and psychology: interactivity, experimentation, and context", *Historia, Ciencias, Saude-Manguinhos*, 2006, Vol. 12 (Suppl), pp. 79-91.

8. Stylianou-Lamberta, " Museum Audience Research ", *Theopist*, Nineth. Sep., 2010, pp. 130-144.

9. Sharon Macdonald, *A Companion to Museum Studies*, Blackwell Publishing, 2006, p. 362.

10. Lynn Uyen Tran, "Teaching science in museums: The pedagogy and goals of museum educators", *Science Education*, 2007, *Vol.* 91 (2).

11. Lynn Uyen Tran, "The work of science museum educators", *Museum Management and Curatorship*, 2008, Vol. 23 (2), Pages 135-153.

12. Stamer, Damian. Lerdall, Kimberly, Guo, Chao. Managing Heritage Volunteers: An Exploratory Study of Volunteer Programmes in Art Museums Worldwide, *Volunteer management, volunteerism museums and heritage sites serious leisure*, *DOI*10. 1080/17438730802138949, *http*: //www. tandfonline. com/doi/abs/10. 1080/17438730802138949.

网络资源：

1. 搜狐教育版："陕西省教育厅：博物馆教育列入中小学教学计

划"，网址：HYPERLINK "http：//learning. sohu. com/20070905/n251964146. shtml" http：//learning. sohu. com/，2007 年 9 月 5 日。

2. 人民网："博物馆的教育功能亟待开发"，网址：HYPERLINK "http：//edu. people. com. cn/GB/1055/3732528. html" http：//edu. people. com. cn/GB/，2005 年 9 月 28 日。

3. 王小元："浅谈博物馆之婴幼儿社会教育"，网址：HYPERLINK "http：//edu. people. com. cn/GB/1055/3732528. html" http：//chnmus. net/hmtl，2006 年 11 月 23 日。

4. 杨耀林："免费开放利于博物馆教育功能实现"，网址：HYPERLINK "http：//www. gmw. cn/01gmrb/2007 － 05/26/content ＿613087. htm" http：//www. gmw. cn/，2007 年 5 月 26 日。

5. 黄静："对博物馆教育职能的思考"，网址：HYPERLINK "http：//www. gdmuseum. com/Content/xueshu/C ＿ 2/C ＿ 0/2006/3 － 28/0632815525334994. html" http：//www. gdmuseum. com/Content/xueshu，2006 年 3 月 28 日。

6. 王竹："博物馆人文精神教育的思考与塑造"，网址：HYPERLINK "http：//www. balujun. org/yth/200703/272. html" http：//www. balujun. org/yth/，2007 年 3 月 27 日。

7. 新浪网："博物馆教育工作者的构成"，网址：HYPERLINK "http：//blog. sina. com. cn/u/4d0a22a5010009hm" http：//blog. sina. com. cn/u/，2007 年 6 月 28 日。

8. 中国百科网："博物馆教育"，网址：HYPERLINK "http：//www. chinabaike. com/article/316/327/2007/2007022257992. html" http：//www. chinabaike. com/article，2007 年 2 月 22 日。

9. 美国博物馆学会网，网址：http：//museum-edu. org/resources/training-docents/looking-it-art/curry/。

10. 安来顺："博物馆专业化进程与当代博物馆新特征"，南通博物苑网站资料，2008 年 4 月 13 日。网址：http：//www. ntmuseum.

com/shownews。

11. 观复博物馆网站资料，网址：http：//www. guanfumuseum. org. cn/。

12. 维基百科，网址：www. http：//zh. wikipedia. org/wiki。

13. 纽约大都会艺术博物馆网站，网址：http：//www. metmuseum. org/。

14. 中国文物信息网："新中国初期对苏联博物馆经验的学习和借鉴"，2013 年 1 月 7 日。

15. 英国博物馆之友协会 BAFM 网站资料，网址：http：//www. bafm. org. uk。

16. 国际博物馆协会网站资料，网址：http：//icom. museum/。

17. 英国博物馆联盟网站，网址：http：//www. museumsass-ociation. org/。

18. 南京博物院研究所："中国博物馆及其展览发展历程回顾"，参照百度文库网站资料，网址：http：//wenku. baidu. com/link？url。

19. 中国国学网：2007 年 5 月 17 日。网址：http：//www. confu-cianism. com. cn/Show. asp？id＝24691。

20. 香港科学馆网站资料，网址：http：//www. lcsd. gov. hk/CE/Museum/Science。

21. 澳门艺术博物馆网站资料，网址：http：//gb. mam. gov. mo/docs/MAM_ Amigos. pdf。

22. 台湾自然科学博物馆网站资料，网址：http：//web2. nmns. edu. tw/PubLib/epaper-vol/2014/201412. htm。

23. 李艳："苏东海先生谈博物馆大发展"，中国国家博物馆网站资料，网址：http：//www. chnmuseum. cn/，2013 年 2 月 27 日。

24. 大英博物馆网站资料，网址：http：//www. britishmuseum. org/。

25. 英国自然历史博物馆网站资料，网址：http：//www. nhm. ac. uk/about-us/jobs-volunteering-internships/index. html。

26. "新中国初期对苏联博物馆经验的学习和借鉴"，中国文物信息网，2013年1月7日。

27. "俄罗斯博物馆之友协会"的网站资料，网址：http：//www. rusmuseum. ru/eng/museum/friends/。

28. 黎先耀："充满活力的日本自然科学博物馆"，《科技导报》1989年第3期，第55—57页。

一并参照日本东京国立自然科学博物馆网站资料，网址：http：//www. kahaku. go. jp/english/userguide/support/index. html。

29. 外联局编："中国新加坡博物馆界交流形势喜人"，中国文化网，2010年5月15日。

30. 新加坡国家博物馆网站资料，网址：http：//www. nationalmuseum. sg/nms/nms_ html/index. asp，中文相关内容为笔者译。

31. 参照新加坡科学博物馆网站资料，网址：http：//www. science. edu. sg/pages/。

32. 中国青年网网站资料，网址：http：//www. ccyl. org. cn/place/news/beijing/。

33. 国家博物馆网站资料，网址：http：//www. chnmuseum. cn/。

34. 故宫博物院网站资料，网址：http：//www. dpm. org. cn/index1024768. html。

35. 首都博物馆网站资料，网址：http：//www. capitalmuseum. org. cn/。

36. 中国妇女和儿童博物馆网站资料，网址：http：//ccwm. china. com. cn/。

37. 中国美术馆网站资料，网址：http：//www. namoc. org/xwzx/xw/。

38. 天津博物馆网站资料，网址：http：//www. tjbwg. com/。

39. 上海海洋大学网站资料，网址：http：//xcb. shou. edu. cn/html/cpzb/ddjs2/wmcj1/1932. html。

40. 中国航海博物馆网站资料，网址：http：//www. mmc. gov. cn/home/index. aspx。

41. 上海华东理工大学网站资料，网址：http：//www. ecust. edu. cn/。

42. 百度百科网站资料，网址：http：//www. baike. baidu. com/。

43. 山东博物馆网站资料，网址：http：//www. sdmuseum. com/。

44. 陕西西安半坡博物馆网站资料，网址：http：//www. bpmuseum. com/。

45. 苏州博物馆网站资料，网址：http：//www. szmuseum. com。

46. 福州博物馆网站资料，网址：http：//www. fzsbwg. com/news. asp? id。

47. 杭州博物馆网站资料，网址：http：//www. hzmuseum. com/。

48. 宁波博物馆网站资料，网址：http：//www. nbmuseum. cn/。

49. 辽宁古生物博物馆网站资料，网址：http：//www. pmol. org. cn/。

50. 从化市博物馆网站资料，网址：http：//www. chbwg. com. cn/。

51. 山东省博物馆网站资料，网址：http：//www. sdmuseum. com/。

52. 汉阳陵博物馆网站资料，网址：http：//www. hylae. com/。

53. 山西省博物院网站资料，网址：http：//www. shanximuseum. com/。

54. 燕赵都市网站资料，网址：http：//yanzhao. yzdsb. com. cn/system/2011/08/16/011376422. shtml。

55. 武汉博物院网站资料，网址：http：//www. whmuseum. com. cn/。

56. 康乐及文化事务署古物古迹办事处网站资料，网址：http：//sc. lcsd. gov. hk/TuniS/www. lcsd. gov. hk/CE/Museum/Monument/b5/bulletin_ july_ 11. php。

57. 郭丹英："澳门的博物馆印象"，浙江省文物局网站资料，2013

年 12 月 9 日，网址：http：//www. zjww. gov. cn/magazine/2013 - 12-09/19093536. shtml。

58. 何京："台湾地区博物馆的发展与现状"，"中国文物信息网"，2010 年 12 月 16 日。

59. 高雄市立美术馆网站资料，网址：http：//www. kmfa. gov. tw/desktop. aspx。

60. 互动百科资料，网址：http：//www. baike. com/wik。

61. 蔡莛："谈博物馆陈列设计"，广西壮族自治区博物馆网站资料，网址：http：//www. gxmuseum. com/a/science/。

62. 南京博物院网站资料，网址：http：//www. njmuseum. com/html/news_ content。

63 河北博物馆网站资料，网址：http：//www. hebeimuseum. org/contents/50/543. html。

64. 英国伦敦科学博物馆网站资料，网址：http：//www. science-museum. org. uk/。

65. 北京自然博物馆网站资料，网址：http：//www. bmnh. org. cn/。

66. 北京中华民族博物院网站资料，网址：http：//www. emuseum. org. cn/。

67. 中国知网外文资料，网址：http：//d. scholar. cnki. net/detail/refdetail。

后　记

　　"白驹过隙，忽然而已"，继拙作《博物馆志愿行为的理论与实践研究》之后，我又花费了近一年的时间写就此书。因业内尚无有关志愿者教育学方面的专著，故此我希望本书能够在这方面的理论领域里起到填白的作用，并能在一定程度上有所突破和创新，抑或为丰富博物馆志愿者的理论"添砖加瓦"，也为博物馆志愿服务成为一道永恒的、靓丽的风景线贡献自己的一份微薄之力。

　　在成书过程中，笔者虽几易其稿，反复揣摩，多方求证，绞尽脑汁，但因自身水平有限和现实的一些困惑而难免会有瑕疵纰漏，万望各位方家贤明垂序指点、运斤赐教，以便不断改进和纠正错误，使这一理论能够更加完善。

　　此外，本书承蒙北京团市委志愿服务发展研究会和北京市志愿者联合会的大力支持，北京团市委机关党委书记、市志愿服务指导中心主任郭新保老师和志愿服务发展研究会副会长张晓红老师的专业指导与鼎力相助以及博物馆界的前辈、领导和同仁们的悉心指正与精神鼓励，本人在此深表谢意！

2015 年 3 月 11 日书于梅园

责任编辑:汪　逸　徐林香
封面设计:王春峥

图书在版编目(CIP)数据

博物馆志愿者教育学/马立伟 著. —北京:人民出版社,2019.7
　(中国青年志愿服务丛书/汪鸿雁主编)
ISBN 978-7-01-021066-7

Ⅰ.①博…　Ⅱ.①马…　Ⅲ.①博物馆-志愿者-社会服务-教育学-研究-
中国　Ⅳ.①G269.23

中国版本图书馆 CIP 数据核字(2019)第 148871 号

博物馆志愿者教育学

BOWUGUAN ZHIYUANZHE JIAOYUXUE

马立伟　著

人民出版社 出版发行
(100706　北京市东城区隆福寺街 99 号)

北京汇林印务有限公司印刷　新华书店经销

2019 年 7 月第 1 版　2019 年 7 月北京第 1 次印刷
开本:710 毫米×1000 毫米 1/16　印张:23.5
字数:338 千字

ISBN 978-7-01-021066-7　定价:89.00 元

邮购地址 100706　北京市东城区隆福寺街 99 号
人民东方图书销售中心　电话 (010)65250042　65289539